Demystifying
the Korean National Curriculum for Elementary English Education

Written by

Kitaek Kim

Jue-Kyoung Pae

Kyungja Ahn

Su Yon Yim

HANKOOK MUNHWASA

한국문화사
초등영어교육 시리즈

쉽게 이해하는 초등영어 교육과정

김기택 · 배주경 · 안경자 · 임수연 지음

한국문화사

■ 차례

이 책의 특징 / vi
책머리에 / viii

제1장 성격 및 목표	교육과정 해설	2
	심화 학습	12
	교과서 사례	33
	과제	39
제2장 내용 체계	교육과정 해설	44
	심화 학습	61
	교과서 사례	65
	과제	67
제3장 듣기	교육과정 해설	72
	심화 학습	96
	교과서 사례	100
	과제	117
제4장 말하기	교육과정 해설	120
	심화 학습	140
	교과서 사례	149
	과제	163
제5장 읽기	교육과정 해설	168
	심화 학습	187
	교과서 사례	191
	과제	201
제6장 쓰기	교육과정 해설	204
	심화 학습	222
	교과서 사례	228
	과제	238

부록 / 240
   1. 핵심 개념에 따른 3~4학년군 및 5~6학년군 성취기준 ·········· 240
   2. 의사소통 기능과 예시문: 초등학교급 ·········· 243
   3. 기본 어휘 목록: 초등학교급 ·········· 247
   4. 의사소통에 필요한 언어 형식: 초등학교급 및 중학교급 ·········· 252
   5. 출판사 별 교과서 단원 제목 ·········· 258

참고문헌 / 262

■ 이 책의 특징

1. 초등영어 교육과정에 제시된 내용과 영어교육 이론 및 주요 개념을 연계하여 오른쪽에 교육과정 내용을, 왼쪽에 교육과정에 제시된 주요 개념을 정리하였습니다.

> **영어의 영향력**
> **세계 공용어 로서의 영어**
>
> 영어는 현재 국제적으로 가장 널리 통용되고 있는 언어로서 서로 다른 언어적 배경을 가진 사람들 간의 주요한 의사소통 수단이다. 따라서 글로벌 시대 및 지식 정보화 시대라는 변화에 부응하고 더 나아가 국제 사회에서 선도적인 역할을 수행하기 위하여 영어를 이해하고 표현하는 능력은 반드시 갖추어야 할 역량이 되었다.

이러한 이론 및 주요 개념에 대해서는 구체적인 설명을 제시하였습니다.

> **세계 공용어 로서의 영어**
>
> Kachru(1985)는 영어를 사용하는 상황에 따라 세 개의 권역을 제시하였다. 미국이나 영국과 같이 영어를 모국어로 사용하는 나라를 내부 집단(inner circle)에 포함시키고, 인도나 싱가포르처럼 영어를 제2 언어로 사용하는 나라를 외부 집단(outer circle)으로 분류하였다. 한편 우리나라와 같이 영어를 외국어로 사용하는 나라는 확장 집단(expanding circle)에 포함시켰다.

2. 초등영어 교육과정에 명시적으로 드러나 있지는 않지만 교육과정을 이해하는 데 필요한 이론 및 개념은 '심화 학습'에 제시하였습니다.

> **② 심화 학습**
>
> **(1) 듣기의 유형**
>
> 영어교육 현장에서 활용할 수 있는 듣기의 유형은 다음과 같다(Brown & Lee, 2015).
>
> **반사적 듣기** 반사적 듣기(reactive listening)는 따라 말하기 위해 듣는 유형으로 의미 이해보다는 단순한 녹음기로서의 역할을 한다고 볼 수 있다. 반사적 듣기는 발음 연습, 듣고 따라 말하기 연습에 많이 사용될 수 있다.

3. 초등영어 교육과정이 교과서에 구현된 사례를 제시하였습니다.

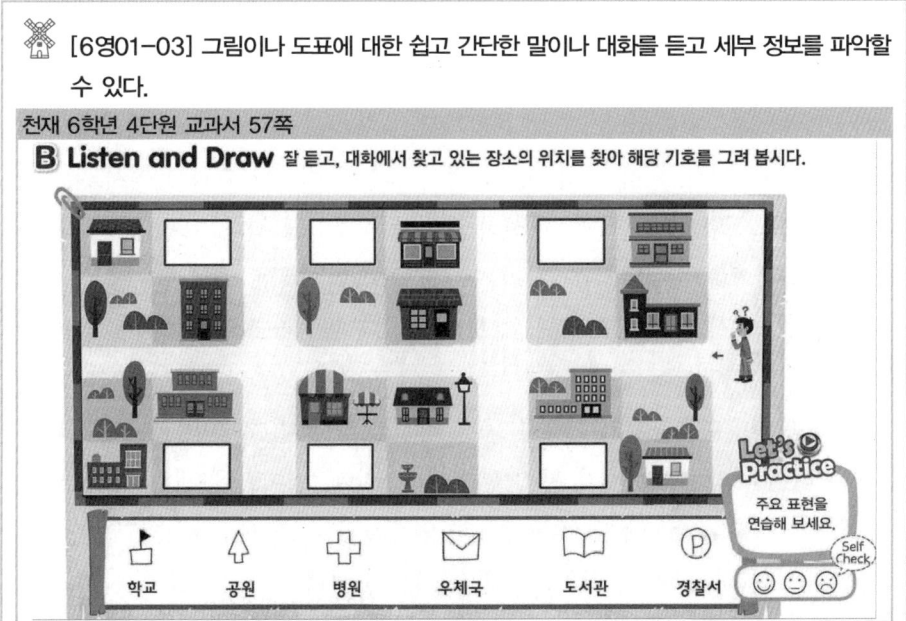

위의 6학년 교과서 사례를 보면, 지도에 대한 간단한 대화를 듣고 학생이 찾고 있는 장소의 위치에 대한 세부 정보를 파악하여 해당 기호를 표시하도록 활동이 구성되어 있다. 지도서에 제시된 교사와 학생들의 교실 담화를 살펴보면 교사의 질문에 대해 학생들이 세부 정보인 구체적인 장소의 위치를 말하고 있다.

4. 제시된 이론 및 주요 개념과 관련해서 교사 및 예비교사가 궁금해할 만한 내용을 다음과 같이 교사의 목소리로 제시하였습니다.

 대학수학능력시험이 듣기·읽기 영역을 위주로 하고 있기 때문에 고등학교 수업에서도 듣기·읽기에 초점을 두는 경우가 많아요. 이는 세환 효과의 사례로 볼 수 있어요.

■ 책머리에

　교과서는 우리나라 영어교육에 있어 핵심적인 역할을 담당한다. 학교 영어 수업이 대체로 교과서를 중심으로 진행되기 때문이다. 학교에서 사용 중인 교과서들을 살펴보면 저자나 출판사에 상관없이 소재, 어휘, 언어 형식 등 상당히 많은 부분에서 유사점이 관찰된다. 그 이유는 간단하다. 영어 교과서들이 우리나라 영어과 교육과정의 지침을 반영하고 있기 때문이다. 이에 따라 교육과정이 개정될 때마다 교과서 역시 새롭게 만들어지므로, 교과서의 수명이 한 교육과정의 수명과 일치하게 된다. 요컨대 영어과 교육과정은 영어 교과서의 기초이며, 우리나라 영어교육의 밑바탕에 해당한다. 따라서 좁게는 우리나라 영어 교과서의 이해를 위해, 넓게는 우리나라 영어교육의 이해를 위해, 우리는 영어과 교육과정을 알아야 한다.

　이 책은 초등영어 교육과정의 이해를 돕는 데 초점을 둔다. 기존의 전공 서적과 비교하여 이 책은 다음과 같은 네 가지 특징을 가진다. 첫째, 영어교육 관련 이론 및 개념을 다루되, 초등영어 교육과정에 제시된 내용과 연계하여 이를 재구성하였다. 이러한 내용은 각 단원의 '교육과정 해설' 및 '심화 학습'에서 중점적으로 다루었다. 둘째, 학년군별 혹은 학교급별 연계를 고려하여 교육과정의 성취기준을 설명하였고, 이를 통해 각각의 성취기준에 대해 심도 있게 이해할 뿐만 아니라 거시적인 관점에서 각 성취기준을 바라볼 수 있도록 하였다. 셋째, 초등영어 교육과정에 대한 이해를 바탕으로 교육과정의 목표와 성취기준이 영어 교과서에서 어떻게 구현되고 있는지를 살펴보았다. 이는 각 단원의 '교과서 사례'에서 주로 다루었으며, 교육과정의 성취기준을 교과서 활동과 연계하여 보여 줌으로써 독자가 교육과정에 좀 더 쉽게 다가갈 수 있도록 하였다. 넷째, 교사 및 예비 교사의 입장에서 초등영어교육을 심층적으로 이해할 수 있도록 하였다. 이를 위해 '교사의 목소리'를 추가하여 본문에서 언급한 내용을 실제 수업에서 어떻게 적용하는지에 대해 구체적으로 설명하였다.

이 책은 영어교육 분야에 종사하는 저자 네 명이 각자의 경험을 공유하고 상호 보완하면서 집필하였다. 각자가 풍차의 네 날개가 되어 서로 돕고 격려하며 시너지 효과를 내는 방식으로 책을 완성할 수 있었다. 그러나 여전히 미진함이 있는 부분에 대해서는 너그러운 양해를 바란다. 아무쪼록 초등영어 교사 및 교사교육가, 초등영어교육을 전공하는 학부생 및 대학원생뿐만 아니라 영어교육에 관심 있는 많은 이들이 이 책을 통해 초등영어 교육과정을 쉽게 이해할 수 있게 되기를 바란다.

2019년 봄을 맞이하며,
저자 일동

제1장
성격 및 목표

1. 교육과정 해설
   (1) 성격
   (2) 목표

2. 심화 학습
   (1) 외국어 습득 이론
   (2) 외국어 교수법
   (3) 외국어 평가
   (4) 학습자 특성

3. 교과서 사례

4. 과제

1 교육과정 해설

(1) 성격

영어의 영향력
세계 공용어로서의 영어

영어는 현재 국제적으로 가장 널리 통용되고 있는 언어로서 서로 다른 언어적 배경을 가진 사람들 간의 주요한 의사소통 수단이다. 따라서 글로벌 시대 및 지식 정보화 시대라는 변화에 부응하고 더 나아가 국제 사회에서 선도적인 역할을 수행하기 위하여 영어를 이해하고 표현하는 능력은 반드시 갖추어야 할 역량이 되었다.

의사소통능력
문화 간 의사소통능력

이에 학교 영어 교육은 영어 의사소통능력을 갖추고 세계인과 소통하며, 그들의 문화를 알고 우리 문화를 세계로 확장시켜 나갈 사람을 길러야 한다. 이를 위해 학습자가 영어에 대한 흥미와 관심을 갖고 이를 바탕으로 자기 주도적인 영어 학습을 지속할 수 있도록 이끄는 교육이 되어야 한다. 더불어 타인에 대한 배려와 관용, 대인 관계 능력은 2015 개정 교육과정이 추구하고 있는 주요 역량으로 학교 영어 교육을 통해 해당 역량을 함양할 수 있도록 해야 한다.

영어 사용 기회의 중요성

그러나 우리나라는 일상생활에서 영어를 사용하지 않는(EFL) 상황이기 때문에 학교 밖 영어 사용 기회가 매우 제한적이다. 이를 보완하기 위하여 영어 사용 기회를 충분히 제공할 수 있는 학교 영어 교육을 실현해야 한다. 따라서 학교 영어 교육에서는 학습자에게 가능한 한 영어 사용 기회를 충분히 제공할 수 있는 교수·학습 방법을 계획·실천하고 다양한 멀티미디어 자료와 정보 통신 기술(ICT) 등을 수업에서 활용하며 교수·학습 활동과 평가를 유기적으로 연계하여 학습의 효율성을 극대화해야 한다.

정보 통신 기술(ICT)의 활용

교수·학습 활동과 평가의 연계
영어과 교과 역량

위에서 제시한 학교 영어 교과의 성격에 기반을 둔 영어과 핵심 역량은 '영어 의사소통 역량', '자기관리 역량', '공동체 역량', '지식정보처리 역량'으로 보다 구체화 할 수 있다. 첫째, '영어 의사소통 역량'은 일상생활 및 다양한 상황에서 영어로 의사소통 할 수 있는 역량이며, 영어 이해 능력과 영어 표현 능력을 포함한다. 둘째, '자기관리 역량'은 영어에 대한 흥미와 관심을 바탕으로 학습자가 자기 주도적으로 영어 학습을 지속할 수 있는 역량이며 영어에 대한 흥미, 영어 학습 동기, 영어 능력에 대한 자신감 유지, 학습 전략, 자기관리 및 평가를 포함한다. 셋째, '공동체 역량'은 지역·국가·세계 공동체의 구성원으로서의 가치와 태도를 공유하여 공동체의 삶에 관심을 갖고 공동체가 당면하고 있는 문제를 해결하는 데 참여할 수 있는 능력이며 배려와 관용, 대인 관계 능력, 문화 정체성, 언어 및 문화적 다양성에 대한 이해 및 포용 능력을 포함한다. 넷째, '지식정보처리 역량'은 지식정보화 사회에서 영어로 표현된 정보를 적절하게 활용하는 역량이며 정보 수집·분석 능력, 매체 활용능력, 정보 윤리를 포함한다.

위와 같은 영어 교과의 일반적인 성격과 핵심 역량을 바탕으로 하는 학교급별 영어 교과의 성격은 다음과 같다.

음성 언어 교육과 문자 언어 교육

초등학교 영어는 일상생활에서 사용하는 기초적인 영어를 이해하고 표현하는 능력을 기르는 교과로서 음성 언어를 사용한 의사소통능력 함양에 중점을 둔다. 문자 언어 교육은 쉽고 간단한 내용의 글을 읽고 쓸 수 있는 능력 함양에 초점을 맞추되, 음성 언어와 연계하여 내용을 구성한다. 초등학교 영어 교육은 초등학교 학생의 인지적, 정의

실생활 활동, 체험 학습	적 특성을 고려하여 실생활에서 접할 수 있는 활동 등을 활용하고, 체험 학습을 통하여 발견의 즐거움을 경험할 수 있도록 한다. 이는 학습 부담을 경감시킴으로써 얻게 되는 여유 시간에 창의성과 인성을 함양할 수 있도록 영어과 교육과정 내용을 적정화시켜서 학습자들이 영어를 재미있게 배울 수 있도록 하는 내용으로 구성하는 것을 의미한다.
초등학교 학습자의 특성	또한 초등학생들의 발달 단계와 특징을 고려하여 학습자들의 흥미와 관심을 끌 수 있도록 다양한 교수·학습 방법을 적용하며, 멀티미디어 자료와 정보 통신 기술(ICT) 도구 같은 교육 매체를 적절히 활용하도록 한다. 마지막으로 미래 국제사회 구성원으로 성장해 나갈 수 있도록 하기 위하여 다양한 세계 문화에 대한 기초적인 이해와 포용의 태도를 기를 수 있도록 한다.
언어와 문화의 관계	중학교 영어는 초등학교에서 배운 영어를 토대로 학습자들이 기본적인 일상 영어를 이해하고 이를 사용할 수 있는 능력을 기름으로써 외국의 문화를 이해하고, 고등학교의 선택 교육과정 이수에 필요한 기본 영어 능력을 배양시키는 데 역점을 둔다. 중학생의 인지적, 정의적 특성에 부합하는 다양한 교수·학습 방법을 활용하여 영어 의사소통능력을 함양할 수 있도록 한다. 또한 영어 학습과 언어 이해, 습득, 활용에 있어서 필수적인 요소인 문화 학습을 유기적으로 연결시켜 영어 학습의 효율성을 꾀할 뿐만 아니라 외국의 문화에 대한 개방적인 태도 및 글로벌 시민 의식을 함께 기르고, 우리 문화를 외국인에게 소개할 수 있는 의사소통능력 배양을 유도한다.
	공통 과목을 포함한 선택 과목으로서의 고등학교 영어 교과는 영어로 의사소통할 수 있는 능력을 길러 학습자 각자의 지적 역량을 신장시켜 학습자들이 미래의 주역으로서 시대적 변화에 능동적으로 대처할 수 있는 역량을 갖추어 글로벌 시민으로서 성장해 나갈 수 있도록 하는 교과이다. 고등학교 영어는 학습자들이 초·중학교에서 학습한 내용을 바탕으로 영어를 이해하고 사용하는 능력을 길러 학업 및 진로에 적극적으로 활용할 수 있도록 영어 의사소통능력을 기르는 데 중점을 둔다. 과목 체제에 있어서는 공통 과목, 일반 선택 과목, 진로 선택 과목, 전문 교과 I로 구분하여 학습자들이 필요와 진로 등에 따라 선택하여 이수할 수 있도록 한다. 교과목별 성격 및 목표는 별도로 제시한다. (교육부, 2015, pp. 3-4)

영어의 영향력 Crystal(2006)에 따르면, 영어 사용자 수는 약 14~15억 명이며, 이 중에서 영어를 모국어로 사용하는 사람은 약 4억 명, 영어를 공용어로 사용하는 사람은 약 4억 명이며, 영어를 외국어로 배워 사용하는 사람은 약 6억~7억 명에 달한다. 영어의 영향력은 어렵지 않게 찾아볼 수 있는데 예를 들어 1997년에 이미 국제기구 중 약 85%가 업무를 위해 영어를 사용하고 있었다(Crystal, 1997). 국제화 시대인 오늘날 영어를 사용하는 능력은 "기본적인 능력(basic skills)" 중 하나로 여겨지고 있다(Graddol, 2006, p. 72).

세계 공용어로서의 영어

Kachru(1985)는 영어를 사용하는 상황에 따라 세 개의 권역을 제시하였다. 미국이나 영국과 같이 영어를 모국어로 사용하는 나라를 내부 집단(inner circle)에 포함시키고, 인도나 싱가포르처럼 영어를 제2 언어로 사용하는 나라를 외부 집단(outer circle)으로 분류하였다. 한편 우리나라와 같이 영어를 외국어로 사용하는 나라는 확장 집단(expanding circle)에 포함시켰다.

하지만 Kachru(1985)의 세 가지 권역은 21세기의 영어교육을 이해하는 데 한계가 있다. 21세기의 영어는 내부 집단에 속하는 나라의 모국어로서의 영어가 아닌 세계 공용어로서의 영어로 패러다임이 변화하였기 때문이다. 다른 문화권의 사람들과 빈번한 교류가 이루어지는 요즘에는 영어를 사용하는 나라가 Kachru(1985)의 모형에서 내부 집단에 해당하는 미국, 영국 등 몇몇 국가에 한정되지 않는다. 싱가포르 등에서도 영어가 제2 언어가 아닌 공용어로 지정되어 사용되고 있으며, 우리나라의 경우 광고 등에서 영어 표현을 빈번하게 발견할 수 있다. 이렇듯 영어는 세계 공용어(English as a Lingua Franca) 및 국제어(English as an International Language: EIL)로 사용되고 있다.

과거에는 발음 등 다양한 언어적 측면에서 원어민과 같은 수준을 지향하는 것을 영어교육의 목표로 하는 경향이 있었답니다. 따라서 영어 원어민 화자를 비원어민 영어 교사보다 우위에 두는 경향(native-speakerism)이 있었던 것도 사실이에요. 그러나 세계 공용어로서의 영어를 지도한다는 측면에서는 원어민 수준의 영어보다는 다양한 문화권의 사람들과 의사소통할 수 있는 수준에 도달하는 것을 목표로 삼을 수 있을 것입니다. 발음과 관련해서도, 영어 원어민의 발음 뿐 아니라 다양한 권역 사람들의 발음을 영어 듣기 자료로 들려 줘야 한다는 목소리도 높아지고 있답니다.

의사소통능력 Canale과 Swain(1980)에 따르면 의사소통능력(communicative competence)은 다음과 같이 네 가지로 구성된다.

① **문법적 능력**(grammatical competence): 문법적으로 올바른 문장을 이해하고 표현할 수 있으며 문법성을 판단할 수 있는 능력으로, 어휘, 형태소, 통사 구조, 의미, 음운 체계에 관한 지식을 포함한다.

'나는 사과를 좋아해.'라는 의미를 표현하려고 'I like apples.'라는 문법적으로 올바른 문장을 만들었어요. 이는 문법적 능력에 해당합니다.

② **담화적 능력**(discourse competence): 두 개 이상의 문장을 긴밀하게 연결하여 표현할 수 있는 능력이다.

'John likes apples. But he does not like bananas.'라는 두 문장을 발화할 때, But이라는 연결사와 he라는 대명사를 통해 두 개의 문장을 긴밀하게 연결했어요. 이는 담화적 능력에 해당한답니다.

③ **사회언어학적 능력**(sociolinguistic competence): 언어의 사회문화적 규칙에 대한 지식으로, 언어가 사용되는 상황에서 발화의 적합 정도를 판단할 수 있는 능력이다.

음식을 주문할 때 상대방에게 선호하는 음식을 물어 보는 표현으로 'What do you like?'나 'What would you like to order?'와 같은 표현을 사용할 수 있답니다. 이 중 일상적인 모임에서 가까운 친구에게 물어 볼 때는 전자의 표현이 더 자연스럽고, 격식을 갖추어야 하는 상대에게 물어 볼 경우에는 후자의 표현이 더 자연스럽답니다. 이와 같이 상황에 따라 적합한 표현을 사용하는 능력은 사회언어학적 능력에 해당합니다.

④ **전략적 능력**(strategic competence): 언어 능력의 부족 등으로 인해 의사소통에 문제가 발생할 때, 이를 해결하기 위해 언어적 및 비언어적 전략을 사용할 수 있는 능력이다.

'나는 코끼리를 보았다.'는 의미를 전달하고자 할 때, elephant라는 단어가 생각이 나지 않더라도 'I saw an animal that has a long nose.'라고 풀어 써서 의미를 전달하고 대화를 지속할 수 있어요. 이는 전략적 능력에 해당하는 사례랍니다. 의사소통 전략에 대한 구체적인 내용은 p. 28의 심화 학습을 살펴보세요.

문화 간 의사소통능력	문화 간 의사소통능력(intercultural communicative competence)이란 문화적 배경이 서로 다른 **문화 간 화자**(intercultural speaker)들이 서로 영어로 의사소통을 할 때, 문화적인 차이로 인해 생기는 의사소통의 문제점을 해결하는 데 도움이 되는 능력(Chen & Starosta, 1998)을 말한다. 다문화 사회를 살아가는 오늘날, 문화 간 의사소통능력에 대한 관심 및 중요성이 전보다 더욱 높아지고 있다.
영어 사용 기회의 중요성	영어 사용 기회의 중요성이란 영어를 듣고, 말하고, 읽고, 쓰는 것의 중요성을 의미한다. 영어를 많이 사용할수록 영어 능력이 향상되는 것은 명약관화하다. Nation과 Newton(2009)은 교실에서의 외국어교육과 관련하여 교사가 수업 중에 어휘나 문법 등 언어적 지식을 많이 가르치는 것보다는 적게 가르치고 이를 학생들이 많이 사용하도록 하는 것이 더 중요함을 강조하며, "Learn a little, use a lot." (p. 21)과 같이 표현하였다.
정보 통신 기술 (ICT)의 활용	과학 기술의 발전에 따라 컴퓨터, 인터넷, 스마트 폰, PDA 등 다양한 교수·학습 매체 및 자료의 활용이 가능해졌다. 이러한 정보 통신 기술(Information Communication Technology, ICT)에 기반한 다양한 교수·학습 자료의 활용을 통한 교수 방법은 이러닝(e-learning, 인터넷 강의와 같이 정보 통신 기술을 활용한 교육), 모바일 러닝(mobile-learning, 스마트폰이나 태블릿 PC와 같이 휴대 가능한 모바일 기기를 활용한 교육), 블렌디드 러닝(blended learning, 거꾸로 교실과 같이 온라인·오프라인 교육을 혼합한 교육) 등 다양한 유형이 있다.
교수·학습 활동과 평가의 연계	교육과정의 성취기준에 근거하여 교수·학습 활동과 평가를 계획함으로써, 성취기준과 교수·학습과 평가가 서로 연계되도록 한다. 즉 교육과정의 성취기준을 달성할 수 있도록 교수·학습 활동을 계획하고, 이러한 교수·학습 활동을 통해 성취기준을 어느 정도 달성했는지 점검할 수 있도록 평가 목표, 평가 내용, 평가 방법 등을 계획한다. 또한 교수·학습 활동 및 평가의 과정 중에 학생에게 적시에 피드백을 제공하여 학생이 성취기준을 달성할 수 있도록 돕고, 교사도 교수·학습 활동 및 평가를 개선하기 위한 자료로 활용하도록 한다.

영어과 교과 역량

역량(competency)은 원래 직업교육 분야에서 사용되던 용어로, 특정 직업군에서 탁월한 수행 능력을 보이는 사람이 가지는 지식, 기술, 태도 및 특질을 분석하여 역량이라 명명하였다(소경희, 2007). 교육 분야에서 역량이 주목을 받게 된 것은 OECD에서 1997년부터 2003년까지 진행한 DeSeCo 프로젝트와 밀접한 관련이 있다. 이에 따르면 역량은 우리의 전체적인 삶의 질을 향상하기 위해 필요한 것으로서, 21세기의 핵심 역량은 '상호소통 도구 활용', '이질적인 집단에서의 상호소통', '자율적 행동'의 세 영역으로 범주화되었다(OECD, 2003, 2005).

2015 개정 교육과정의 총론에서는 6개의 핵심 역량(자기관리 역량, 지식정보처리 역량, 창의적 사고 역량, 심미적 감성 역량, 의사소통 역량, 공동체 역량)을 지정하였고, 각 교과 교육을 통해 이러한 핵심 역량이 길러지는 것을 목표로 하였다. 영어과의 교과 역량은 '**영어 의사소통 역량**', '**자기관리 역량**', '**공동체 역량**', '**지식정보처리 역량**'이다. '영어 의사소통 역량'이란 영어로 의사소통할 수 있는 능력이라는 점에서 Canale과 Swain(1980)이 제안한 '의사소통능력'과 크게 다르지 않다. '자기관리 역량'은 학습자가 자기 주도적으로 영어 학습을 지속할 수 있는 역량이다. 학습을 지속하기 위해서는 흥미, 동기, 자신감과 같은 정의적 영역이 핵심적이다. 또한 학습 전략의 활용, 자기관리 및 평가와 같이 스스로 학습 목표를 설정하고 자신이 가지고 있는 학습 자원을 관리하며, 학습 성과를 스스로 평가하여 이를 바탕으로 후속적인 학습에 대한 전략을 수립하는 능력도 필요하다. '공동체 역량'은 공동체의 구성원으로서 지녀야 할 다양한 능력들을 말한다. 배려, 관용, 대인 관계 능력, 문화 정체성, 다양성에 대한 이해 및 포용 능력은 모두 공동체 내부의 갈등을 최소화하며 건강한 공동체를 유지하는 데 필요한 능력들에 해당한다. 이러한 공동체의 종류로는 가족, 학급과 같이 상대적으로 좁은 범위도 있고, 우리나라, 전 인류와 같이 넓은 범위도 있다. '지식정보처리 역량'은 영어로 표현된 정보를 적절하게 활용하는 역량이다. 특히 많은 정보가 영어로 생산된다는 점에서 지식정보처리 역량을 갖는 것은 지식정보화 사회를 살아가는 데 있어 필수적이다. 지식정보를 처리하는 데 필요한 능력으로는 정보 수집 및 분석, 매체 활용능력 및 정보 윤리에 대한 이해가 있다.

| **음성 언어 교육과 문자 언어 교육** | 언어 사용의 네 가지 기능 중 듣기와 말하기는 음성 언어(spoken language), 읽기와 쓰기는 문자 언어(written language)와 관련된다. 한편으로 듣기와 읽기는 이해 기능(receptive skill), 말하기와 쓰기는 표현 기능(productive skill)에 포함된다. 음성 언어 교육은 듣기, 말하기 지도에 해당하며, 문자 언어 교육은 읽기, 쓰기 지도에 해당한다. 아동이 모국어를 습득하는 양상에서 음성 언어를 먼저 습득한 후 나중에 문자 언어를 습득하듯, 우리나라 초등영어교육에서도 음성 언어 교육을 문자 언어 교육에 비해 강조하고 있다.

실생활 활동, 체험 학습 미국의 철학자이자 교육학자였던 John Dewey는 체험을 통한 학습(learning by doing) 및 발견을 통한 귀납적 학습(inductive learning by discovery)을 강조하였다(Brown, 2001). 같은 연결선상에서 모국어를 배우는 아동들이 실제적 경험을 통해 언어를 배우는 것에 초점을 둔 경험적 교수법(Language Experience Approach, LEA)이 제안되었으며(Van Allen & Allen, 1967), 이는 외국어 교수로까지 확장되었다.

초등학교 학습자의 특성 Halliwell(1992)에 따르면, 초등학교 학습자의 특성은 다음과 같다.
- 개별 단어의 의미를 몰라도 전체적인 의미를 해석하는 능력이 있다.
- 이미 학습한 제한된 언어 자료를 창의적으로 이용할 수 있다.
- 직접적인 학습 활동보다 간접적인 학습 활동에서 언어를 배운다.
- 자신이 하는 활동에서 재미를 발견하고 재미를 만들어가며 즐거워한다.
- 풍부한 상상력을 가지고 있다.
- 말하면서 즐거움을 느낀다.

초등학교 학습자의 특성 중에서 특히 주목할 만한 부분은 학생들이 제한된 경험과 지식을 가지고 의미를 파악하고자 한다는 점이다. Cameron(1997)은 어린 학생의 경우, 일상의 개념이 어른과 같이 복잡하게 의미구조화되어 있지 않고 자신의 경험에 근거하여 창의적으로 주변의 의미를 파악한다고 하며, 다음과 같은 그림을 제시하였다.

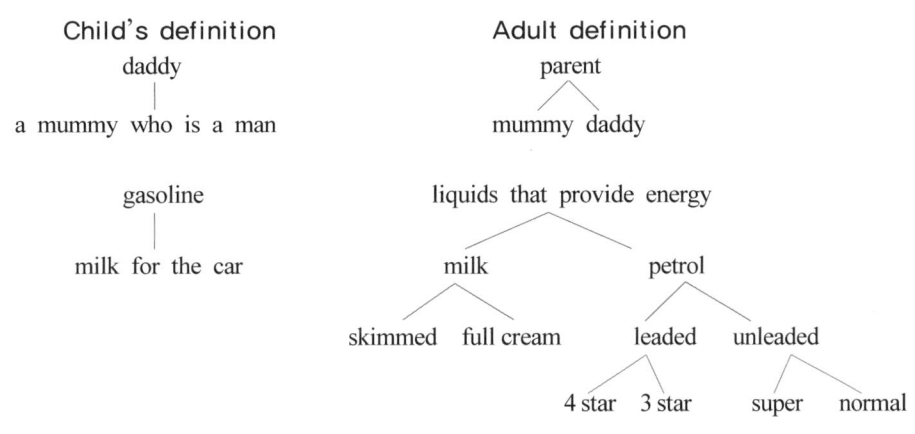

그림 1-1. 아동의 개념 이해(Cameron, 1997, p. 29)

 일반적으로 초등학생들은 집중할 수 있는 시간이 어른들에 비해 짧답니다. 따라서 너무 장시간을 요하는 활동은 지양할 필요가 있어요.

언어와 문화의 관계

언어와 문화는 불가분의 관계이다(Weaver, 1986). 즉 빙산과 같이 표면적으로 나타난 것은 언어이지만 그 기저에는 가치, 신념, 사고방식 등이 심층적으로 내면화되어 있다. Brooks(1975)는 문화를 크게 두 가지로 분류했다. 첫째, **little c**로 인간 생활의 모든 것(everything in human life)을 포괄하는 문화이다. 일상생활에서 나타나는 사회 구성원들의 전반적인 행동과 언어적 행동, 태도, 신념, 가치 체계, 사고방식 등이 포함된다. 둘째, **big C**는 인간 생활의 최상의 것(best in human life)을 가려 놓은 문화로 문학, 음악, 무용, 건축, 미술작품 등 그 문화의 가장 훌륭하고 대표적인 산물을 선별해 놓은 것이다. 문화 지도 시 이 두 가지 문화 유형을 고려하여 지도할 필요가 있다.

영어 수업 시간에 영어와 함께 문화에 대해 지도할 수 있어요. 예를 들어 우리나라에서는 '친구'라는 말이 대개 같은 나이인 사람을 지칭할 때 사용되지만 영어권 문화에서 'friend'라는 말은 나이와는 크게 상관없이 사용된답니다. 영어 수업 시간에 문화 지도를 할 때 교과서나 교사용 지도서에 있는 내용에만 의존하기보다는 인터넷을 통해 최신의 정보를 찾아 보고 내용을 재구성해서 지도할 필요가 있어요.

(2) 목표

영어 교과는 학습자들의 영어 의사소통능력을 길러 주는 것을 총괄 목표로 삼으며 동시에 남을 배려하고 돕는 모범적인 시민 의식과, 지적 역량과 밀접한 관련이 있는 창의적 사고력을 배양하는 것을 목표로 삼고 있다. 또한 외국 문화의 올바른 이해를 바탕으로 한국 문화의 가치를 알고 상호적인 가치 인식을 통해서 국제적 안목과 세계 시민으로서의 기본 예절, 협동심 및 소양을 기르는 것 역시 영어 교과의 목표다.

이를 기반으로 영어 교과의 세부 목표는 첫째, 영어로 듣기, 말하기, 읽기, 쓰기 능력을 습득하여 기초적인 의사소통능력을 기르고 둘째, 평생교육으로서의 영어에 대한 흥미와 동기 및 자신감을 유지하도록 하고 셋째, 국제 사회 문화 이해, 다문화 이해, 국제 사회 이해 능력과 포용적인 태도를 기르고 넷째, 영어 정보 문해력 등을 포함하여 정보의 진위 및 가치 판단 능력을 기르는 것이다.

영어 교과 세부 목표에 따른 학교급별 목표는 다음과 같다.

초등학교 영어는 학습자들이 영어 학습에 흥미와 자신감을 가지고 일상생활에서 사용되는 기초적인 영어를 이해하고 표현하는 능력을 길러 영어로 의사소통할 수 있는 기초를 마련한다.

영어에 대한 흥미와 자신감

가. 영어 학습에 대한 흥미와 자신감을 기른다.
나. 자기 주변의 일상생활 주제에 관하여 영어로 기초적인 의사소통을 할 수 있다.
다. 영어 학습을 통해 외국의 문화를 이해한다.

자기 주변의 일상생활 주제

외국의 문화 이해

중학교 영어는 학습자들이 초등학교에서 배운 영어를 토대로 친숙하고 일반적인 주제에 관한 기본적인 영어를 이해하고 표현하는 능력을 갖추게 하는 것을 목표로 한다.

가. 영어 학습에 대한 흥미와 관심을 가지고 일상적인 영어 사용에 자신감을 가진다.
나. 친숙한 일상생활 주제에 관하여 영어로 기본적인 의사소통을 할 수 있다.
다. 외국의 문화와 정보를 이해하고 우리 문화를 영어로 간단히 소개할 수 있다.

고등학교 영어는 학습자들이 중학교에서 배운 영어를 토대로 일반적인 주제에 관한 영어를 이해하고 표현하는 영어 의사소통능력을 심화·발전시켜 나가는 것을 목표로 한다.

가. 영어 학습에 대한 지속적인 학습 동기를 가지고 영어 사용 능력을 신장시킨다.
나. 친숙한 일반적인 주제에 관하여 목적과 상황에 맞게 영어로 의사소통을 할 수 있다.
다. 영어로 된 다양한 정보를 이해하고, 진로에 따라 필요한 영어 사용 능력을 기른다.
라. 우리 문화와 외국 문화에 대해 관심과 올바른 이해를 바탕으로 각 문화의 고유성을 존중하는 태도를 기른다.

(교육부, 2015, pp. 5-6)

영어에 대한 흥미와 자신감

영어 학습을 지속하기 위해서는 영어에 대한 흥미와 자신감을 잃지 않는 것이 중요하다. 영어에 대한 흥미와 자신감을 기르기 위해서는 게임, 역할 놀이, 노래, 찬트 등 초등학생들이 흥미로워하는 활동을 수행하도록 하고, 학생들이 쉽고 간단한 표현을 이해하고 표현함으로써 자신감을 유지하도록 지도한다. 이는 2015 개정 교육과정의 영어 교과 역량 중 자기관리 역량과도 관련 있으며, 학생들이 영어에 흥미와 호기심을 갖고 자기 주도적이며 지속적으로 영어를 공부할 수 있는 기반을 마련하는 것에 해당한다.

영어 수업에서는 학생들의 흥미를 유발하기 위한 활동으로 게임, 역할 놀이, 노래, 찬트 등 다양한 활동을 활용해요. 이러한 활동을 구성할 때에는 학생의 나이와 인지적인 수준을 고려해야 해요.

자기 주변의 일상생활 주제

자기 주변의 일상생활 관련 주제는 학생들에게 실제적이고 친숙하여 인지적·정서적 측면에서 부담이 크지 않다. 이러한 주제를 활용하여 '기초적인' 수준으로 의사소통하는 것이 초등영어교육의 목표이다.

외국의 문화 이해

2015 개정 교육과정에서는 영어 수업을 통해 이루어지는 문화 요소의 내용을 학교급마다 다르게 제시하였다. 초등학교는 문화 요소의 내용이 타 문화 이해까지이고, 중학교는 타 문화 이해 및 우리 문화 소개, 고등학교는 다양한 문화 이해 및 존중으로 그 차이를 두고 있다.

문화 지도는 비단 영어 수업에서만 이루어지는 것은 아니라 사회, 도덕 등 타 교과에서도 다루어지고 있답니다. 따라서 타 교과와의 연계를 바탕으로 영어 수업 중에 문화 지도를 할 수 있을 것입니다. 예를 들어, 6학년 사회 교과서에서 주변 국가 및 세계 여러 나라에 대해서 다루는데, 영어 수업 시간에 해당 내용과 연계하여 문화 지도를 한다면 효과적일 것입니다. 한편 문화 지도 시에는 학생들이 특정 문화에 대해 고정 관념(stereotype)을 갖게 되지 않도록 유의해 주세요.

2 심화 학습

(1) 외국어 습득 이론

외국어 습득 이론은 우리나라 영어과 교육과정의 방향을 결정하는 데 주된 이론적 근거가 된다. 여기에서는 주요 외국어 습득 이론들을 살펴본다.

입력 가설 Krashen(1981)의 입력 가설(Input Hypothesis)은 다음과 같은 5가지의 하위 가설로 구성되어 있다.

① **습득/학습 가설**(Acquisition/Learning Hypothesis): 모국어 습득의 경우, 언어에 대한 문법은 의식적이고 분석적인 과정에서 배우는 것이 아니라, 언어 입력(input)에 노출되면서 자연스럽게 형성된다. Krashen은 이러한 과정을 '**습득**(acquisition)'이라고 명명하였다. 반면, 의식적이고 분석적인 과정에서 문법을 배우는 것을 '**학습**(learning)'이라고 하였다. Krashen은 외국어 문법은 '습득'되어야 하는 것이라고 주장하며, 의식적이고 분석적인 방식으로 외국어 문법을 '학습'하는 것에 반대하였다.

② **자연적 순서 가설**(Natural Order Hypothesis): 자연적 순서 가설은 '학습'을 반대하는 논거로 사용된 가설이다. 학습자의 문법은 정해진 순서에 따라 습득된다는 주장으로, 학습을 통해서도 문법의 습득 순서를 바꿀 수 없다는 것이다. 예를 들어 형태소 습득 순서(morpheme order)에 대한 연구들은 외국어 학습자들이 형태소를 습득하는 데 있어 대체로 정해진 순서가 있다는 것을 보여 주었다. 예를 들어 진행을 나타내는 형태소인 -ing는 먼저 습득되고, 3인칭 현재 단수 형태소 -s는 비교적 나중에 습득되는 것으로 알려져 있다(Dulay & Burt, 1973).

③ **감시자 가설**(Monitor Hypothesis): 의식적이고 분석적인 방식으로, 즉 학습을 통해 배운 문법은 언어 사용에 있어 감시자(monitor)의 역할을 하며, 이를 바탕으로 문장을 보다 정확하게 수정한다고 보는 가설이다.

④ **입력 가설**(Input Hypothesis): 습득/학습 가설이 외국어 교육의 목표, 즉 외국어의 '습득'에 대한 것이라면, 입력 가설은 이러한 목표 달성을 위한 구체적인 방법론에 해당한다. Krashen은 **이해 가능한 입력**(comprehensible input, 또는 $i+1$)에 학습자가 노출된다면 자연스럽게 습득이 일어날 수 있다고 주장했다. 이러한 이해 가능한 입력은 학습자의 수준보다 약간 더

높은 수준의 입력을 말하며, 제시된 입력에 대한 문법적 지식이 충분하지 않더라도 그 메시지를 이해하는 데 크게 어려움이 없는 입력에 해당된다.

⑤ **정의적 여과 장치 가설**(Affective Filter Hypothesis): 외국어 습득에서 정의적인 측면의 중요성을 강조한 가설이다. 예를 들어 불안감이 높으면 외국어 입력을 받아들이는 데에 어려움이 발생하며, 따라서 습득이 지체될 수 있다는 것이다.

영어에 대해 불안감을 느끼는 이유 중 하나는 영어를 정확하게 발화해야 한다는 생각 때문이라고 할 수 있어요. 영어를 사용할 때 오류를 범할 수도 있다는 불안감을 가질 수 있는데, 교사가 학생들에게 정확한 영어 사용을 강요한다면 이러한 불안감은 더 강화될 수가 있어요. 정확성이 중요하지 않은 것은 아닙니다만, 학생들에게 정확한 표현을 너무 강요하지는 말아 주세요.

상호작용 가설

Long(1983a, b)이 제안한 상호작용 가설(Interaction Hypothesis)은 외국어 습득에서 상호작용의 중요성을 강조하고 있다. 예를 들어 외국어 교사와 학습자 간의 대화에서, 학습자가 문장의 의미를 이해하지 못했을 때 교사는 학습자가 이해할 수 있도록 **수정된 입력**(modified input)을 제시한다. 이렇듯 상호작용 상황에서는 대화 상대가 의미를 이해할 수 있도록 더 쉬운 표현을 사용해 주거나, 더 구체적으로 말해 주거나, 천천히 다시 말해 주거나, 혹은 몸짓(gesture)을 사용하는 일이 일어난다. 이러한 노력을 통해 처음에는 잘 전달되지 않았던 의미가 전달되는 양상을 **의미 협상**(negotiation of meaning)이라고 한다. 의미 협상을 위한 구체적인 전략의 사례는 다음과 같다.

① 확인 점검(confirmation check): 상대방의 말이 맞는지 확인한다. 대개 화자의 말에 오류나 실수가 있는지 청자가 확인하기 위해 사용하며, 일반적으로 화자가 한 말을 똑같이 반복하여 되묻거나 올바른 말로 고쳐서 되묻는다.
② 설명 요청(clarification request): 상대방의 말을 제대로 듣지 못했거나 이해하지 못했을 때 되물으면서 추가적인 설명을 요청하는 것이다.
③ 이해 점검(comprehension check): 화자가 청자에게 질문을 함으로써 자신이 한 말을 상대방이 제대로 이해했는지 확인하는 것이다.

다음의 원어민(NS)과 비원어민(NNS)과의 대화에서는 확인 점검, 설명 요청, 이해 점검의 사례를 찾아 볼 수 있다(Pica et al., 1987, p. 740).

> NS: And right on the roof of the truck place the duck. The duck.
> NNS: I to take it? **Dog?***
> NS: Duck.
> NNS: Duck.
> NS: It's yellow and it's a small animal. It has two feet.
> NNS: ***I put where it?*****
> NS: You take the duck and put it on top of the truck. ***Do you see the duck*******?
> NNS: **Duck?***
> NS: Year. Quack, quack, quack. That one. The one that makes the sound.
> NNS: Ah yes, I see in the—in the head of him.
> NS: OK. **See?*****
> NNS: ***Put what?*****
> NS: OK. Put him on top of the truck.
> NNS: **Truck?***
> NS: The bus. Where the boy is.
> NNS: Ah yes.
>
> *확인 점검(confirmation check); **설명 요청(clarification request);
> ***이해 점검(comprehension check)

 학습자 오류에 대한 교사의 피드백에 대한 연구도 상호작용 가설을 바탕으로 한 중요한 연구 성과랍니다. 오류에 대한 피드백과 관련된 내용은 p. 126을 참고하세요.

출력 가설 출력 가설(Output Hypothesis)은 Swain(1985)이 제안한 가설로, 외국어 습득에서 입력뿐만 아니라 학습자 스스로 말하기나 쓰기를 통해 외국어를 표현해 보는 '출력' 과정도 중요하다는 가설이다. Swain은 캐나다의 일부 학교에서 시행되었던 몰입 교육(immersion education)의 효과를 검증하기 위한 연구를 수행하였다. 몰입 교육을 통해 프랑스어를 제2 언어로 배운 학생을 대상으로 한 연구에서, 프랑스어로 진행된 학교 수업을 통해 프랑스어 입력에 충분히 노출되었던 학생들은 프랑스어를 듣고 읽는 측면에서는 원어민에 가까운 정

도로 수준이 향상되었다. 그러나 프랑스어를 말하고 쓰는 데 있어서는 여전히 오류를 보였다. 이와 관련하여 Swain은 해당 결과가 몰입 교육을 받은 학생들이 프랑스어를 말하고 쓰는 훈련을 별로 하지 않았기 때문이라고 주장하였다. 아울러 Krashen의 입력 가설을 비판하며, 입력만으로는 완전한 언어 습득을 달성하기에 충분하지 않음을 언급하였다. 학습자 스스로 문장을 만들어 내는 과정, 즉 출력의 과정에서 외국어 문법이 제대로 형성될 수 있다고 보았다. 따라서 출력이 반드시 수행되어야 하는 환경을 만드는 것이 중요하다고 강조하였다. 이렇듯 강제된 환경을 만들어서 발화를 하도록 하는 것을 **강요된 출력**(pushed output)이라고 하며, Swain은 이러한 강요된 출력이 외국어 교육에서 핵심적이라고 보았다.

학생들이 지난 수업의 읽기 후 활동에서 읽고 이해한 내용을 직접 말해 보게 하는 다시 말하기 기법(retelling)을 활용할 수 있습니다. 이는 학습자로 하여금 강요된 출력을 수행하도록 하는 교수 기법 중 하나입니다.

주목 가설
주목(noticing)이란 목표어 언어 입력에 주의 집중(attention)을 기울이는 과정을 일컫는다. 이러한 주목은 의도적인 주의 집중뿐만 아니라 의도적이지 않은 주의 집중도 포함한다. Schmidt(1994)는 주목 가설(Noticing Hypothesis)에서 주목은 입력(input)이 흡수(intake)가 되는 필요충분조건이므로, 주목은 외국어 습득에 도움이 된다고 주장하였다.

Schmidt(1994)는 학습자가 언어 입력(input)에 주목하여 단기적인 기억 장치(temporary memory)에 목표어를 저장하는 것을 **흡수**(intake)라고 보았답니다.

주목 가설은 여러 측면에서 비판을 받았다. 예를 들어 Truscott(1998)은 주목 가설이 인지심리학적인 기초가 미약하다는 점, '주목'만으로는 언어 습득의 복잡한 양상을 설명하기에 충분하지 않다는 점을 지적하였다. 그러나 Schmidt(2012)는 형태 초점 교수법(focus on form; Doughty & Williams, 1998) 등 문법 교수의 긍정적 효과를 보고한 연구들이 자신의 이론을 경험적으로 지지하고 있음을 강조하였다.

 형태 초점 교수법 중 입력 강화(input enhancement) 기법은 이러한 학습자의 주목을 적극적으로 활용합니다.
다음은 입력 강화(input enhancement) 활동의 사례입니다.

John likeS apples.
Mary loveS strawberries.
Tom hateS bananas.

이 사례는 3인칭 현재형 단수 -s를 강조하여 제시하고 있어요. 그리고 이를 통해 학습자들은 3인칭 -s에 집중하게 된답니다.

결정적 시기 가설 Lennerberg(1967)가 제안한 결정적 시기 가설(Critical Period Hypothesis)은 모국어 습득에 대한 가설이지만, 외국어 습득 이론에도 상당한 영향을 끼쳤다. Lennerberg는 이러한 결정적 시기를 뇌의 좌반구·우반구 측면화(lateralization)가 이루어지는 사춘기 이전으로 보았으며, 결정적 시기 이후에 모국어를 습득하는 것은 어렵다고 주장하였다.

외국어 습득에서도 **결정적 시기**가 있다는 주장에 대해서는 대립되는 두 입장이 있다. 한편에서는 어른이 아동에 비해 외국어를 배우기 어렵다는 여러 경험적 증거를 제시하며 외국어 습득에서의 결정적 시기를 주장하였다. 예를 들어, Johnson과 Newport(1989)는 미국으로 이민을 온 나이가 어린 학습자일수록 원어민 수준의 영어 능력을 갖추고 있음을 보여 주며 외국어 습득의 결정적 시기를 지지하였다. 다른 한편에서는 어른이 외국어를 잘 배우지 못하는 것처럼 보이는 이유는 결정적 시기가 아니라 다른 이유(예: 모국어의 영향, 외국어 입력의 부족) 때문임을 지적하였다(Jia & Aaronson, 2003; Schwartz, 1990). 이러한 입장에서는 충분한 입력과 경험이 주어진다면 어른도 외국어를 원어민 수준으로까지 습득할 수 있다고 주장하였다.

(2) 외국어 교수법

현재 우리나라의 영어과 교육과정은 의사소통중심 교수법(Communicative Language Teaching)에 근간을 두고 있다. 의사소통중심 교수법의 목표는 의사소통능력을 신장시키는 것이며, 의미와 의사소통 기능적 측면에서의 언어 사용을 강조한 **의미·기능적 교수요목**(Notional-functional Syllabus)과 밀접히 연결되어 있다. 다음은 외국어 교수법 유형을 정리한 것이다(Brown & Lee, 2015; Larsen-Freeman, 2000; Richards & Rodgers, 2014).

문법 번역식 교수법	문법 번역식 교수법(Grammar Translation Method, GTM)은 유럽의 전통적인 라틴어 교육 방법에 바탕을 두고 있으며, 19세기에 성행한 외국어 교수 방식이다. 수업은 모국어로 진행하며, 고전 문학 작품을 읽고 번역하는 데 초점을 두기 때문에 읽기, 쓰기 등 문자 언어를 강조한다. 언어 학습을 문법 및 규칙의 암기로 보며, 문법은 연역적인 학습(deductive learning) 방식으로 상세하고 구체적으로 가르친다. 어휘는 낱말 목록의 형태로 따로 제시한다. 문자 언어를 강조하므로 발음은 상대적으로 중요시 하지 않으며, 언어의 유창성보다는 정확성을 강조한다.
직접식 교수법	직접식 교수법(Direct Method, DM)은 어린이가 모국어를 습득하는 방식에 바탕을 둔 교수법으로 19세기 말에서 20세기 초에 성행하였다. 수업은 모국어를 사용하지 않고 목표 외국어로 진행한다. 질문 및 답변을 통한 구두 의사소통 연습에 초점을 두며 듣기와 말하기를 함께 가르친다. 문법은 귀납적인 방식으로 학습(inductive learning)하며, 문법적 분석 및 설명은 최소화한다. 일상생활 단어와 문장을 중심으로 제시하며 정확한 발음 및 문법을 강조한다.
청화식 교수법	청화식 교수법(Audio-lingual Method, ALM)은 2차 세계대전 당시 군대에서 활용한 외국어 교수 방식이었기 때문에 군대식 교수법(Army Method)으로도 불리며 습관 형성(habit formation)을 중시했던 행동주의(behaviorism) 이론에 기초한 교수법이다. 기계적인 **문형 연습**(pattern practice; pattern drill)을 통한 습관 형성에 초점을 두며, 이를 바탕으로 원어민들처럼 자동적으로 문장을 사용하는 것을 목표로 한다. 수업은 모국어 사용을 최소화

하며, 목표 외국어로 진행한다. 구두 언어 학습을 강조하며, 듣기, 말하기, 읽기, 쓰기의 순서로 학습한다. 문법은 귀납적인 방식으로 학습(inductive learning)한다. 새로운 언어 자료는 대화 형태로 제시한다. 발음을 중시하며 원어민과 같은 발음을 목표로 한다. 학생의 반응에 대해 즉각적으로 강화를 제공하며, 이를 통해 정확성을 높이고 오류를 피한다.

침묵식 교수법 침묵식 교수법(Silent Way)은 교사의 침묵(silence)을 바탕으로 학생들이 많은 연습을 하고, 스스로 외국어의 규칙을 깨우치도록(discovery learning) 한다는 점에서, 철저한 학습자 중심(learner-centered)의 학습을 추구한다. 또한 학습은 배울 내용을 포함하는 문제 해결(problem-solving)을 통해 촉진된다고 본다. 수업에서 교사가 말을 할 경우에는 목표어를 사용하며 모국어로 번역하지 않는다. 교사는 최소한의 본보기만 제시하고, 반복, 설명, 오류 수정 등은 하지 않는다. 외국어 학습의 목표는 원어민 화자와 같이 유창하게 사용하는 것이며 정확한 발음을 강조한다. 어휘, 문법 항목 교수를 중심으로 교수요목(syllabus)을 구성한다.

> '교수요목(syllabus)'이란 무엇을 어떤 순서로 가르칠 것인지, 학습 목표는 무엇인지 등을 상세하게 기술한 문서랍니다(Nunan, 1988). 대학이나 대학원에서 강의를 선택할 때 참고하는 문서인 '실라버스(syllabus)'가 교수요목의 영어 명칭입니다. 교사가 주도적으로 학습 목표를 설정하고 이를 바탕으로 가르칠 내용을 선정하고 학습 순서를 배열하기도 하며, 때로는 학생들이 교수요목을 만드는 데 적극적으로 참여하기도 합니다. 이러한 교수요목의 유형에는 문법적 교수요목(grammatical syllabus), 상황적 교수요목(situational syllabus), 개념 중심 교수요목(notional syllabus), 기능 중심 교수요목(functional syllabus), 개념-기능 중심 교수요목(notional-functional syllabus), 절차 중심 교수요목(procedural syllabus), 과정 중심 교수요목(process syllabus), 과업 중심 교수요목(task-based syllabus), 내용 중심 교수요목(content-based syllabus), 주제 중심 교수요목(topic-based syllabus) 등이 있답니다.

암시적 교수법 암시적 교수법((De)Suggestopedia)은 학습자가 가지는 걱정, 불안감 등을 완화하는 데 초점을 둔 교수법이다. 교수 활동이 일어나는 환경의 영향을 중요시 하였는데, 학습자의 정서적인 측면을 고려하여 밝은 분위기의 교실 환경, 마음을 편안하게 해 주는 배경 음악 및 그림, 안락한 의자 등을 제안하였다. 수업의 예시는 다음과 같다. 먼저 교사는 수업 중 편안한 음악을 배경으로 듣기 자료(text)를 읽어 준다. 학생들에게는 듣기 대본뿐만 아니라 이에 대한 번역본을 수업 자료로 제공한다. 교사가 글을 다 읽은 다음, 다른 음악을 배경으로 다시 동일한 글을 읽어 준다. 이때 교사의 억양이나 리듬도 음악의 종류에 따라 달라진다. 학생들은 교과서를 덮고 글 내용을 다시 듣는다. 수업과 관련하여 별도의 과제는 없다. 이러한 수업은 학생들에게 학습에 대한 부담과 긴장감을 줄여 학습에의 장애를 극복하게 하고, 학습이 자연적으로 축적되는 것을 목표로 한다.

공동체 언어학습법 공동체 언어학습법(Community Language Learning, CLL)은 효과적인 의사소통을 위해서는 대화 상대자에 대한 감정 이입이 필요하며, 고도의 감정 이입은 언어 학습에 대한 성공을 불러올 수 있다는 믿음을 바탕으로 한다. Curran(1972)이 제안하였으며, 교사와 학생의 관계는 상담자-의뢰인 관계이다. 인지적 학습뿐 아니라, 감정 및 정서를 포함한 전인적인 학습(whole-person learning, humanistic approach)을 추구한다. 사회적 상호작용으로서의 언어 사용에 초점을 두며, 이러한 사회적 상호작용이 언어 학습의 성공을 좌우한다고 믿는다. 학습자는 동료 학습자와 교사로 구성된 공동체(community)의 구성원으로서 역할을 수행하며, 수업을 통해 상호 간의 온정, 이해심 고양, 타인의 가치에 대한 긍정적 평가가 높아지는 것을 기대할 수 있다.

자연적 접근법 자연적 접근법(Natural Approach)은 Krashen의 입력 가설을 교수법으로 구현한 것이다. 말하기는 학생들이 준비가 되었을 때 시작하며, 그때까지는 듣기 활동에 집중한다. 이해의 역할을 강조하며, 시각적인 보조 자료를 적극적으로 사용하여 이해를 돕는다. 주제, 상황 중심의 의미론적인 교수 요목(syllabus)을 사용한다. 초기에 전신 반응 교수법(TPR)을 활용할 수 있으며, 초기 발화 단계에서는 학생들의 오류를 적극적으로 수정하지 않는다. 문법은 언어 입력에의 노출을 통해 자연스럽게 습득되는 것으로 본다.

전신 반응 교수법

전신 반응 교수법(Total Physical Response, TPR)은 교사의 명령을 듣고 학생이 신체적 행동으로 반응하는 과정을 통해 외국어를 배우는 교수법이다. 전신 반응 교수법의 주된 원칙은 '말하기 전에 듣고 이해하기', '외국어로 된 진술이나 명령에 따라 학습자가 몸을 움직여 표현하기', '학습자 스스로 발화할 수 있을 때까지는 외국어를 강요하지 않기'이다. 예를 들어 외국어 교사는 학습자들에게 'stand up', 'sit down', 'come here'와 같이 명령하며, 이에 대해 학습자가 행동으로 반응한다. 이는 모국어 습득에서도 침묵기(silent period)가 있듯, 학습자가 목표어를 말하기 전에 이해력을 발달시켜야 한다는 입장을 반영한다. 수업은 목표어로 진행하며, 구두 언어를 강조한다. 언어 학습에서 정의적 요인의 중요성을 고려하여, 흥미로운 신체 활동을 통해 학습자의 긴장 및 불안감을 최소화한다. 언어의 형태보다는 의미에 초점을 둔다. 문법은 귀납적 학습(inductive learning)을 추구한다. 교사가 주도적으로 수업을 이끌어 나가며 학생은 교사의 명령을 듣고 반응한다는 점에서 수동적으로 참여한다.

학습자가 영어 발화를 이해하지 못할 경우에는 실물이나 그림을 제시할 수 있다. 학습의 초기에는 교사의 명령에 몸으로 반응하는 훈련만 하다가, 학습자가 익숙해지면 학습자가 교사의 역할을 맡아 교사에게 영어로 명령한다. 전신 반응 교수법은 스토리텔링(storytelling)과도 연계하여 활용할 수 있다. 즉, 교사가 이야기를 들려 주고 학생들은 그 이야기를 들으면서 이야기 내용에 해당하는 부분을 동작으로 보여 줄 수도 있다. 예를 들어 이야기에 사과를 먹는 내용이 담겨 있다면, 교사가 '사과를 먹는다'는 부분을 이야기할 때, 학생들이 일제히 사과를 먹는 행동을 보여 줄 수 있다.

의사소통중심 교수법

의사소통중심 교수법(Communicative Language Teaching, CLT)은 외국어 구조에 대한 정확한 지식보다는 의사소통을 위한 유창성을 중시하며, 외국어로 상호작용하는 과정을 바탕으로 의사소통능력의 습득을 강조한다. 학습에 실제(authentic) 상황을 도입하여 학습자에게 유의미한 과업을 수행하는 과정에서 진정한 의사소통을 이끌어 낸다. 정보차 활동(information gap activity), 역할 놀이(role play), 게임(game) 등을 적극적으로 활용하여 의사소통한다. 모국어를 적절히 사용하는 것이 허용되며, 원어민 수준의 발음보다는 이해 가능한 발음을 요구한다. 학습자의 개인적인 경험을 적극적으로 활용하여 학습에 도움이 되도록 한다. 교사는 의사소통 과정의 촉진자, 요구분석자, 조언자 등의 역할을 수행한다.

의사소통중심 교수법의 대표적 활동은 정보차 활동(information gap activity)이랍니다. 정보차 활동은 자신이 가지고 있는 정보와 상대방이 가지고 있는 정보가 다른 상황에서, 서로 물어 보고 답하는 과정을 통해 각자 모르는 정보를 파악하는 말하기 활동입니다. 이에 대한 구체적인 지도 기법은 p. 143을 참고하세요.

내용 중심 교수법

내용 중심 교수법(Content-Based Instruction, CBI)은 특정 주제의 내용을 학습하는 과정에서 자연스럽게 외국어를 배우도록 하는 교수법이다. 외국어는 학습자에게 내용 정보를 제공하는 매개체 역할을 수행하며, 일반적으로 외국어 수준이 중급 이상인 학생들을 대상으로 한다. 수학, 과학 등 교과 내용을 외국어로 가르치는 몰입 교육(immersion education)이 내용 중심 교수법의 대표적 사례이다. 내용을 가르치는 과정에서, 언어 사용의 네 가지 기능이 통합적으로 사용된다는 장점이 있다.

과업 중심 교수법

과업 중심 교수법(Task-Based Language Teaching, TBLT)은 교실 밖에서 수행할 필요가 있는 의사소통 과업을 중심으로 구성하는 교수 방식이다. 학습자가 목표 외국어를 사용할 필요성을 구체화시켜 외국어를 잘 사용할 수 있도록 교육적 과업을 계획한다. 과업은 목표 과업(target task)과 교수 과업(pedagogical task)으로 구분된다. 목표 과업이란 구직 면접(job interview) 상황에서 자기소개하기와 같이 학생들이 교실 밖에서 수행해야 할 과업을 뜻하며, 교수 과업이란 이러한 목표 과업을 수행하기 위해 고안된 일련의 교실 활동으로서, 구직 면접 상황의 대화 듣기, 구직 면접 상황 시연해 보기 등을 예시로 들 수 있다. 목표 상황에 따른 언어 사용에 초점을 둔다는 점에서 학습자의 화용론적 언어 능력에 관심을 두며, 과업

**형태 초점
교수법**

을 수행하는 과정에서 언어 사용의 네 가지 기능이 통합적으로 사용된다.

캐나다의 몰입 교육 프로그램에서 학습자의 제2 언어 발달 양상을 관찰한 결과, 제2 언어의 오류가 고착화되는 현상인 **화석화**(fossilization)가 나타났다. 이와 관련하여 언어 형식(문법)에 대한 교수가 필요하다는 주장에 따라 대두된 교수법이 형태 초점 교수법(Focus on Form, FoF)으로, 의미에 초점을 둔 상태에서 언어 형식에 대한 교수가 일어나야 한다고 주장하였다. 한편 형식 초점 교수법(Focus on Forms)은 형태 초점 교수법(Focus on Form)에 대비되는 교수법으로 의미보다는 언어 형식에 초점을 둔 교수 방법을 의미하며, 의미 초점 교수법(Focus on Meaning)은 의미에 초점을 둔 교수 방법을 의미한다. 형태 초점 교수법(Focus on Form)에서는 입력 강화(input enhancement), 의식 고양(consciousness raising) 및 주의 집중(attention)을 통한 언어 형식의 교육을 주장하였다.

 화석화를 막기 위해 학습자가 오류를 범했을 때 교사가 제시할 수 있는 피드백 유형이 궁금하다면, p. 126을 살펴보기 바랍니다.

(3) 외국어 평가

외국어 평가는 교수·학습을 통한 성취도를 점검한다는 측면뿐만 아니라, 평가 결과를 바탕으로 새로운 교수·학습 계획을 수립할 수 있다는 점에서도 중요하다. 우리나라의 영어과 교육과정에서도 이러한 평가의 중요성을 인식하고 듣기, 말하기, 읽기, 쓰기 기능에 대해 평가 방법을 제시하고 있다. 여기에서는 다양한 평가 종류, 평가가 갖추어야 할 요건 등에 대해 살펴본다.

평가의 종류 외국어 평가는 평가 목적에 따라 다음과 같이 분류할 수 있다.

- **숙달도 평가**(proficiency test): 전반적인 언어 능력 측정을 목적으로 하는 평가이다.
- **성취도 평가**(achievement test): 수업의 목표 달성 정도를 알아 보기 위한 목적으로 실시되는 평가이다.
- **진단평가**(diagnostic test): 학습자의 강점 및 약점 파악을 목적으로 하는 평가이다.
- **배치평가**(placement test): 학습자를 각자의 수준에 맞는 수업에 배치하기 위해 필요한 정보를 수집할 목적으로 실시되는 평가이다.

또한 평가 시기에 따라서는 형성평가와 총괄평가로 분류할 수 있다.

- **형성평가**(formative test): 교수·학습의 과정 중에 수시로 학습자의 숙달 정도를 평가하고, 학습자의 성취를 향상시킬 수 있도록 교수·학습을 개선하는 데 그 결과를 활용하기 위한 목적으로 실시하는 평가이다(이완기, 2003; 이종승, 2009; McMillan, 2017).
- **총괄평가**(summative test): 학기 말 또는 학년 말에 학습자의 성취도를 측정하기 위한 평가이다.

그 외에도 **자기평가**, **동료평가**, 교사의 **수업 중 관찰**, **시험**, **퀴즈**, **포트폴리오**, **수행평가**와 같이 다양한 종류가 있다.

> 말하기 평가는 수행평가가 효과적이랍니다. 대신 수행평가에서는 평가 기준을 잘 구성하는 것이 중요해요. 쓰기 평가로는 최근 쓰기의 과정을 강조하고 있기 때문에 포트폴리오를 활용한 평가 방식이 활용되기도 해요. 수행평가에 대해 더 알고 싶다면 p. 128을, 포트폴리오 평가에 대해 더 알고 싶다면 p. 220를 참조하세요.

타당도, 신뢰도, 실용도

평가가 갖추어야 할 요건으로 **타당도**(validity), **신뢰도**(reliability), **실용도**(practicability)가 있다.

- **타당도**: 타당도란 "평가 결과에 근거해서 내리는 각종 결정이나 수험자의 언어 능력에 대한 추론의 적절성"(Messick, 1989; 신상근, 2014, p. 551)을 의미한다. 타당도는 내용 타당도(content validity), 준거 관련 타당도(criterion-related validity), 구인 타당도(construct validity), 안면 타당도(face validity) 등으로 구분될 수 있다(김진석, 2018; 신상근, 2010).

중간고사 범위가 1~3단원인데 4단원 내용이 시험에 나왔다면 해당 시험은 타당도가 낮은 시험이라 할 수 있어요.

- **신뢰도**: 신뢰도란 평가의 결과가 얼마나 오차 없이 일정하게 나오는지에 대한 것으로(김진석, 2018; 신상근, 2010), 평가 결과는 일관되고 신뢰할 수 있어야 한다. 평가의 신뢰도는 검사·재검사 신뢰도(test-retest reliability), 동형 검사 신뢰도(parallel-form reliability), 채점자 간 신뢰도(inter-rater reliability) 등을 통해 판단할 수 있다.
  - 검사·재검사 신뢰도: 동일한 학습자를 대상으로 일정한 기간 간격을 두고 실시한 두 차례 평가의 결과가 유사해야 한다.
  - 동형 검사 신뢰도: 같은 형태의 검사 도구를 제작한 다음 이를 같은 집단에게 실시하였을 때 두 시험 결과 간의 상관관계가 높게 나와야 한다.
  - 채점자 간 신뢰도: 둘 이상의 채점자에 의한 채점 결과가 유사해야 한다.

지난번 말하기 수행평가에서 A 선생님은 만점을 줬어요. 그런데 같은 내용에 대해 B 선생님은 낙제점을 줬어요. 해당 시험은 신뢰도가 낮은 시험이라 할 수 있어요.

- **실용도**: 평가의 실용성 및 효율성을 위해 고려해야 할 요인들로는 1) 평가 방법에 대한 교사의 친숙성(평가 방법의 장점과 제한점, 채점 및 해석 방법, 해당 학습 목표에 대한 평가 방법의 적절성 등에 대한 이해), 2) 소요 시간(평가 도구의 개발, 학생들의 응답, 채점 등을 위해 필요한 시간), 3) 시행의 용이성(시행 지침과 절차가 명확함), 4) 채점의 용이성(평가 방법과 목적에 가장 적절하고

쉬운 채점 방법 선택), 5) 해석의 용이성(주관적으로 평가되는 산출물을 쉽게 해석하도록 하기 위해서는 점수나 등급을 부여함), 6) 비용 등이 있다(McMillan, 2014).

초등학생의 영어 수준을 검사하기 위해서 무려 5시간 이상이 걸리는 시험이 있대요. 초등학생을 대상으로 영어 시험을 5시간 이상 치르게 하는 것은 불가능하기 때문에 실용도가 낮은 경우라 할 수 있어요.

세환 효과 교수·학습이 평가에 영향을 미치는 경우가 많으나, 오히려 평가가 교수·학습에 영향을 미치는 것을 **세환 효과**(washback effect)라고 한다.

대학수학능력시험이 듣기와 읽기 영역을 위주로 하고 있기 때문에 고등학교 수업에서도 듣기와 읽기에 초점을 두는 경우가 많아요. 이는 세환 효과의 사례로 볼 수 있어요.

(4) 학습자 특성

학습자는 다양한 측면에서 개인차가 있으며, 교사는 이러한 학습자의 특성을 충분히 고려하여 교수·학습 계획을 세워야 한다. 우리나라 영어과 교육과정에서도 '초등학교 학생의 인지적, 정의적 특성을 고려'하고 '발달 단계와 특징을 고려'하여 다양한 교수·학습 방법을 적용해야 함을 강조하고 있다. 이렇듯 학습자에 대한 고려는 언어 적성, 학습 스타일, 학습 전략과 같은 인지적인 측면과 동기, 불안감과 같은 정의적인 측면 등 다양한 관점에서 살펴볼 필요가 있다(Brown, 2001, 2014; Mitchell, Myles & Marsden, 2013). 여기에서는 이러한 학습자 특성에 대해 구체적으로 살펴본다.

언어 적성   언어 적성을 연구한 대표적인 학자인 Carroll(1965)은 언어 적성 검사인 MLAT(Modern Language Aptitude Test)를 개발하였다. MLAT는 청각 능력(phonetic coding ability), 문법적 감각(grammatical sensitivity), 귀납적 학습 능력(inductive language learning ability), 연관된 기억력(associative memory abilities)의 네 가지 언어 적성 영역을 측정한다. 언어 적성이 높을수록 외국어를 더 잘 배울 수 있다는 연구 결과가 보고되었다(Spolsky, 1989). 최근의 연구로는 작동기억(working memory)의 용량이 클수록 외국어를 더 잘 처리할 수 있다는 연구(Skehan, 2002, 2012), 언어의 다양한 양상(예: 문법, 문자 언어 학습, 구두 언어 학습)에 따라 학습에 필요한 적성이 각기 다르다는 연구(Robinson, 2002) 등이 있다.

학습 스타일   ① **장 독립성**(field independence)과 **장 민감성**(field dependence, field sensitivity): 장 독립적인 학습자는 전체와 부분을 잘 구분하고 주변 환경의 영향을 비교적 덜 받는 경향이 있으나, 전체와 부분 사이의 관계를 파악하는 데 어려움을 겪는 경향이 있다. 반면, 장 민감적인 학습자는 전체적인 장(field)을 하나의 통일체로 인식하는 경향이 있으나, 전체에 포함된 각 부분을 개별적으로 인식하는 데에는 어려움을 겪는다. 일반적으로 아동들은 성인에 비해 장 민감적인 경향이 있다.

② **숙고성**(reflectivity)과 **충동성**(impulsivity): 숙고적인 학습자는 모든 가능한 변수를 고려하여 문제에 대처하는 경향이 있고, 충동적인 학습자는 직관적이고 충동적으로 문제를 해결하는 경향이 있다. 일반적으로 아동들은 성인에 비해 충동적인 경향성을 보인다.

③ **모호함에 대한 관용**(ambiguity tolerance)과 **모호함에 대한 불관용**(ambiguity intolerance): 자신의 믿음 및 지식에 상반되는 생각에 대해 쉽게 수용하는 정도에 따라 모호함에 대한 관용 및 불관용으로 구분된다. 일반적으로 아동들은 성인에 비해 모호함에 대한 관용이 큰 편이다.

학습 전략　　Oxford(2011)는 학습 전략(learning strategy)을 '학습자들이 성취, 과제 완수, 학습을 쉽고 효율적으로 하기 위한 목표 지향적인 활동'으로 정의하였다(p. 167). 성공적인 학습자의 학습 전략의 특징을 바탕으로 전략을 더욱 효과적으로 발달시키고 사용하도록 지도한다면, 영어 학습을 더 효율적으로 하도록 유도할 수 있다. 일반적인 학습 전략과 영어(외국어) 듣기, 말하기, 읽기, 쓰기 등 4기능에 해당하는 학습 전략이 제시되어 있다.

학습 전략은 크게 직접 전략(direct strategy)과 간접 전략(indirect strategy)으로 분류할 수 있다(Oxford, 1990).

직접 전략은 목표어 학습에 직접적인 영향을 주는 전략이다.
- 기억(memory) 전략: 학생들이 새로운 정보를 기억하고 회상하도록 도와준다(예: 연상하기, 이미지나 소리 사용하기, 복습하기, 동작 이용하기).
- 인지(cognitive) 전략: 새로운 정보를 다양한 방법을 통해 이해하고 산출하도록 도와준다(예: 분석 및 추론하기, 연습하기, 메시지 교환하기, 입출력하기).
- 보상(compensatory) 전략: 부족한 지식을 보충하기 위해 사용한다 (예: 언어적·비언어적 단서 이용하기, 모국어 사용하기, 화제 전환하기).

간접 전략은 언어 학습을 간접적으로 돕는 전략으로 언어 학습을 지원하고 관리한다.
- 상위 인지(metacognitive) 전략: 학습자가 자신의 학습 과정을 관리한다 (예: 학습에 집중하기, 학습 준비 및 계획하기, 학습 평가하기).
- 정의적(affective) 전략: 학습자의 마음을 다스린다(예: 불안감 낮추기, 스스로 격려하기, 감정 다스리기).
- 사회적(social) 전략: 다른 사람들과 관련된 전략이다(예: 질문하기, 다른 사람과 협력하기, 감정 이입하기).

의사소통 전략　의사소통 전략(communication strategy)은 크게 보상 전략(compensatory strategy)과 회피 전략(avoidance strategy)으로 구분할 수 있다. 보상 전략은 외국어 학습자가 자신의 불충분한 지식을 보충하기 위해 사용하는 전략이며, 회피 전략은 외국어에 대한 지식이 충분하지 못해 일부러 특정 주제 등에 대해 말하는 것을 회피하는 것을 말한다. Dörnyei(1995, p. 58)는 이러한 보상 전략과 회피 전략을 다음과 같이 정리하였다.

회피 전략

1. 메시지 포기(message abandonment): 언어적 어려움 때문에 메시지를 완성하지 못하고 그냥 포기한다.
2. 화제 회피(topic avoidance): 언어적 어려움을 초래하는 화제나 개념을 회피한다.

보상 전략

3. 우회적 화법(circumlocution): 특정 어휘 등을 표현하기 위해 관련 행동을 기술하거나 예로 든다(예: corkscrew를 the thing you open bottles with로 표현하는 것).
4. 근접 대체어(approximation): 특정 어휘의 의미를 표현하기 위해 의미상 근접한 대안적인 어휘를 사용한다(예: sailboat 대신 ship이라고 말하는 것).
5. 다목적어(all-purpose word) 사용: 일반적이고 특별한 의미가 없는 어휘를 특정 낱말이 필요한 상황까지 확대해서 사용한다(예: thing, stuff, what-do-you-call-it와 같은 표현을 과다하게 사용하는 것).
6. 단어 만들기(word coinage): 그럴 듯한 규칙을 바탕으로 제2 언어에 존재하지 않는 단어를 새롭게 만들어 낸다(예: vegetarian을 vegetarianist로 표현하는 것).
7. 정형화된 문형(prefabricated pattern): 암기한 상투적인 문구들을 사용한다(예: 영어를 사용하는 나라를 방문하거나 혹은 이민을 간 상황에서, 생활이나 생존을 위해 'How much is this?'와 같은 표현을 외워서 사용하는 것).
8. 비언어적 신호(nonlinguistic signals): 마임, 몸짓, 얼굴 표정, 소리 모방을 사용한다.

9. 직역(literal translation): L1(모국어)에서 L2(외국어)로 단어, 숙어, 복합어 또는 구문을 그대로 직역한다.
10. 외국어화(foreignizing): L1 단어를 L2 음운론적 체계나 형태론적 체계에 맞게 조절하여 사용한다(예: L1 단어를 L2식으로 발음하거나 L1 단어에 L2 접미사를 붙여 사용하는 경우).
11. 언어 전환(code-switching): L2로 말할 때 L1 단어를 L1 발음으로 말하거나 L3 단어를 L3 발음으로 말한다. 즉 L2 발화 중에 L1 또는 L3 단어로 전환하는 경우이다.
12. 도움 요청(appeal for help): 상대방에게 직접적으로 또는 간접적으로 도움을 요청한다(예: What do you call…?이라고 직접 질문하거나 상승조 억양, 휴지(pause), 눈 맞춤(eye contact), 난처해 하는 표정 등을 통해 간접적으로 도움을 요청하기).
13. 시간 벌기나 시간 끌기 작전: well, now let's see, uh, as a matter of fact 등과 같이 시간을 메우는 표현이나 우물쭈물거릴 때 사용하는 표현들을 통해 휴지(pause)를 채우고 생각할 시간을 얻는다.

다중 지능 이론

다중 지능 이론(Multiple Intelligences; Gardner, 1993)은 IQ 테스트에 기반을 둔 전통적인 지능의 개념에서 벗어나, 사람들의 다양한 지능에 대해 설명하고 있다. 대표적으로 다음과 같이 8가지 지능으로 구별된다.

- 논리·수학 지능(logical-mathematical intelligence)
- 언어 지능(linguistic intelligence)
- 음악 지능(musical intelligence)
- 공간 지능(spatial intelligence)
- 신체·운동 감각 지능(bodily-kinesthetic intelligence)
- 자연 친화 지능(naturalistic intelligence)
- 대인 관계 지능(interpersonal intelligence)
- 내적 능력 활용 지능(intrapersonal intelligence)

언어 학습 활동 구안 및 지도 시 이러한 다양한 지능들을 활성화하면 학생들의 효과적인 언어 습득을 이끌어 낼 수 있다. 가령 노래를 율동과 함께 배우면서 영어를 학습할 경우, 언어, 음악, 신체·운동, 대인 관계 지능이 활성화되면서 언어 학습의 효과를 증진시킬 수 있다. 나아가 위에 제시된 다양한 지능들은 좌뇌와 우뇌를 모두 사용하면서 학습의 효과를 향상시키는 데 기여할 수 있다. 좌뇌는 논리·수학, 언어 지능과 높은 관련이 있고, 우뇌는 음악, 공간, 신체-운동, 자연 친화 지능과 관련이 높다. 따라서 초등학생들에게 영어 지도 시 학생들의 다양한 지능과 개별 학생의 서로 다른 우세 지능의 유형을 고려하여 다양한 수업 방법 및 수업 활동을 실행하여 영어 학습의 효율을 높일 필요가 있다.

동기

외국어 학습 동기(motivation)는 **내재적 동기**(intrinsic motivation)와 **외재적 동기**(extrinsic motivation)로 구분될 수 있다. 또한 **통합적 동기**(integrative motivation)와 **도구적 동기**(instrumental motivation)로 구분될 수 있다(Gardner & Lambert, 1972).

- 내재적 동기: 학습 활동이 일어나도록 하는 유인이 학습자 내부에 있다. 즉, 학습자 스스로가 자발적으로 영어를 배우려는 경우이다.
- 외재적 동기: 학습 활동이 일어나도록 하는 유인이 외부에 있다.
- 통합적 동기: 학습자가 그 언어를 사용하는 집단에 통합되어 해당 집단의 구성원이 되기를 희망한다.
- 도구적 동기: 직장 입사, 시험 점수 획득 등과 같이 도구적인 목적으로 외국어를 배우고자 한다.

최근에 외국어 학습의 목표를 모국어 화자와 같은 능력을 갖추는 것으로 설정하는 것에 대해 비판적인 시각이 대두되면서, 통합적 동기에 대해서도 의문을 품게 되었다. 이와 관련하여 학습자들의 영어 학습에 대한 동기가 영어를 사용하는 집단에 대한 통합보다는 국제공용어로서의 영어(English as a lingua franca) 학습을 위한 동기에 주목하는 연구들이 발표되었다(Lamb, 2004).

또한 Dörnyei와 Ushioda(2011)는 도구적·통합적 동기와 같이 동기를 이분법적으로 구별하기보다는 복잡하고 역동적인 체계(complex dynamic systems)로 봐야 한다고 주장하였다. Dörnyei(2005)는 학습자 동기와 관련하여 **이상적 자아**(ideal self)란 개념을 제안하였는데, 이상적 자아란 외국어 학습자가 되기를 바라는 상상 속의 인물을 의미한다. Dörnyei(2009)는 학습자가 자신이 설정한 이상적 자아(ideal self)와 현실의 자아(actual self)의 차이를 인식하면서 그 차이를 줄이기 위해 적극적으로 학습에 임하게 된다고 설명한다.

학생들의 흥미와 호기심을 지속시키기 위해 이상적 자아(ideal self)와 영어 사용을 연결할 수도 있어요. 예를 들어 박지성 키즈와 김연아 키즈는 박지성 같은 축구 선수와 김연아 같은 스케이트 선수를 꿈꾸는 학생들이에요. 국제 무대에서 스포츠를 한다는 점에서 두 선수를 역할모델로 하는 학생들은 자신이 미래에 영어를 사용하는 모습을 상상하게 될 거예요. 실제로 박지성이 유명해진 이후 초등학교 축구팀에 소속된 학생들이 다른 교과보다도 영어 수업을 열심히 듣게 된 사례도 있답니다. 이처럼 학생들이 꿈꾸는 미래의 모습에 영어를 사용하는 모습이 포함될 수 있도록 교사가 지도하면, 학생들은 장기적인 관점에서 영어에 흥미와 호기심을 갖게 될 거예요.

불안감   불안감(anxiety)은 영어와 연관되어 많이 회자된다. '영어 울렁증'이라는 말은 있지만 '국어 울렁증', '미술 울렁증'이라는 말은 잘 사용되지 않듯이, '영어'라는 과목에 대해서 한국 사람들이 느끼는 감정은 불안감과 연관된 것이 많다. Horwitz, Horwitz와 Cope(1986)는 외국어와 관련된 불안감을 조사하는 설문 도구(FLCAS: Foreign Language Classroom Anxiety Scale)를 만들었는데, 이 설문 도구는 영어에 대한 불안감을 조사하는 연구에 많이 활용되고 있다. 학생들이 영어에 대해 불안감을 지니고 있는지 알아 보기 위해서는 FLCAS와 같은 설문 도구를 사용할 수 있다. 예를 들어, 학기 초와 학기 말에 똑같은 설문지를 사용한다면 학생들의 불안감이 한 학기 동안 어떻게 변화하였는지 알아 볼 수 있다. Horwitz, Horwitz와 Cope(1986)는 언어 불안감의 요인으로 세 가지를 보고하였는데, 의사소통에 의한 불안감, 시험에 관련된 불안감, 자신에 대한 타인의 부정적인 평가와 관련된 불안감이다. 이 중에서 교사가 특히 주목해야 할 것은 부정적인 평가와 관련된 불안감이라 할 수 있는데, 학생들이 영어로 발화할 때 "학생 1의 영어 발음이 학생 2의 영어 발음보다 더 좋다."와 같이 두 학생을 서로 비교하는 말을 하지 않도록 조심할 필요가 있다. 또한 학생들이 다른 학생의 영어에 대해서 부정적인 평가를 하는 말을 하지 않도록 교실 환경을 조성해야 한다. 언어 학습과 관련된 불안감은 부정적인 효과(debilitating effect)뿐만 아니라 긍정적인 효과(facilitating effect)도 동시에 보고된다. 그러므로 영어 불안감을 무조건 부정적으로 보기보다는 불안감이 주는 부정적인 효과는 줄이고 긍정적인 효과를 늘릴 수 있도록 학습 분위기를 조성하기 위해 힘써야 할 것이다.

적정한 불안감은 외국어 학습에 도움이 될 수도 있지만, 불안감이 너무 높으면 학습자가 영어를 사용해야 하는 상황을 피하게 될 수도 있답니다. 학생들이 영어에 대한 흥미와 자신감을 유지할 수 있도록 지도해 주세요.

3 교과서 사례

(1) 자기관리 역량

학습 과정을 스스로 점검하고 평가함으로써 자기관리 역량을 기를 수 있다. 아래의 3학년 교과서 사례는 자기평가 및 동료평가를 보여 주고 있다.

천재 3학년 6단원 교과서 69쪽

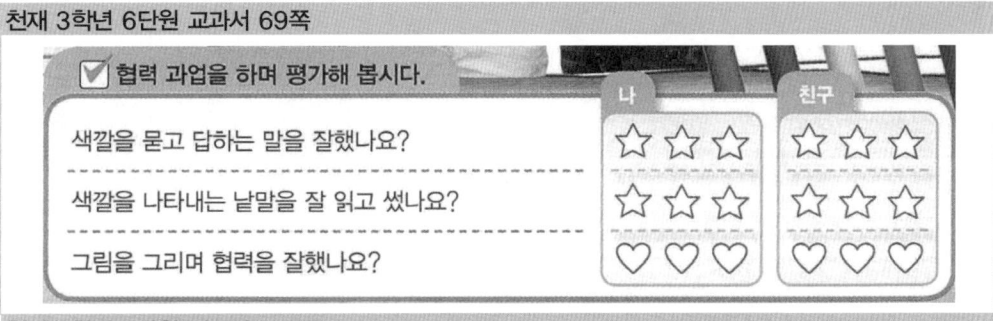

천재 3학년 6단원 지도서 278쪽

2. (자기 주도적 학습) **Evaluation** 자기 평가 및 상호 평가
▶ 과업을 수행한 후, 자기 평가 및 상호 평가를 하게 한다.
🅣 Now, evaluate yourself and your classmate. There is an assessment table on the worksheet. There are three questions. After you evaluate yourself, evaluate the friend sitting next to you.

단원이 시작하는 지점에서 학습 목표를 스스로 설정해 보는 활동을 통해서도 자기관리 역량을 기를 수 있다. 아래의 3학년 교과서 사례는 스스로 배우기를 희망하는 내용 및 학습 방식에 대해 생각해 보도록 하고 있다.

대교 3학년 7단원 교과서 77쪽

대교 3학년 7단원 지도서 222쪽

▶ 'I Can!'을 활용하여 단원 학습 내용 확인하고 계획 세우기
🅣 Look at "I Can!" and check what you will learn in this lesson. Then think about what you want to learn and do. You can write it down in your textbook.

아래의 3학년 교과서 사례에서와 같이 학습이 끝나는 지점에서 학습한 내용을 스스로 확인해 보는 활동 역시 자기관리 역량을 함양시킬 수 있다.

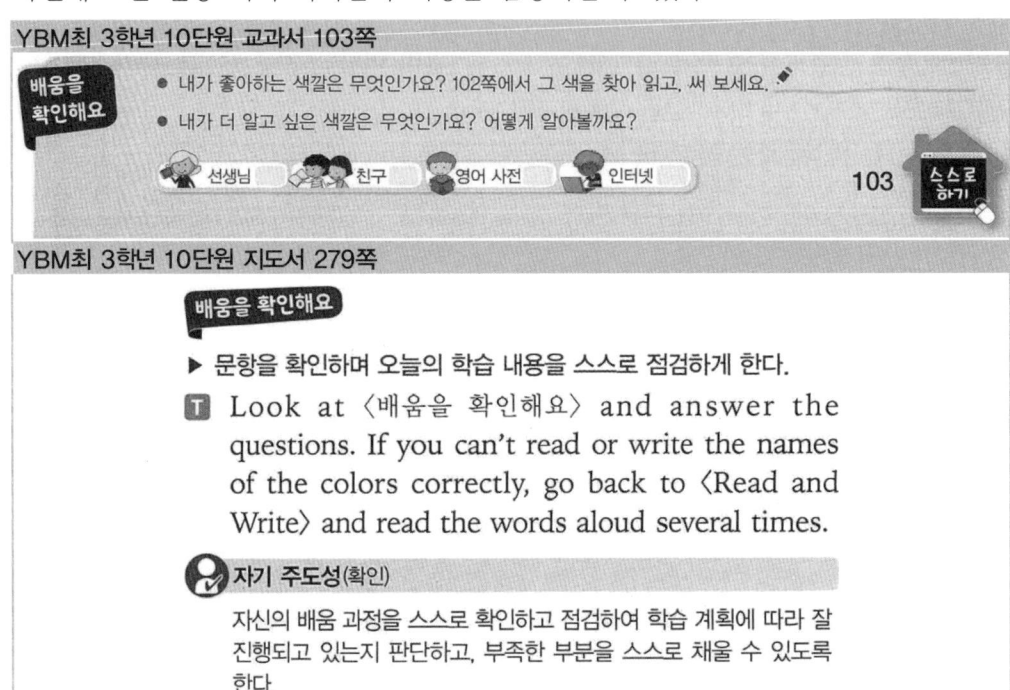

(2) 지식정보처리 역량

다음은 3학년 교과서 예시로 학생들이 인터넷을 통해 관련 정보를 찾는 활동을 담고 있다. 교과서 하단부에 돋보기 이미지와 함께 검색어로 활용 가능한 표현('캐나다에서 발달된 운동')을 제시하여 인터넷 검색 활동에 도움을 주고 있다.

(3) 공동체 역량

다음은 5학년 '도움 나무' 만들기 활동 예시이다. 도움 나무를 만들기 위해서는 친구를 도울 수 있는 일을 생각해 보아야 하는데 이러한 과정을 통해 바른 인성과 공동체 역량을 함양할 수 있다.

동아 5학년 3~4단원 교과서 64쪽

Step 1 친구를 도울 수 있는 일을 생각해 봅시다.

	도울 수 있는 일
1	예) 친구가 잃어버린 연필을 찾아 준다.
2	예) 친구에게 가위를 빌려준다.
3	
4	
5	

동아 5학년 3~4단원 지도서 193쪽

Be Creative! '도움 나무' 만들기(Make the Help Tree)

활동 형태	모둠 활동(4인 1모둠)
준비물	도화지, 붙임쪽지, 색연필(사인펜)
사용 언어	3~4단원 주요 의사소통 기능 및 읽기·쓰기 문장

Step 1 친구를 도울 수 있는 일을 생각해 봅시다.

예시 답안
- 친구에게 지우개를 빌려 준다.
- 친구의 잃어버린 지갑을 찾아 준다.
- 친구가 배고플 때 쿠키를 준다.

Ⓣ Look at the table. What do you see?
Ⓢ 친구를 도울 수 있는 일들이 적혀 있어요.
Ⓣ How can you help your friends?
Ⓢ 친구가 준비물을 가져오지 않았을 때 준비물을 빌려 줄 수 있어요. / 친구의 잃어버린 물건을 찾아 줄 수 있어요.
Ⓣ What do your friends say to you when they need your help?
Ⓢ Can I borrow your ruler? / Can I use your eraser?
Ⓣ What do you say to your friends when you find something that someone has lost?
Ⓢ Whose bottle is this? / Whose pencil case is this?

Link Tip
- 다른 사람을 돕는 것은 다른 사람에게 관심을 갖고 이해하는 일이기도 하지만 돕는 사람도 성장할 수 있는 기회가 될 수 있음을 알려 준다.

(4) 영어 의사소통 역량

교과서의 모든 활동이 영어 듣기, 말하기, 읽기, 쓰기 중 하나 이상의 기능을 다루고 있다는 점에서 교과서의 거의 모든 활동들을 통해 영어 의사소통 역량을 갖출 수 있다.

(5) 문화 간 의사소통능력

다음 3학년 교과서는 나이를 세는 방식과 관련하여 우리나라와 미국 등 여러 문화 간의 차이를 보여 주고 있다. 서로 다른 문화에 대한 이해는 추후 외국인과의 의사소통 상황에서 나이와 관련한 소통에서의 어려움을 극복하는 데 도움을 줄 수 있다.

대교 3학년 8단원 지도서 264쪽

1. Look and Think
▶ 교과서 그림 보며 문화 소재 추측하기
  Ⓣ Look at the picture. Who do you see?
  Ⓢ 한국 남자아이와 미국 여자아이요.
  Ⓣ When was the boy born?
  Ⓢ 2009년 5월 10일이에요.
  Ⓣ When was the girl born?
  Ⓢ 2009년 5월 10일이에요.
  Ⓣ Were they born on the same date?
  Ⓢ Yes.
  Ⓣ How old are they? Are they both ten years old?
  Ⓢ (자유롭게 추측하여 대답한다.)

2. Watch the Screen

▶ CD-ROM으로 동영상 보기

🅣 Let's look at the screen. Please check whether you guessed correctly.
🅢 (동영상을 보며 자신이 추측한 내용과 일치하는지 살펴본다.)

|Script|

❶ 우리나라
G: How old are you?
B: I'm ten years old.

❷ 다른 나라
B: How old are you?
G: I'm nine years old.

> 우리나라에서는 태어나자마자 한 살이 되고 양력 1월 1일이 지나면 한 살을 더 먹는다. 예를 들어, 2008년 12월 31일에 태어난 아이는 태어나자마자 한 살이 되고 다음날인 2009년 1월 1일이면 두 살이 된다. 이런 계산법으로 계산하면 12월 31일에 태어난 아이는 바로 다음날에 두 살이 된다.
> 그러나 세계 대부분의 나라에서는 태어난 지 1년이 되어야 한 살이 되는 '만 나이'를 사용한다. 중국, 일본, 베트남을 비롯한 대부분의 아시아 나라들도 마찬가지이다. 예를 들어, 2009년 5월 10일에 태어난 아이는 2018년 5월 10일에 9살이 된다.
> 한편, 이른바 '한국 나이'를 만 나이로 간단하게 바꾸려면 먼저 한국 나이에서 1을 뺀다. 그리고 생일이 아직 지나지 않았으면 1을 더 뺀다.

▶ 빈칸에 알맞은 나이 쓰고 정답 확인하기

🅣 Now, write down the age of each child.
🅢 (빈칸에 알맞은 숫자를 쓴다.)
🅣 Let's check the answers on the CD-ROM. How old is the boy?
🅢 10살요.
🅣 Good. How about the girl?
🅢 9살요.

1. 영어과 교육과정에서 제시하고 있는 초등영어교육의 첫 번째 목표는 '영어 학습에 대한 흥미와 자신감을 기르는 것'이다. 이를 강조하기 위한 구호(slogan)를 영어로 표현하고, 구호의 근거가 되는 외국어 습득 이론 또는 교수법을 제시하시오.

(예시)
- **구호**: "Learn a little, use a lot." (Nation과 Newton, 2009, p. 21)
- **근거**: Krashen의 입력 가설(Input Hypothesis)은 듣기와 읽기에서, Swain의 출력 가설(Output Hypothesis)은 말하기와 쓰기에서의 외국어 사용을 강조하고 있어요.

- **구호**:

- **근거**:

2 다음의 교과서 활동을 통해 기를 수 있는 영어과 교과 역량(들)을 제시하고, 그렇게 생각하는 이유를 설명하시오.

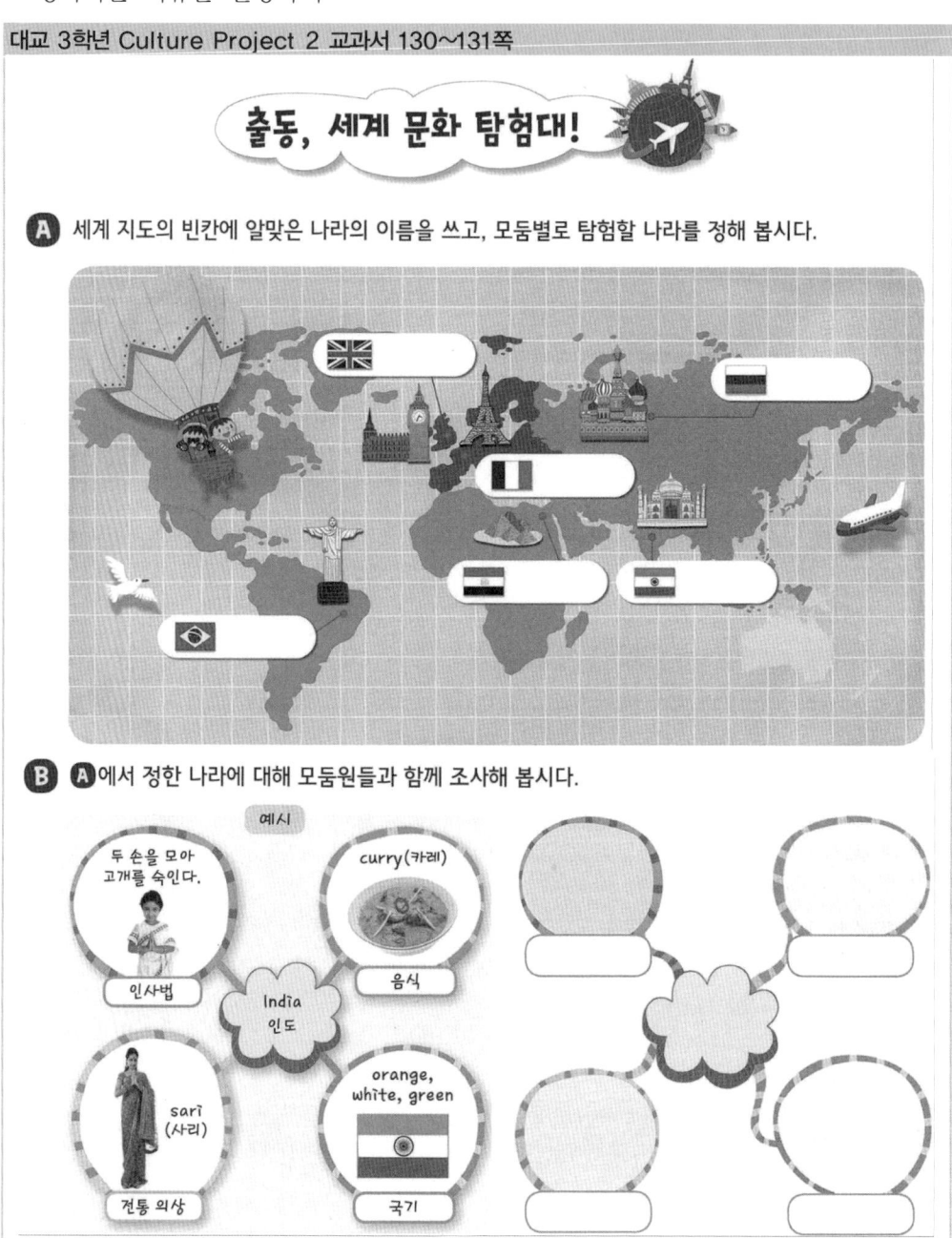

C 각 모둠에서 조사한 내용을 바탕으로 나라 알아맞히기 놀이를 해 봅시다.

D 나라 알아맞히기 놀이를 통해 새롭게 알게 된 점을 정리하고, 모둠원들과 이야기해 봅시다.

모둠	나라	새롭게 알게 된 점
[예시] 2모둠	인도	전통 의상은 사리이고, 국기에는 주황색, 흰색, 초록색의 띠가 있다.

■ 영어과 교과 역량:

■ 이유:

제2장
내용 체계

1. 교육과정 해설
   (1) 내용 체계표
   (2) 언어 기능과 의사소통 활동
   (3) 언어 재료

2. 심화 학습
   (1) 기본 어휘 선정
   (2) 어휘 지도 교수 기법

3. 교과서 사례

4. 과제

1 교육과정 해설

(1) 내용 체계표

제2장 내용 체계

내용 체계표

핵심 개념

듣기 영역
내용 체계

낱말의 소리
음절
강세, 리듬, 억양
낱말, 어구, 문장
어휘 및 문장
세부 정보와
중심 내용
파악하기 및
추론하기

말하기 영역
내용 체계

3. 내용 체계 및 성취기준

가. 내용 체계

(1) 내용 체계표

[초등학교]

영역	핵심 개념	일반화된 지식	내용 요소 3~4학년	내용 요소 5~6학년	기능
듣기	소리	소리, 강세, 리듬, 억양을 식별한다.	• 알파벳, 낱말의 소리 • 강세, 리듬, 억양	• 알파벳, 낱말의 소리 • 강세, 리듬, 억양	식별하기
듣기	어휘 및 문장	낱말, 어구, 문장을 이해한다.	• 낱말, 어구, 문장	• 낱말, 어구, 문장	파악하기
듣기	세부 정보	말이나 대화의 세부 정보를 이해한다.	• 주변의 사람, 사물	• 주변의 사람, 사물 • 일상생활 관련 주제 • 그림, 도표	파악하기
듣기	중심 내용	말이나 대화의 중심 내용을 이해한다.		• 줄거리 • 목적	파악하기 추론하기
듣기	맥락	말이나 대화의 흐름을 이해한다.		• 일의 순서	파악하기 추론하기
말하기	소리	소리를 따라 말한다.	• 알파벳, 낱말 • 강세, 리듬, 억양	• 알파벳, 낱말 • 강세, 리듬, 억양	모방하기
말하기	어휘 및 문장	낱말이나 문장을 말한다.	• 낱말, 어구, 문장	• 낱말, 어구, 문장	모방하기 표현하기 적용하기
말하기	담화	의미를 전달한다.	• 자기소개 • 지시, 설명	• 자기소개 • 지시, 설명 • 주변 사람, 사물 • 주변 위치, 장소	설명하기 표현하기
말하기	담화	의미를 교환한다.	• 인사 • 일상생활 관련 주제	• 인사 • 일상생활 관련 주제 • 그림, 도표 • 경험, 계획	설명하기 표현하기

	영역	핵심 개념	일반화된 지식	내용 요소		기능
				3~4학년	5~6학년	
읽기 영역 내용 체계 소리와 철자 의 관계	읽기	철자	소리와 철자 관계를 이해한다.	• 알파벳 대소문자 • 낱말의 소리, 철자	• 알파벳 대소문자 • 낱말의 소리, 철자 • 강세, 리듬, 억양	식별하기 적용하기
		어휘 및 문장	낱말이나 문장을 이해한다.	• 낱말, 어구, 문장	• 낱말, 어구, 문장	파악하기
		세부 정보	글의 세부 정보를 이해한다.		• 그림, 도표 • 일상생활 관련 주제	파악하기
		중심 내용	글의 중심 내용을 이해한다.		• 줄거리, 목적	파악하기 추론하기
		맥락	글의 논리적 관계를 이해한다.			파악하기 추론하기
		함축적 의미	글의 행간의 의미를 이해한다.			추론하기
쓰기 영역 내용 체계	쓰기	철자	알파벳을 쓴다.	• 알파벳 대소문자	• 알파벳 대소문자	구별하기 적용하기
		어휘 및 어구	낱말이나 어구를 쓴다.	• 구두로 익힌 낱말, 어구 • 실물, 그림	• 구두로 익힌 낱말, 어구 • 실물, 그림	모방하기 적용하기
		문장	문장을 쓴다.		• 문장 부호 • 구두로 익힌 문장	표현하기 적용하기
		작문	상황과 목적에 맞는 글을 쓴다.		• 초대, 감사, 축하 글	표현하기 설명하기

(교육부, 2015, pp. 6-7)

내용 체계표 내용 체계표는 2015 개정 교육과정에서 새롭게 추가된 부분으로 영어과뿐만 아니라 모든 교과에 통일되게 적용된 새로운 틀이다. 내용 체계표는 영역, 핵심 개념, 일반화된 지식, 내용 요소, 기능으로 구성된다. 영역은 듣기, 말하기, 읽기, 쓰기로 구성되어 있으며, 각 영역별로 배워야 할 핵심 개념, 일반화된 지식, 내용 요소, 기능이 순서대로 제시되어 있다. 내용 체계표는 이전 교육과정보다 학교급 간의 연계를 더 강화하고자 적용된 틀이라고 할 수 있는데, 학교급이 달라도 같은 틀을 쓰고 있기 때문에 학교급에 따라 다루는 내용 요소와 다루지 않는 내용 요소, 학교급이나 영역 간에 연계된 내용 등을 확인하기가 용이하다.

내용 체계표에는 빈칸으로 되어 있는 부분이 있다. 이러한 빈칸은 두 가지 경우가 있다. 첫째로, 초등학교급에서 제시되었던 내용 요소가 중학교나 고등학교에서 제시되지 않았을 때는 중학교나 고등학교에서도 연계해서 지도할 수 있다는 것을 의미한다. 둘째, 초등학교급에서 제시되지 않았던 내용 요소가 중학교나 고등학교급에서 제시되었다면 그 내용 요소는 초등학교급에서는 다루지 않는 것을 의미한다. 예를 들어, 읽기 영역의 핵심 개념 중 '맥락'과 관련하여 초등학교급에서는 빈칸인 반면에 중학교급부터는 '일이나 사건의 순서, 전후 관계'와 같이 내용 요소가 제시되어 있다. 이는 곧 읽기의 '맥락' 부분에 해당하는 핵심 개념과 내용 요소는 초등학교급에서 다루지 않는다는 것을 의미한다.

핵심 개념 핵심 개념은 빅 아이디어(big idea)와 유사한 개념으로 각 교과의 성격을 나타내는 기본적인 개념과 원리를 말하는 것인데, 각 교과의 학습 내용은 핵심 개념을 통해서 구조화된다(교육부, 2016). 영어과 핵심 개념은 듣기, 말하기, 읽기, 쓰기 영역에 골고루 분포되어 있으며, 4개 영역에 모두 해당되는 핵심 개념도 있고 그렇지 않은 것도 있다. 4개 영역에 공통으로 제시된 핵심 개념은 '어휘 및 문장'이다. 이는 낱말, 어구, 문장을 이해하는 것과 관련된 핵심 개념으로 영역에 상관없이 공통적으로 지도되는 부분이다.

듣기와 읽기는 이해 영역이라는 측면에서 핵심 개념이 유사하게 제시되어 있다. 두 영역 모두 '소리', '어휘 및 문장', '세부 정보', '중심 내용', '맥락'을 핵심 개념으로 제시하고 있는 반면, '함축적 의미'는 읽기 영역에서만 제시하였다. 이에 반해 말하기와 쓰기 영역은 표현 영역이라는 점에서 공통점이 있지만 핵심 개념은 사뭇 다르다. 말하기의 핵심 개념은 '소리', '어휘 및 문장' 다음으로 '담화'가 제시된 반면, 쓰기는 '철자', '어휘 및 어구' 다음으로 '문장'과 '작문'이 제시되어 있다.

듣기 영역 내용 체계 듣기 영역의 내용은 '소리', '어휘 및 문장', '세부 정보', '중심 내용', '맥락'의 다섯 가지 핵심 개념으로 구성되어 있다. 각 핵심 개념을 중심으로 구체적인 내용을 살펴보면 다음과 같다.

'소리'에 대한 일반화된 지식은 '소리, 강세, 리듬, 억양을 식별한다.'이며, 이에 대해 3~4학년군 및 5~6학년군 모두 '알파벳, 낱말의 소리와 강세, 리듬,

억양'을 내용 요소로 공부하게 된다. 다만 3~4학년군과 5~6학년군에서 학습해야 할 내용 요소는 동일하지만, 어휘, 소재, 언어 형식 등 측면에서 난이도에는 차이가 있을 수 있다. 그리고 기능은 이러한 내용 요소를 '식별하기'에 초점을 둔다.

'어휘 및 문장'에 대한 일반화된 지식은 '낱말, 어구, 문장을 이해한다.'이고 이에 대해 3~4학년군 및 5~6학년군 모두 '낱말, 어구, 문장'을 내용 요소로 학습하게 된다. 그리고 기능은 이러한 내용 요소를 '파악하기'에 초점을 둔다.

'세부 정보'에 대한 일반화된 지식은 '말이나 대화의 세부 정보를 이해한다.'이고 이에 대해 3~4학년군에서는 '주변의 사람, 사물'을 내용 요소로, 5~6학년군에서는 '주변의 사람, 사물', '일상생활 관련 주제', '그림, 도표'를 내용 요소로 공부하게 된다. 그리고 기능은 이러한 내용 요소를 '파악하기'에 초점을 둔다.

'중심 내용'에 대한 일반화된 지식은 '말이나 대화의 중심 내용을 이해한다.'이다. 중심 내용을 파악하기 위해서는 글 전체에 대한 이해가 필요하다. 3~4학년군에서는 이러한 중심 내용에 대해 특별히 다루는 내용 요소가 없으며, 5~6학년군에 가서야 '줄거리'와 '목적'을 내용 요소로 익히게 된다. 그리고 기능은 이러한 내용 요소를 '파악하기' 및 '추론하기'에 초점을 둔다.

'맥락'에 대한 일반화된 지식은 '말이나 대화의 흐름을 이해한다.'이고 이에 대해 3~4학년군에서 중점을 둔 내용 요소는 없으며, 5~6학년군에서는 '일의 순서'를 내용 요소로 공부하게 된다. 그리고 기능은 이러한 내용 요소를 '파악하기' 및 '추론하기'에 초점을 둔다.

낱말의 소리   낱말의 소리는 **분절음**(segment)적 요소에 해당하며, **음소**(phoneme)에 대한 지식이 여기에 해당한다. 음소란 자음(consonant) 및 모음(vowel) 소리에 대한 지식이며, 이러한 소리는 IPA(International Phonetic Alphabet)로 표기된다. 예를 들어 elephant라는 어휘는 8개의 철자로 되어 있으나, IPA로는 [ɛləfənt]와 같이 7개의 소리로 표기되며, 이는 7개의 음소로 구성되어 있다는 것을 의미한다.

> 글로 표현되는 철자와 소리로 구현되는 음소는 구별되어야 합니다. 영국의 극작가 조지 버나드 쇼(George Bernard Shaw)는 언어 유희(language play)로 ghoti란 철자를 제시하면서 fish[fiʃ]라고 발음했는데, 이는 tough의 gh가 [f]로 발음되고, women의 o가 [ɪ]로 발음되고, nation의 ti가 [ʃ]로 발음되기 때문이에요. 즉, 글로 쓸 때의 철자와 실제 소리는 동일한 것이 아니랍니다.

음절
(syllable)

음절은 분절음적(segmental) 요소로서 그 개념을 정리해 보면 다음과 같다 (Crystal, 1991; Hancock, 1995; Ladefoged, 2001). 모음은 음절 구성에 필수적이지만 자음은 임의적이다. 일반적으로 음절은 음소보다는 크고 낱말보다는 작은 단위이다. 일반적으로 음절의 수는 발음상의 모음의 수와 일치한다.

영어 음절은 초성(onset), 음절의 핵(nucleus), 종성(coda)으로 이루어져 있다. 음절의 핵과 종성이 결합해 각운(rhyme)이라는 중간 단위를 만들고, 초성과 각운이 모여 음절을 이룬다. 영어의 음절을 지도할 때 각운을 사용할 수 있다. 그 예로는 bed-fed-led-red-ted, bold-cold-fold-hold-told 등이 있다. 이들은 다른 발음은 똑같고 단지 한 음만 다른 최소 대립쌍(minimal pair)을 이루기도 한다. 소리와 철자의 관계를 바탕으로 파닉스를 지도할 때 활용할 수 있다.

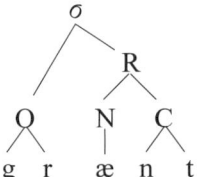

그림 2-1. 영어 단어 grant [grænt]의 음절구조(O'Grady et al., 2010, p. 70)
(O = Onset, N = Nucleus, C = Coda, R = Rhyme, σ = syllable)

> 최소 대립쌍(minimal pair)에 대한 설명은 p. 73을 참조하세요.

**강세,
리듬,
억양**

강세, 리듬, 억양은 초분절음(suprasegmental)적 요소에 해당한다. 음소와 같은 분절음뿐 아니라 초분절음적 요소에 의해서도 의미가 달라질 수 있다. 예를 들어 report라는 단어에서 강세를 어디에 두는지에 따라 '보고서'라는 명사가 될 수 있고, '보고하다'라는 동사가 되기도 한다. 또한 'John likes apples.'라는 문장에서도 화자의 의도에 따라 강세를 받는 부분이 달라질 수 있다. 예를 들어 'What does John like?'라는 질문에 대한 답으로 'He likes apples.'를 표현할 경우 apples에 문장의 강세를 둔다. 그러나 'Who likes apples?'라는 질문에 대한 답으로 'John likes apples.'를 표현할 경우에는 John에 문장 강세를 두게 된다.

리듬은 강세와 관련된 개념이다. 영어의 리듬은 강세를 중심으로 주기적으로 이루어지는 경향이 있으므로 강세 박자 언어(stress-timed language)라 불린다. 반면 한국어는 강세와 상관없이 각 음절을 동일한 길이와 강도로 발음하는 경향이 있으므로, 음절 박자 언어(syllable-timed language)라 불린다.

억양이란 문장 내에서의 음조(pitch)의 변화를 의미하며, 억양에 따라서도 문장의 의미가 달라질 수 있다. 예를 들어, 'John likes apples.'에서 끝을 내려서 발음하면 '존은 사과를 좋아한다.'라는 의미를 전달하게 되나, 끝을 올려서 발음하면 '존이 사과를 좋아한다고요?'라는 질문의 의미를 전달하는 표현이 된다.

낱말, 어구, 문장

낱말은 의미를 가진 최소 단위인 형태소(morpheme)로 구성된다. 1개의 형태소만으로 이루어진 단어는 단일어(simple word)로 불리며, 2개 이상의 형태소로 구성된 단어는 복합어(complex word)라고 불린다. 예를 들어 'He activates his schemas.'라는 문장은 4개의 낱말로 되어 있는데, 이 중 he와 his는 단일어이고, activates는 4개의 형태소(act-ive-ate-s)로, schemas는 2개의 형태소(schema-s)로 구성되어 있는 복합어이다.

어구는 2개 이상의 낱말로 구성될 수 있다. 예를 들어 'He activates his schemas.'에서 his schemas는 his와 schemas라는 두 낱말이 결합된 명사구(noun phrase)이며, activates his schema는 activates, his, schema라는 세 낱말이 결합되어 동사구(verb phrase)가 된다.

문장은 낱말 또는 어구들이 결합된 산출물이다. 앞서 언급한 'He activates his schemas.'는 낱말 및 어구로 구성된 문장이다.

| 세부 정보와 중심 내용 | 세부 정보란 글의 세부적인 내용에 대한 것이다. 'What is your name?', 'How old are you?', 'How many brothers do you have?'와 같은 질문이 세부 정보를 물어 보는 질문에 해당된다. 반면 **중심 내용**은 전체적인 내용, 줄거리 등에 해당되는 것으로서 'What is the story about?'과 같은 질문이 이러한 중심 내용을 물어 보는 질문에 해당된다. |

파악하기 및 추론하기
파악하기는 사실적 정보를 파악하는 것을 말하며, 추론하기란 들려 주는 자료에 제시된 사실적 정보를 바탕으로 함축된 의미를 추론하여 이해하는 것을 말한다.

말하기 영역 내용 체계
말하기 영역의 내용은 '소리', '어휘 및 문장', '담화'의 세 가지 핵심 개념으로 구성되어 있다. 각 핵심 개념을 중심으로 구체적인 내용을 살펴보면 다음과 같다.

'소리'에 대한 일반화된 지식은 '소리를 따라 말한다.'이며 이에 대해 3~4학년군 및 5~6학년군 모두 '알파벳, 낱말의 소리와 강세, 리듬, 억양'을 내용 요소로 공부하게 된다. 그리고 기능은 이러한 내용 요소를 '모방하기'에 초점을 둔다. 즉, 분절음 및 초분절음적 요소를 잘 따라서 말하고, 들리는 대로 잘 '모방할' 수 있는지에 초점을 둔다.

'어휘 및 문장'에 대한 일반화된 지식은 '낱말이나 문장을 따라 말한다.'이며 이에 대해 3~4학년군 및 5~6학년군 모두 '낱말, 어구, 문장'을 내용 요소로 배우게 된다. 그리고 기능은 이러한 내용 요소를 '모방하기', '표현하기', '적용하기'에 초점을 둔다. '모방하기'를 통해 들리는 낱말, 어구, 문장을 잘 따라 말하고, 이를 학습자가 스스로 표현해 보고 적용해 보는 데 초점을 둔다.

'담화'에 대한 일반화된 지식은 '의미를 전달한다.'와 '의미를 교환한다.'로 구분된다. '의미를 전달한다.'는 화자가 표현하고자 하는 의미를 일방향(one-way)적으로 전달하는 데 중점을 둔다. 3~4학년군의 내용 요소는 '자기소개'와 '지시, 설명'이며, 5~6학년군에서의 내용 요소는 '자기소개', '지시', '설명'뿐 아니라 '주변 사람, 사물', '주변 위치, 장소'로 확대된다. 그리고 기능은 이러한 내용 요소를 '설명하기', '표현하기'에 초점을 둔다. '의미를 교환한다.'는 두 사람 이상이 각자 전달하고자 하는 의미를 서로 주고받는 쌍방향(two-way, interactive)적 말하기를 의미한다. 3~4학년군의 내용 요소는 '인사'와 '일상생활 관련 주제'이며, 5~6학년군에서의 내용 요소는 '인사', '일상생활 관련 주제'뿐만 아니라 '그림, 도표', '경험, 계획'으로 확대된다. 기능은 이러한 내용 요소를 '설명하기', '표현하기'에 초점을 둔다.

읽기 영역 내용 체계

읽기 영역의 내용은 '철자', '어휘 및 문장', '세부 정보', '중심 내용', '맥락', '함축적 의미'의 여섯 가지 핵심 개념으로 구성되어 있으며, 초등학교급에서는 '맥락', '함축적 의미'를 제외한 네 가지 핵심 개념으로 구성되어 있다. 각 핵심 개념을 중심으로 구체적인 내용을 살펴보면 다음과 같다.

'철자'에 대한 일반화된 지식은 '소리와 철자 관계를 이해한다.'이며 이에 대해 3~4학년군에서는 '알파벳 대소문자'와 '낱말의 소리, 철자'를 내용 요소로 다루고, 5~6학년군에서는 '알파벳 대소문자'와 '낱말의 소리, 철자'뿐만 아니라, '강세, 리듬, 억양'도 내용 요소로 다루게 된다. 기능으로는 이러한 내용 요소를 '식별하기'와 '적용하기'에 초점을 둔다.

'어휘 및 문장'에 대한 일반화된 지식은 '낱말이나 문장을 이해한다.'이며 이에 대해 3~4학년군 및 5~6학년군 모두 '낱말, 어구, 문장'을 내용 요소로 다루며, 기능으로는 '파악하기'에 초점을 둔다. 읽기의 어휘 및 문장에서의 일반화된 지식, 내용 요소, 기능의 내용은 듣기의 어휘 및 문장 부분과 동일하다.

'세부 정보'에 대한 일반화된 지식은 '글의 세부 정보를 이해한다.'이며 이에 대한 내용 요소는 5~6학년군에만 제시되어 있고 '그림, 도표'와 '일상생활 관련 주제'를 내용 요소로 다루고 있다. 그리고 기능은 '파악하기'이다. 듣기의 경우 세부 정보에서 '주변의 사람, 사물'이 3~4학년군의 내용 요소로 제시되어 있었다면, 읽기에서는 3~4학년군의 내용 요소가 제시되어 있지 않다는 점이 특징이다.

'중심 내용'에 대한 일반화된 지식은 '글의 중심 내용을 이해한다.'이며 이에 대한 내용 요소는 5~6학년군에서만 '줄거리, 목적'을 제시하고 있다. 기능은 '파악하기' 및 '추론하기'가 제시되어 있다. 그러나 초등학교급의 성취기준에서는 '파악하기'만 제시되어 있으며, 중학교급 이상의 성취기준에서는 '파악하기'뿐만 아니라 '추론하기'도 함께 다루고 있다.

소리와 철자와의 관계	영어는 소리와 철자가 직접적으로 대응되지 않는다. 예를 들어 psychology [saɪkɑlədʒi]라는 단어에서 철자 p가 발음되지 않는다는 점에서도 이를 알 수 있다. 그러나 철자에 따라 특정 소리가 나는 경향성은 존재한다. 예를 들어 a는 [æ]로 h는 [h]로 t은 [t]로 소리가 난다는 경향성을 바탕으로 hat이라는 단어를 [hæt]으로 읽을 수 있다.
쓰기 영역 내용 체계	쓰기 영역의 내용은 '철자', '어휘 및 어구', '문장', '작문'의 네 가지 핵심 개념으로 구성되어 있다. 각 핵심 개념을 중심으로 구체적인 내용을 살펴보면 다음과 같다.

'철자'에 대한 일반화된 지식은 '알파벳을 쓴다.'이며 이에 대해 3~4학년군 및 5~6학년군 모두 '알파벳 대소문자'를 내용 요소로 다루고 있다. 이와 관련한 기능으로는 '구별하기'와 '적용하기'가 제시되어 있다.

'어휘 및 어구'에 대한 일반화된 지식은 '낱말이나 어구를 쓴다.'이며 이에 대해 3~4학년군 및 5~6학년군 모두 '구두로 익힌 낱말, 어구'와 '실물, 그림'을 내용 요소로 다루고 있다. 이와 관련한 기능으로는 '모방하기'와 '적용하기'가 제시되어 있다.

'문장'에 대한 일반화된 지식은 '문장을 쓴다.'이며, 3~4학년군에는 내용 요소가 없으므로 다루지 않으며, 5~6학년군에서만 '문장 부호'와 '구두로 익힌 문장'을 내용 요소로 제시하고 있다. '작문'에 대한 일반적인 지식은 '상황과 목적에 맞는 글을 쓴다.'이며, 5~6학년군에서만 '초대, 감사, 축하 글'이 내용 요소로 제시되어 있다.

(2) 언어 기능과 의사소통 활동

언어 기능의 통합적 사용	(2) 언어 기능과 의사소통 활동
	• 듣기, 말하기, 읽기, 쓰기의 네 가지 언어 기능을 점진적으로 함양할 수 있도록 한다. 아울러 가급적 한두 가지 기능 이상을 통합적으로 사용할 수 있는 능력을 기르도록 한다.

언어 기능 \ 언어 구분	음성 언어	문자 언어
이해 기능	듣기	읽기
표현 기능	말하기	쓰기

• 의사소통 활동은 음성 언어 활동과 문자 언어 활동으로 이루어진다.

의사소통 활동	내 용
음성 언어 활동	• 음성 언어 활동은 [별표 2]에 제시된 항목과 함께 [별표 4]의 '의사소통에 필요한 언어 형식'에 제시된 항목을 사용하기를 권장한다. • '의사소통 기능과 예시문' 중 학년군별 성취기준을 달성하기에 적절한 것을 선택해서 사용한다. 초등학교는 △표시한 예시문 사용을 권장한다. • [별표 4]의 '의사소통에 필요한 언어 형식'의 경우 학교급별 표시대로 사용하기를 권장한다.
문자 언어 활동	• 문자 언어 활동은 [별표 2]에 제시된 항목과 함께 [별표 4]의 '의사소통에 필요한 언어 형식'에 제시된 항목을 사용하여 이루어진다. • 초등학교는 △표시한 예시문 사용을 권장한다. • [별표 4]의 '의사소통에 필요한 언어 형식'의 경우 학교급별 표시대로 사용하기를 권장한다.

(교육부, 2015, pp. 10-11)

언어 기능의 통합적 사용 교육과정에는 듣기, 말하기, 읽기, 쓰기의 네 가지 영역으로 성취기준을 제시하고 있지만 일상생활의 의사소통에서는 이 네 가지 영역이 서로 구분되지 않을 때가 많다. 영어 교과서에서도 한 활동에 두 가지 이상의 영역이 같이 포함되는 경우가 많은데, 다음의 활동 지시문은 그 사례에 해당한다.

◦ 듣기와 말하기: "대화를 듣고, 따라 말해 봅시다." (이재근 외, 2018a, p. 100)
◦ 듣기와 읽기: "다음을 듣고 알맞은 그림에 번호를 쓴 후, 어구와 연결해 봅시다." (이재근 외, 2018a, p. 124)
◦ 읽기와 쓰기: "알파벳의 대문자와 소문자를 소리 내어 읽으면서 바르게 따라 써 봅시다." (최희경 외, 2018a, p. 62)
◦ 말하기와 쓰기: "빈칸에 알맞은 낱말이나 어구를 사선 위에 쓴 후, 친구와 대화해 봅시다." (이재근 외, 2018a, p. 107)

(3) 언어 재료

문화	(3) 언어 재료				
	구분	내용	초	중	고
	문화	문화 요소	• 타 문화 이해	• 타 문화 이해 및 우리 문화 소개	• 다양한 문화 이해 및 존중
소재([별표 1])	소재	[별표 1]의 소재 참조	• 자기 주변의 일상생활 주제	• 친숙한 일상생활 주제	• 친숙한 일반적 주제
의사소통 기능 예시문 ([별표 2])	의사소통 기능 예시문	[별표 2]에 제시된 '의사소통 기능과 예시문' 참조	초등 권장 예시문 참조		
어휘([별표 3]) 초등 권장 낱말	어휘	[별표 3]에 제시된 기본 낱말 목록에서 권장 낱말수의 90% 이상 사용. 단 고등학교 진로 선택과 전문 교과 I 과목은 80% 이상 사용	500 낱말 내외 *초등 권장 낱말 사용	750 낱말 내외 (누계 1,250 낱말 내외)	*아래 표 참조
언어 형식 ([별표 4])	언어 형식	[별표 4]에 제시된 '의사소통에 필요한 언어 형식' 참조	초등학교 권장 언어 형식 참조	중학교 권장 언어 형식 참조	고등학교 권장 언어 형식 참조

(교육부, 2015, p. 11)

문화 언어 재료는 문화, 소재, 의사소통 기능, 어휘, 언어 형식으로 구분된다.

구분	내용	초	중	고
문화	문화 요소	• 타 문화 이해	• 타 문화 이해 및 우리 문화 소개	• 다양한 문화 이해 및 존중

문화에서는 내용으로 '문화 요소'를 배우며, 초등학교급에서는 '타 문화 이해'에 초점을 둔다는 것이 특징이다.

소재 ([별표 1])

구분	내용	초	중	고
소재	[별표 1]의 소재 참조	• 자기 주변의 일상생활 주제	• 친숙한 일상생활 주제	• 친숙한 일반적 주제

구분	내용
소재	• [별표 1]의 '소재'를 참조하여 적절한 것을 선택하여 사용 • 학습자들의 흥미, 필요, 인지적 수준 등을 고려하여 학습 동기를 유발할 수 있는 내용 • 의사소통 기능을 이해하고 활용하는 데 도움이 되는 내용 • 주제, 상황, 과업 등을 고려한 내용 • 상호작용에 적합한 내용 • 영어권 및 비영어권 문화 이해에 적합한 내용 • 창의력 및 논리적, 비판적 사고력 배양에 도움이 되는 내용

(교육부, 2015, p. 12)

우리나라 영어과 교육과정은 초등학교부터 중학교를 거쳐 고등학교까지 점진적으로 주제를 확장해 가며 난도를 높이고 있다(듣기, 말하기, 읽기, 쓰기 영역에 따라 차이는 있다).

- 초등학교급: 자기 주변의 일상생활 주제
- 중학교급: 일상생활이나 친숙한 일반적 주제
- 고등학교급: 친숙한 일반적 주제

'소재'로 다루는 내용은 영어과 교육과정 문서의 [별표 1]에 제시되어 있으며 구체적인 내용은 다음과 같다.

1	개인 생활에 관한 내용
2	가정 생활과 의식주에 관한 내용
3	학교 생활과 교우 관계에 관한 내용
4	사회생활과 대인 관계에 관한 내용
5	취미, 오락, 여행, 건강, 운동 등 여가 선용에 관한 내용
6	동·식물 또는 계절, 날씨 등 자연 현상에 관한 내용
7	영어 문화권에서 사용되는 다양한 의사소통 방식에 관한 내용
8	다양한 문화권에 속한 사람들의 일상생활에 관한 내용
9	우리 문화와 다른 문화의 언어적, 문화적 차이에 관한 내용
10	우리의 문화와 생활 양식을 소개하는 데 도움이 되는 내용
11	공중도덕, 예절, 협력, 배려, 봉사, 책임감 등에 관한 내용
12	환경 문제, 자원과 에너지 문제, 기후 변화 등 환경 보전에 관한 내용
13	문학, 예술 등 심미적 심성을 기르고 창의력, 상상력을 확장할 수 있는 내용
14	인구 문제, 청소년 문제, 고령화, 다문화 사회, 정보 통신 윤리 등 변화하는 사회에 관한 내용
15	진로 문제, 직업, 노동 등 개인 복지 증진에 관한 내용
16	민주 시민 생활, 인권, 양성 평등, 글로벌 에티켓 등 시민 의식 및 세계 시민 의식을 고취하는 내용
17	애국심, 평화, 안보 및 통일에 관한 내용
18	정치, 경제, 역사, 지리, 수학, 과학, 교통, 정보 통신, 우주, 해양, 탐험 등 일반교양을 넓히는 데 도움이 되는 내용
19	인문학, 사회 과학, 자연 과학, 예술 분야의 학문적 소양을 기를 수 있는 내용

(교육부, 2015, p. 141)

이러한 소재들은 일상적이고 친숙한 소재(예: 1. 개인 생활에 관한 내용)부터 학문적 소양을 쌓을 수 있는 내용(예: 19. 인문학, 사회 과학, 자연 과학, 예술 분야의 학문적 소양을 기를 수 있는 내용)까지 다양하게 구성되어 있다.

의사소통 기능 예시문 ([별표 2])

영어과 교육과정 문서에 제시된 [별표 2] '의사소통 기능과 예시문' 중 초등학교급에서 사용하도록 권장하는 것은 다음의 예시와 같이 △표시가 되어 있다 (전체 내용은 부록 참조). 이러한 예시문들은 대체로 쉽고 간단한 언어 형식으로 구성된 표현들이다.

1. 정보 전달하기와 요구하기
1.1. (정체) 확인하기와 상술하기
△That's/It's/They're … .
△Is this your … ?

1.2. 진술하기와 보고하기
△My sister is a nurse/… .
△It's on the right/left.
△I'm taller than … .
△I met … (yesterday).
△They will … .

1.3. 수정하기
△No, it isn't.
△(Sorry.) That's/It's not right.
△(No,) this is MY bag.

1.4. 질문하기
△Do you have … ?
△She's a teacher, isn't she?
△Who is she?
△What do you like?
△Where do you live?
△When is your birthday?
△How much is it?
△Whose notebook is this/that?

1.5. 질문에 답하기
△Yes, I do./No, I don't.
△Yes, she is./No, she isn't. She's a … .
△She's my friend.
△I like ice cream.
△In Busan.
△August 15th.
△It's two dollars.
△It's Nancy's.

(교육부, 2015, p. 142)

어휘
([별표 3])

영어과 교육과정 [별표 3]에서는 다음과 같이 각 학년군에서 사용할 수 있는 새로운 어휘 수를 지정해 두었으며, 이를 통해 학습 부담을 경감시키고자 했다.

> 1. 각 학년군에서 사용할 수 있는 새로운 어휘 수는 다음과 같다.
>   초등학교 3~4학년군: 240 낱말 내외
>   초등학교 5~6학년군: 260 낱말 내외
>   (누계: 500 낱말 내외)
> 2. '1'항의 '낱말 내외'와 관련해서는, '5% 범위 이내에서 가감하여 사용할 수 있음'을 의미한다. 초등과정과 중학교, 고등학교 일반 선택 과목까지는 기본 어휘 목록에 제시된 어휘 중에서 학년별 또는 학년군별 권장 어휘수의 90% 이상을 학습할 것을 권장하며 고등학교 진로 선택 및 전문 교과 I부터는 학년별 권장 어휘 수의 80% 이상을 학습할 것을 권장한다.

(교육부, 2015, p. 154)

너무 많은 어휘를 익히는 것보다는 많지 않은 어휘더라도 가장 빈번하게 사용되는 어휘를 알고 이를 언어 4기능에서 잘 활용하는 것이 중요해요. 예를 들어, 약 2시간짜리 영화인 'Shrek'의 대사를 분석한 결과, 1,000여 개의 어휘가 영화 내내 반복해서 사용된 것으로 나타났답니다 (Nation, 2006).

[별표 3]에서는 다음과 같이 굴절 및 파생과 관련하여 기본 어휘 선정에 대해서도 설명하고 있다.

3. 기본 어휘 목록에는 대표형만 제시하고, 대표형은 굴절 및 파생의 변화형을 포함한다. 단, 빈도수가 높고 학습에 필요한 일부 변화형은 기본 어휘 목록에 제시한다.

   <굴절 및 파생 변화형 예시>
   write(writes, wrote, written, writing)
   be(am, are, is, was, were, been, being)
   have(has, had, having)
   book(books, booked, booking)
   foot(feet)
   leaf(leaves)
   tall(taller, tallest)
   they(their, them, theirs, themselves)
   teach(teaches, taught, teaching, teacher)
   tour(tourist)
   soft(softly, softness)
   happy(happily, happiness, unhappy)

4. 동일어의 의미 변화 및 문법 기능상 차이가 있는 경우는 원칙적으로 한 개의 낱말로 간주한다.
   back [adv, n, v]
   bat [n, v]
   change [n, v]
   close [adj, adv, v]
   flat [adj, n]
   head [n, v]
   kind [adj, n]
   present [n, v]

   (교육부, 2015, pp. 154-155)

 굴절, 파생과 같은 언어학적 용어에 대한 설명은 p. 61을 참조하세요.

국제어로서 영어의 위상에 따라 일상생활에서 영어 어휘를 접하는 것은 흔한 일이며, 많은 영어 어휘들이 외래어로 사용되고 있다. 예를 들어 television은 이미 일상생활에서 '텔레비전'이라는 외래어로 빈번하게 사용되고 있다. 2015 개정 교육과정에서는 이러한 어휘들을 새로운 어휘로 간주하지 않는다. [별표

3]에서는 다음과 같이 생활에서 흔히 접할 수 있는 영어 어휘들에 대한 지침이 담겨 있다.

> 5. 인명, 지명, 국가명 등 고유 명사, 기수, 서수, 로마자화된 우리말 단어, 알파벳, 달과 요일명, 계절명, 호칭, 무게, 돈, 길이 등 단위를 지칭하는 단어는 새로운 어휘로 간주하지 않는 것을 원칙으로 한다. 단 다른 의미로 활용이 가능한 'hundred', 'thousand', 'million' 등과 같은 단위명은 제외한다.
>
> > Seoul, Jeju
> > two, three, four
> > first, second, fourth
> > January, February, March
> > Monday, Tuesday, Sunday
> > Spring, Summer, Autumn, Winter
> > Mr., Ms., Ma'am
> > pound, gram, liter
> > dollar, cent, euro
> > meter, yard, mile
>
> 6. 생활 주변에서 흔히 사용하는 아래의 낱말들은 외래어 가운데 학년별로 50단어씩 사용 가능하며 이는 새로운 어휘로 간주하지 않는다.
>
> > alarm, album, alcohol, amateur, ambulance, apartment, arch, bacon, badminton, bag, banana, belt, bench, biscuit, bonus, box, bus, butter, cabinet, cake, calcium, camera, camp, campaign, campus, card, carol, carpet, catalogue, center, champion, channel, chart, cheese, chicken, chocolate, click, coat, coffee, comic, computer, course, court, crayon, cream, cup, data, diamond, diet, disc, doughnut, drama, dress, drill, drum, echo, elevator, elite, energy, essay, event, fashion, feminist, fence, festival, fiction, film, fork, gallery, game, gas, golf, gown, graph, guard, guitar, gum, hamburger, harmony, highlight, hint, hormone, hotel, image, interior, internet, interview, issue, jacket, jam, jazz, juice, jump, kangaroo, kiss, kiwi, laser, league, lemon, lobby, magic, manual, marathon, market, mask, medal, media, melon, member, menu, message, model, motor, mystery, news, notebook, okay, opera, orange, oven, page, panda, parade, partner, party, pen, percent, piano, pie, pilot, pipe, pizza, plastic, plug, program, project, quiz, radio, recreation, rehearsal, ribbon, robot, rocket, rugby, salad, sample, sandwich, sauce, scarf, scenario, schedule, section, seminar, service, set, shirt, skate, sketch, ski, snack, soup, spaghetti, sponsor, sport, spray, spy, staff, star, steak, stereo, studio, style, sweater, tank, taxi, team, technique, technology, television, tennis, tent, terror, ticket, toast, tomato, topic, towel, track, truck, vaccine, veil, video, villa, violin, virus, vision, waiter, website, wine, yacht (200개)
>
> (교육부, 2015, pp. 155-156)

초등 권장 낱말	영어과 교육과정에서는 3,000개의 기본 어휘 목록을 제시하고 있다. 이 중에서 초등학교에서 사용하기를 권장하는 어휘는 800개이며, 해당 어휘에 *표로 표시하였다(전체 목록은 부록 참조). 800개의 어휘 목록은 기본 어휘 목록으로 대표형만 제시되어 있으므로, 굴절 및 파생의 변화형, 어휘 형태는 같지만 서로 다른 의미로 사용되는 경우, 형태는 같지만 품사가 달라지는 경우 등에 대해서도 지도가 필요하다. 예를 들어 기본 어휘 목록에는 write만 제시되어 있지만, writes, wrote, written, writing, writer 등과 같은 굴절 또는 파생 변화하는 형태와 의미도 이해하도록 지도가 필요하다. 또한 기본 어휘 목록에는 close로 제시되어 있지만, '가까운'이라는 형용사형으로서의 의미, '닫다'라는 동사형으로서의 의미 등에 대해서도 지도가 필요하다.
언어 형식 ([별표 4])	영어과 교육과정에서는 '문법'이라는 용어 대신 '언어 형식'이라는 용어를 사용하고 있으며, '의사소통에 필요한'이라는 단서를 달아, 문법을 의사소통의 주요 도구로서 간주하며 학습의 주된 대상이 되는 것에는 소극적이다. 초등학교 영어에서는 문법에 대한 분석적이고 직접적인 학습을 지양한다. 초등학교에서 사용하도록 권장하는 언어 형식은 초등 영어 학습자들의 영어 수준이 초급 수준임을 고려하여, 하나의 절로 구성된 표현(예: John likes apples.)이 대부분이고, 주절(matrix clause)과 종속절(subordinate clause)로 구성된 복잡한 구문(예: I think that John likes apples.)은 찾아 보기 어렵다. 초등학교급에 해당하는 언어 형식 목록은 부록에 담겨 있다.

② 심화 학습

(1) 기본 어휘 선정

우리나라 영어과 교육과정은 빈도수(frequency), 사용 범위(range), 친숙도(familiarity)를 바탕으로 3,000개의 기본 어휘 목록을 제시하고 있다(임찬빈 외, 2015). [별표 3]에서는 "기본 어휘 목록에는 대표형만 제시하고, 대표형은 굴절 및 파생의 변화형을 포함한다. 단, 빈도수가 높고 학습에 필요한 일부 변화형은 기본 어휘 목록에 제시한다."라고 하며, 기본 어휘 목록의 어휘에 대한 기준을 제시하고 있다. 여기에서는 굴절, 파생과 같은 개념을 살펴본다.

파생과 굴절 의미를 가진 최소의 단위는 형태소(morpheme)이며 어휘는 1개 이상의 형태소를 포함하고 있다. 어휘에는 1개의 형태소만으로 이루어진 단일어(simple word)와 2개 이상의 형태소가 결합된 복합어(complex word)가 있다. 복합어는 파생(derivation), 굴절(inflection), 합성(compounding) 등의 과정으로 형성되는데, 여기서는 파생과 굴절에 초점을 두어 살펴보기로 한다.

파생과 굴절의 과정에서는 접사(affix)의 역할이 핵심적인데, 파생에 관여하는 접사를 파생 접사(derivational affix), 굴절에 관여하는 접사를 굴절 접사(inflectional affix)라고 한다. 파생의 경우 접사가 어근과 결합하여 어근과는 다른 품사가 만들어질 수 있다. 예를 들어 active의 경우 어근인 act는 동사이지만 -ive라는 파생 접사가 붙어 형용사가 되었다. 다음은 파생 접사의 사례 중 일부이다(O'Grady, Archibald, Aronoff, & Rees-Miller, 2010, p. 124).

-able	V → A	fix-able	anti-	N → N	anti-hero
-ive	V → A	restrict-ive	ex-	N → N	ex-president
-al	V → N	refus-al	de-	V → V	de-activate
-ant	V → N	defend-ant	dis-	V → V	dis-obey
-(at)ion	V → N	protect-ion	mis-	V → V	mis-place
-er	V → N	teach-er	re-	V → V	re-think
-ment	V → N	treat-ment	un-$_1$	V → V	un-do
-dom	N → N	king-dom	in-	A → A	in-complete
-ful	N → A	faith-ful	un-$_2$	A → A	un-fair

Note. 위 표에서 N은 명사(Noun), A는 형용사(Adjective), V는 동사(Verb)를 가리킨다. 예를 들어 N → A 는 접사가 명사와 결합하여 형용사를 만든다는 의미이다.

영어에서 굴절 접사는 진행형 -ing, 과거형 -ed, 과거분사형 -en/-ed, 3인칭-s, 복수형 -s, 소유격 -'s, 비교급 -er, 최상급 -est 등 8개이다. 이러한 굴절 접사의 활용은 파생 접사에 비해 적용할 수 있는 범위가 더 넓다. 예를 들어 파생 접사 -ant는 동사(assist-ant, consult-ant)와 결합하는 특성이 있으나, 모든 동사와 결합할 수 있는 것은 아니다(예: *help-ant, fight-ant). 반면 동사와 결합하는 굴절 접사인 진행형 -ing, 과거형 -ed, 3인칭 -s는 (물론 일부 제약은 있으나) 파생에 비해서는 그 결합에 있어 상당히 자유롭다. 또한, 파생과 굴절이 동시에 나타날 경우 항상 파생이 끝난 다음에 굴절이 일어난다는 특징이 있다. 예를 들어 activate에 3인칭 -s를 결합할 경우, act-iv-ate과 같이 파생 접사의 결합 과정이 끝난 다음 굴절 접사인 3인칭 -s가 결합하게 된다.

한편 동일어가 두 개 이상의 품사로 사용되는 예들이 있다. 예를 들어 change는 명사로도 사용되고 동사로도 사용된다. 이 경우, 하나의 어휘 안에서 품사가 바뀌는 현상으로 본다면, 이는 접사로 인해 품사가 바뀌는 파생(derivation)의 경우(예: act-ive)와 비슷하다. change와 같이 접사 없이 품사가 바뀌는 과정을 영파생(zero derivation)이라 부르기도 한다.

(2) 어휘 지도 기법

우리나라 영어 교과서는 듣기, 말하기, 읽기, 쓰기 활동들을 중심으로 구성되어 있다. 학생들이 이러한 활동들을 제대로 수행하기 위해서는 관련 어휘를 익히는 것은 필수이므로, 대체로 활동 전에 어휘에 대한 지도가 이루어진다. 일례로 듣기 전 활동과 읽기 전 활동의 대표적인 사례가 바로 관련 어휘 학습이다. 여기에서는 어휘 지도 시 활용 가능한 기법(technique) 중 일부를 소개한다(Nation & Newton, 2009).

빙고	빙고(bingo) 게임은 어휘 학습에 효과적인 활동이다. 예를 들어 학생들에게 신체 부분의 어휘를 지도할 때 몸(body)에 대한 빙고 활동을 활용할 수 있다. 이후 학생들은 학습한 빙고판을 그리고 신체 부분에 대한 어휘들로 빙고판을 채운다. 교사는 학생들이 배운 어휘 개수에 따라 빙고판의 크기(예: 3×3, 4×4, 5×5)를 정한다. 빙고 게임이 시작되면 교사가 어휘를 불러주며, 학생들은 교사가 불러 준 어휘를 자신의 빙고판에 표시한다. 표시한 어휘가 가로, 세로, 대각선 상관없이 한 줄로 연결되면 '빙고'라고 외친다. 가장 먼저 '빙고'를 외치는 학생이 승리한다. 한편 '빙고'를 외치는 기준은 교사가 자유롭게 변경할 수 있다. 예를 들어, 한 줄이 아니라 두 줄이나 세 줄을 만들었을 때 '빙고'를 외치도록 할 수 있다.
어휘 카드	어휘 카드(vocabulary cards)는 작은 카드(4cm×3cm 정도의 크기)를 활용하며, 한쪽 면에는 영어 단어를 쓰고, 다른 한쪽 면에는 그 단어에 해당하는 모국어를 쓴다. 초기 학습 단계에서는 새로운 단어를 포함하는 어구를 함께 적어도 좋다. 학습자들은 이 카드를 짧은 시간 안에 본다. 이러한 카드들을 사용할 때, '모국어 단어에서 연상하기(keyword technique)'와 같은 기법을 함께 사용하여 지도한다.
모국어 단어에서 연상하기	모국어 단어에서 연상하기(keyword technique)는 새로 배우는 단어와 비슷한 모국어 단어(keyword)를 떠올려서 그 단어를 배우는 방법이다. 예를 들어 스페인어(Spanish)를 모국어로 쓰는 학생이 영어 단어 car를 배울 때에는 car와 비슷한 발음이 나는 스페인어 단어인 caro를 떠올린다. caro는 비싼(expensive)이라는 의미이므로 학생들은 expensive와 car를 합친 이미지,

즉, expensive car를 머릿속에 떠올리게 된다. 이러한 모국어 단어 caro는 영어 단어 car의 의미 및 형태를 떠올릴 수 있는 연결고리(link)를 제공할 수 있다. 이러한 어휘 학습법에서는 제2 언어의 단어를 보고 그것과 비슷한 발음이 나는 모국어 단어를 떠올린 다음 이 두 단어를 합친 이미지를 연상하는 것이 학습에서의 핵심이다.

내가 배운 단어에 대해 말해 보기	내가 배운 단어에 대해 말해 보기(It's my word!)는 학생들이 최근에 배운 어휘에 대해 말해 보는 것이다. 학생들이 해당 단어를 처음에 어디에서 배웠는지, 해당 단어의 의미가 무엇인지, 어떻게 사용되는지, 그리고 그것을 어떻게 쉽게 기억할 수 있는지에 대해 말해 보는 활동이다.
같은 범주가 아닌 단어에 대해 이유 말하기	같은 범주가 아닌 단어에 대해 이유 말하기(odd one out)에서, 교사는 학생들에게 4개 정도의 단어를 제시한 다음 그중 같은 범주에 속하지 않는 하나를 고르도록 한다. 이러한 범주는 어휘의 의미에 초점을 둘 수도 있고 형태에 초점을 둘 수도 있다. 예를 들어 hand, heart, leg, ear 중 같은 범주에 들지 않는 것을 고르라고 한 다음, 학생이 어떤 기준에 의해 해당 단어가 다른 단어와 다르다고 생각했는지 말하도록 한다. 또는 형태에 초점을 두어, sung, broken, drank, rung을 제시한 다음 형태적으로 다른 하나(drank)를 고르게 한 다음 선택 기준을 말하게 한다. 이러한 활동은 말하기 영역에서도 활용될 수 있다.

3 교과서 사례

앞서 영어과 교육과정의 '내용 체계표'가 듣기, 말하기, 읽기, 쓰기 영역을 중심으로 내용이 구성되어 있음을 설명하였다. 교육과정에 기반하여 개발된 영어 교과 역시 각 단원의 내용이 듣기, 말하기, 읽기, 쓰기 영역을 중심으로 구성되어 있다. 그러나 주지할 점은 영역별로 중점을 두는 기능은 있더라도, 활동 중 상당수는 언어 기능 통합적인 활동이라는 것이다. 예를 들어 듣기 영역에 중점을 둔 부분이 전반적으로 듣기 활동에 초점을 두고 있는 것은 사실이나, 듣기 활동만을 수행하는 것은 아니며 기능 통합적인 활동을 수행한다. 다음은 3학년 교과서에서 단원별 구성을 소개하는 부분으로, 4차시의 수업 활동 중 1, 2차시는 듣기, 말하기에, 3차시는 읽기, 쓰기에 초점을 두고 있으며, 4차시는 의사소통 활동을 중심으로 구성되어 있음을 보여 주고 있다.

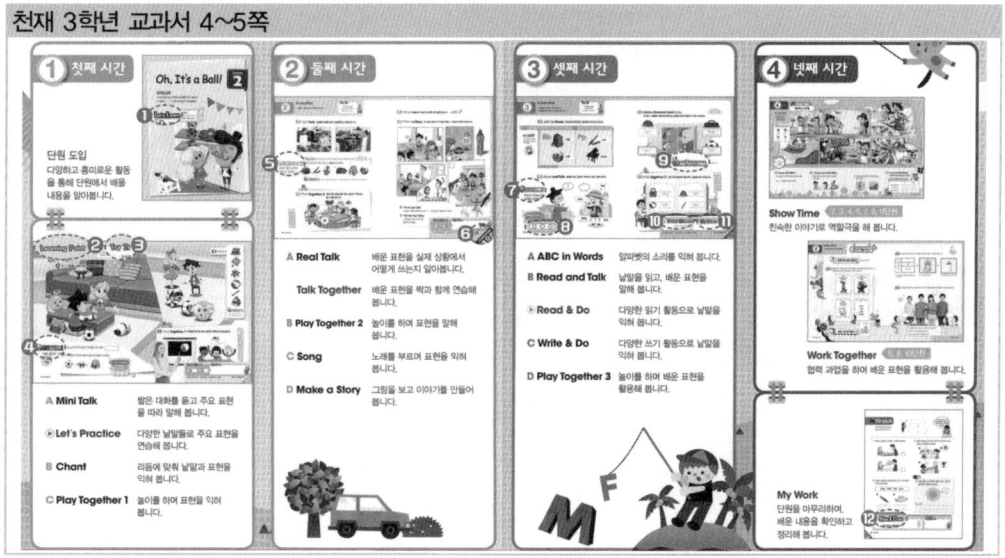

앞서 살펴보았듯이, '언어 재료'에서는 문화, 소재, 의사소통 기능, 어휘, 언어 형식을 다루고 있다. 이와 관련하여 교과서에서는 각 단원별로 중점적으로 다루는 다섯 가지의 언어 재료가 있다. 아래의 5학년 사례에서 볼 때, 교과서에서는 해당 단원의 목표 의사소통 기능('좋아하는 과목 묻고 답하기'와 '좋아하는 활동 표현하기')만을 안내하고 있으나, 지도서에서는 단원에서 배울 내용을 소재, 의사소통 기능, 새 낱말, 읽기·쓰기 문장, 문화 등 다섯 가지 영역으로 구분하여 제시하고 있다. 주목할 점은 이 다섯 가지 영역이 바로 영어과 교육과정에서 명시한 다섯 가지의 언어 재료 영역에 해당된다는 것이다. (예시의 교과서에서는 언어 형식 대신 '읽기·쓰기 문장'이란 표현을 통해 주요 언어 형식을 간접적으로 표현하고 있다.)

동아 5학년 2단원 교과서 22쪽	
★ 좋아하는 과목을 묻고 답하는 말을 배워요. ★ 좋아하는 활동을 표현하는 말을 배워요. ★ 좋아하는 것을 나타내는 글을 읽고 주요 문장을 써요.	My Goal _____ _____ 을(를) 배우고 싶어요.

동아 5학년 2단원 지도서 101쪽		
소재	학교생활, 교우 관계, 여가 선용	
학습 내용	의사소통 기능	• 좋아하는 과목 묻고 답하기 What's your favorite subject? – My favorite subject is math. • 좋아하는 활동 표현하기 I like to play math games.
	새 낱말	• again, borrow, bug, chimpanzee, English, favorite, guitar, Korean, map, math, P.E.(Physical Education), science, see, social studies, stories, subject, write
	읽기·쓰기 문장	• My favorite subject is math.
	문화	• 세계 여러 나라의 특별한 수업

① 다음 글에 제시된 내용을 바탕으로 과업(task), 활동(activity), 기법(technique)의 관계를 도식화하고 구체적으로 설명해 보시오.

Task: […] in a discussion of task-based learning, task usually refers to a specialized form of technique or series of techniques closely allied with communicative curricula, and as such must minimally have communicative goals. The common thread running through half a dozen definitions of task is its focus on the authentic use of language for meaningful communicative purposes beyond the language classroom.

Activity: […] When we refer to a classroom activity, we usually refer to a reasonably unified set of student behaviors, limited in time, preceded by some direction from the teacher, with a particular objective. Activities include role-plays, drills, games, peer-editing, small-group information-gap exercises, and much more. Because an activity implies some sort of active performance on the part of learners, it is generally not used to refer to certain teacher behaviors like saying "Good morning," or maintaining eye contact with students, or writing a list of words on the chalkboard. The latter, however, can indeed be referred to as techniques.

Technique: […] the language-teaching literature widely accepted techniques as a superordinate term to refer to various activities that either teachers or learners perform in the classroom. In other words, techniques include all tasks and activities. They are almost always planned and deliberate. They are the product of a choice made by the teacher. And they can, for your purposes as a language teacher, comfortably refer to the pedagogical units or components of a classroom session. You can think of a lesson as consisting of a number of techniques, some teacher-centered, some learner-centered, some production-oriented, some comprehension-oriented, some clustering together to form a task, some as a task in and of themselves.

(Brown, 2001, pp. 129-130)

■ 나의 도식 및 설명

2 다음은 한 교과서의 3~6학년 단원명 일부를 무작위로 나열한 것이다. 이를 3~4학년군과 5~6학년군으로 분류해 보고, 그렇게 분류한 이유를 설명하시오.
(참고: 분류 기준으로는 학년군별 주제 확장 범위, 성취기준, 소재, 언어 형식 등 다양하게 고려할 수 있다.)

> Whose Balloon Is This?
> Hello, I'm Tibo
> Let's Go Camping
> He's Listening to Music
> How Are You?
> How Many Lions?
> Where Are You From?
> Don't Run, Please?
> What Do You Do in Your Free Time?
> How's the Weather?
>
> (YBM김 3~6학년 교과서)

3~4학년군	5~6학년군

위와 같이 구분한 이유

제3장
듣기

1. 교육과정 해설
   1.1. 3~4학년군
      (1) 성취기준
      (2) 교수·학습 방법 및 유의 사항
      (3) 평가 방법 및 유의 사항

   1.2. 5~6학년군
      (1) 성취기준
      (2) 교수·학습 방법 및 유의 사항
      (3) 평가 방법 및 유의 사항

2. 심화 학습
   (1) 듣기의 유형
   (2) 듣기 지도 기법

3. 교과서 사례

4. 과제

1 교육과정 해설

1.1. 3~4학년군

(1) 성취기준

3~4학년군 듣기 영역 성취기준 및 핵심 개념	초등학교 3~4학년군의 듣기 영역 성취기준은 학습자들이 영어의 소리, 강세, 리듬, 억양을 식별하고 쉽고 간단한 낱말, 어구, 문장, 표현 등을 듣고 이해하며 일상생활 속의 친숙한 말이나 대화를 듣고 세부 정보를 파악할 수 있는 능력을 기를 수 있도록 설정되었다. 학습자들이 3~4학년군의 듣기 영역 성취기준을 달성함으로 영어 듣기 능력의 기초를 다지고, 영어에 대한 흥미와 자신감을 가지며, 다른 문화와 언어의 다양성을 이해할 수 있도록 한다.
최소 대립쌍	
[4영01-01] 설명 [4영01-02] 설명 [4영01-03] 설명 [4영01-04] 설명 [4영01-05] 설명 [4영01-06] 설명 [4영01-07] 설명	[4영01-01] 알파벳과 낱말의 소리를 듣고 식별할 수 있다. [4영01-02] 낱말, 어구, 문장을 듣고 강세, 리듬, 억양을 식별할 수 있다. [4영01-03] 기초적인 낱말, 어구, 문장을 듣고 의미를 이해할 수 있다. [4영01-04] 쉽고 친숙한 표현을 듣고 의미를 이해할 수 있다. [4영01-05] 한두 문장의 쉽고 간단한 지시나 설명을 듣고 이해할 수 있다. [4영01-06] 주변의 사물과 사람에 관한 쉽고 간단한 말이나 대화를 듣고 세부 정보를 파악할 수 있다. [4영01-07] 일상생활 속의 친숙한 주제에 관한 쉽고 간단한 말이나 대화를 듣고 세부 정보를 파악할 수 있다.

(가) 학습 요소
- 알파벳, 낱말의 소리, 강세, 리듬, 억양
- 낱말, 어구, 문장
- 주변의 사람, 사물

(나) 성취기준 해설
- '[4영01-02] 낱말, 어구, 문장을 듣고 강세, 리듬, 억양을 식별할 수 있다.'는 강세 박자 리듬 언어인 영어의 분절 음소와 강세, 리듬, 억양 등의 초분절 음소를 익히게 하려는 데 초점이 있다. 노래나 찬트 등을 따라하면서 낱말, 어구, 문장을 듣고 자연스럽게 강세, 리듬, 억양을 익히는 수준을 말한다.
- '[4영01-04] 쉽고 친숙한 표현을 듣고 의미를 이해할 수 있다.'는 인사하기, 안부 묻고 답하기, 질문하고 답하기 등 일상생활에서 가장 기본적으로 수행해야 하는 관용적인 표현을 상황과 함께 반복하여 듣고 자연스럽게 익히는 수준을 말한다.
- '[4영01-06] 주변의 사물과 사람에 관한 쉽고 간단한 말이나 대화를 듣고 세부 정보를 파악할 수 있다.'는 주변의 사물과 사람에 관한 친숙한 내용이 담긴 말이나 대화를 듣고, 주변 사물과 사람에 관한 모양, 크기, 개수, 색깔 등 특정한 정보를 파악하는 수준을 말한다.
- '[4영01-07] 일상생활 속의 친숙한 주제에 관한 쉽고 간단한 말이나 대화를 듣고

세부 정보를 파악할 수 있다.'는 학습자에게 친숙하며 흥미와 관심을 가질 수 있는 내용을 듣고, 대화가 일어난 장소, 시간, 방향, 종류, 관계 등 특정한 정보를 파악하는 수준을 말한다.

(교육부, 2015, pp. 13-14)

듣기 영역 성취기준 및 핵심 개념

초등학교 3~4학년군 듣기 영역의 성취기준은 '소리', '어휘 및 문장', '세부 정보'의 세 가지 핵심 개념을 다루고 있으며, '중심 내용'과 '맥락'은 다루고 있지 않다. [4영01-01]과 [4영01-02]의 성취기준은 핵심 개념 중 '소리'에 해당하는 성취기준이고, [4영01-03]부터 [4영01-05]까지의 성취기준은 '어휘 및 문장'에 해당하는 성취기준이며, [4영01-06]과 [4영01-07]의 성취기준은 '세부 정보'에 해당하는 성취기준이다. 3~4학년군 듣기 영역의 성취기준은 '식별할 수 있다'로 끝나는 성취기준이 2개, '이해할 수 있다'로 끝나는 성취기준이 3개, '파악할 수 있다'로 끝나는 성취기준이 2개이다. '식별할 수 있다'로 끝나는 성취기준은 식별에만 초점이 맞추어져 있고 의미 이해를 포함하지 않는 반면, '이해할 수 있다'와 '파악할 수 있다'는 의미 이해를 포함한다. 2015 개정 교육과정에서 '이해할 수 있다'는 낱말, 어구, 문장의 의미를 이해하는 것에 중점을 둔 반면, '파악할 수 있다'는 특정 세부 정보나 중심 내용을 파악하는 것에 중점을 두고 있다.

최소 대립쌍

최소 대립쌍(minimal pair)은 단어의 길이가 같거나 유사한 두 단어 쌍에서, 하나의 음소를 제외한 다른 음소의 발음은 동일하며 발음이 다른 하나의 음소로 인해 단어의 의미가 달라지는 두 단어를 말한다. 단어 간의 발음의 차이를 대비시켜 발음을 연습하여 철자에 따른 소리를 연습하는 데에 많이 활용된다. 특히 학습자들이 어려움을 느끼는 두 발음 간의 차이를 인식하게 하는 방법으로 활용할 수 있다. 예를 들어 red와 led는 단어의 길이는 같고 다른 음소의 발음은 동일하지만 /r/과 /l/음만 다르므로 최소 대립쌍이며, /r/과 /l/ 발음을 연습할 때 활용할 수 있다. 분절음에 해당하는 음소 지도에 효과적이다.

 분절음, 초분절음 등에 대해서는 pp. 47-49을 참고하세요.

 분절음을 지도할 때 최소 대립쌍뿐만 아니라 조음 동작 연습(tongue twister)도 효과적인 지도 방법이 될 수 있습니다. 우리말의 '간장공장 공장장'과 같이 발음하기 어려운 표현들을 말해 보는 방식이지요. 영어의 조음 동작 연습은 유사하거나 동일한 발음이 반복적으로 나오는 문장의 발음을 연습하는 방법이며, 유사하지만 다른 발음을 교차로 제시하여 연습하는 방법도 있어요. 발음 연습을 하려는 음소에 따라 적절한 문장을 선정해 연습할 수 있습니다.

예: /p/ 연습을 위한 조음 동작 연습
  Peter Piper picked a peck of pickled peppers.
  Did Peter Piper pick a peck of pickled peppers?
  If Peter Piper picked a peck of pickled peppers,
  Where's the peck of pickled peppers Peter Piper picked?

예: /s/ /ʃ/(sh) 연습을 위한 조음 동작 연습
  Sally sells sea shells by the sea shore.
  But if Sally sells sea shells by the sea shore
  Then where are the sea shells Sally sells?

[4영01-01]
설명

[4영01-01] 알파벳의 낱말과 소리를 듣고 식별할 수 있다.

[4영01-01]은 영어의 소리, 그중에서도 모음, 자음 등 분절음과 관련된 성취기준이다. 영어에는 우리말에 없거나 우리말과 비슷하면서도 다른 소리가 있으므로, 이러한 차이를 이해하고 소리를 식별할 수 있도록 지도가 필요하다. 예를 들어 /f, v, θ, ð/ 등은 우리말에 없는 소리이고, /r, l/의 경우 우리말에서는 같은 소리로 인식하나 영어에서는 다른 소리로 구분하므로, 우리나라 학습자는 이러한 소리를 듣고 식별할 때 어려움을 겪을 수 있다. 듣기 자료, 교사의 교실 영어 등을 통해 정확한 소리를 자연스럽게 익힐 수 있도록 지도한다.

하나의 소리 차이로 두 단어의 의미가 구별되는 최소 대립쌍(minimal pair)을 활용하여 소리를 식별하는 것을 효과적으로 지도할 수 있다. 예를 들어 right과 light은 앞의 자음의 소리만 다른 최소 대립쌍이며, 학생들이 /r/과 /l/ 소리를 식별할 수 있을 때 이 두 단어를 구별할 수 있을 것이다. [4영01-01]은

말하기 영역의 '[4영02-01] 알파벳과 낱말의 소리를 듣고 따라 말할 수 있다.'는 성취기준과 연계하여 지도할 수 있다.

[4영01-02] 설명

'[4영01-02] 낱말, 어구, 문장을 듣고 강세, 리듬, 억양을 식별할 수 있다.'는 강세 박자 리듬 언어인 영어의 분절 음소와 강세, 리듬, 억양 등의 초분절 음소를 익히게 하려는 데 초점이 있다. 노래나 찬트 등을 따라하면서 낱말, 어구, 문장을 듣고 자연스럽게 강세, 리듬, 억양을 익히는 수준을 말한다.

[4영01-02]는 강세, 리듬, 억양 등 초분절음과 관련된 성취기준이다. 음절 하나하나를 거의 동일한 강세로 발음하는 음절 박자 언어(syllable-timed language)인 우리말과 달리 영어는 주기적으로 강세를 두어 발음하는 강세 박자 언어(stress-timed language)로, 강세, 리듬, 억양의 차이에 따라 발화의 의미가 달라질 수 있으므로 이를 식별하는 것이 중요하다. 예를 들어 record라는 낱말의 경우, 어디에 강세를 두어 발음하느냐에 따라 '기록'이라는 명사로 사용되기도 하고, '기록하다'라는 동사로 사용되기도 한다. 또한 영어는 문장 내의 낱말의 수보다는 강세의 수에 의해 발화에 소요되는 시간이 결정된다. 예를 들어 다음 네 개의 문장은 문장을 구성하고 있는 단어 수가 달라 문장의 길이는 다르지만 강세를 받는 단어(내용어인 cats, eat, fish)의 수가 같으므로 발화에 소요되는 시간이 거의 같다.

(1) Cats eat fish.
(2) The cats eat fish.
(3) The cats will eat fish.
(4) The cats will eat the fish.

이와 같은 내용은 듣기 자료, 교사의 교실 영어 등을 통해 초분절음을 자연스럽게 익힐 수 있도록 지도하며, 특히 노래나 찬트를 활용하여 효과적으로 지도할 수 있을 것이다. 노래나 찬트를 들으면서 강세가 들어간 부분에 손뼉을 치게 하는 등 학생들이 자연스럽게 초분절음에 익숙해지도록 하는 것이 좋다. 또한 [4영01-02]는 말하기 영역의 '[4영02-02] 영어의 강세, 리듬, 억양에 맞게 따라 말할 수 있다.'는 성취기준과 연계하여 지도할 수 있다.

[4영01-03] 설명

[4영01-03] 기초적인 낱말, 어구, 문장을 듣고 의미를 이해할 수 있다.

[4영01-03]에서 '기초적인 낱말, 어구, 문장'이란 초등학교 영어 교과의 목표 중의 하나인 '자기 주변의 일상생활 주제에 관하여 영어로 기초적인 의사소통을 할 수 있다.'와 관련이 있다. 즉 학습자가 일상생활에서 자주 접하는 가족, 친구, 물건, 장소 등과 관련한 낱말, 어구, 문장을 듣고 의미를 이해하여 영어로 기초적인 의사소통을 할 수 있도록 지도하는 것을 의미한다. 기초적인 낱말, 어구, 문장은 2015 개정 영어과 교육과정의 [별표 2]에 제시된 의사소통 기능과 예시문, [별표 3]에 제시된 어휘 중에서 초등학교급에서 사용하기를 권장하는 예시문과 어휘를 활용하도록 한다. 낱말, 어구, 문장이 자연스럽게 사용되는 맥락에서 해당 부분을 들을 수 있게 제시하며, 의미를 우리말로 직접적으로 제시하기보다는 그림, 실물, 동작 등을 이용하여 의미를 이해할 수 있도록 지도한다. 이때 문화적으로 차이가 나는 부분이 있다면 특별히 주의를 기울일 필요가 있다. 예를 들어 영어의 friend라는 낱말은 나이와 상관없이 친하게 지내는 관계를 일컫는 반면에 우리나라의 '친구'라는 낱말은 나이의 기준이 엄격하게 적용되어 동년배의 관계를 의미하는 협소한 개념이다. 영어 낱말의 의미를 이해할 때 이와 같이 문화적 차이가 나는 부분은 다른 나라의 문화를 이해하는 문화교육과 병행하여 지도할 수 있다. 또한 말하기 영역의 '[4영02-03] 그림, 실물, 동작에 관해 쉽고 간단한 낱말이나 어구, 문장으로 표현할 수 있다.', 읽기 영역의 '[4영03-04] 쉽고 간단한 낱말이나 어구를 읽고 의미를 이해할 수 있다.', 쓰기 영역의 '[4영04-03] 실물이나 그림을 보고 쉽고 간단한 낱말이나 어구를 쓸 수 있다.'는 성취기준과 연계하여 지도할 수 있다.

[4영01-04] 설명

'[4영01-04] 쉽고 친숙한 표현을 듣고 의미를 이해할 수 있다.'는 인사하기, 안부 묻고 답하기, 질문하고 답하기 등 일상생활에서 가장 기본적으로 수행해야 하는 관용적인 표현을 상황과 함께 반복하여 듣고 자연스럽게 익히는 수준을 말한다.

[4영01-04]는 일상생활에서 기초적인 의사소통을 하는 데 필요한 쉽고 친숙한 표현을 듣고 이해하는 것을 목표로 하는 성취기준이다. **'쉽고 친숙한 표현'** 은 영어에서 쓰이는 관용적인 표현을 의미하며, 인사하기, 안부 묻고 답하기,

물건 사기, 길 안내하기 등과 같이 일상생활에서 기초적인 의사소통을 하는 데 많이 쓰이는 표현이다. 일상생활과 관련된 문화도 함께 이해할 수 있도록, 이러한 표현이 사용되는 상황을 동영상이나 애니메이션으로 함께 제시하고, 반복하여 들으면서 자연스럽게 익히도록 지도하는 것이 필요하다. 예를 들어 쉽고 친숙한 표현인 'Hello.'는 만났을 때 하는 인사 표현이기도 하지만 전화를 할 때도 사용하는 표현이다. 또한 우리말과 달리 친구를 만났을 때뿐만 아니라 선생님을 만났을 때도 사용할 수 있는 표현이다. 따라서 이 표현이 사용되는 상황을 동영상이나 애니메이션으로 함께 제시하면, 언어 표현과 함께 이와 관련된 문화 차이도 자연스럽게 이해할 수 있게 될 것이다.

[4영01-05]
설명

> [4영01-05] 한두 문장의 쉽고 간단한 지시나 설명을 듣고 이해할 수 있다.

[4영01-05]는 'Stand up.', 'It's cold outside.', 'He is a math teacher.' 등과 같이 한 문장 또는 두 문장으로 된 쉽고 간단한 지시나 설명을 듣고 이해하는 것을 목표로 하는 성취기준이다. 어린 학습자들이 흥미 있게 참여할 수 있는 전신 반응 교수법(TPR)을 활용하여 동작으로 의미를 이해할 수 있도록 지도하거나 한두 문장으로 설명하는 내용에 해당하는 그림을 고르게 하는 활동을 통해 지도할 수 있다. 또한 말하기 영역의 '[4영02-05] 한두 문장으로 지시하거나 설명을 할 수 있다.'는 성취기준과 연계하여 지도할 수 있다.

 전신 반응 교수법(TPR)에 대해서는 p. 20에 설명되어 있어요.

[4영01-06]
설명

'[4영01-06] 주변의 사물과 사람에 관한 쉽고 간단한 말이나 대화를 듣고 세부 정보를 파악할 수 있다.'는 주변의 사물과 사람에 관한 친숙한 내용이 담긴 말이나 대화를 듣고, 주변 사물과 사람에 관한 모양, 크기, 개수, 색깔 등 특정한 정보를 파악하는 수준을 말한다.

[4영01-06]은 주변의 사물과 사람에 관한 쉽고 간단한 말이나 대화를 듣고 주변의 사물, 사람에 관하여 모양, 크기, 개수, 색깔 등의 세부 정보를 파악하는 것을 목표로 하는 성취기준이다. **'쉽고 간단한'** 말이나 대화는 어휘와 어

법이 쉬우며, 초등학교 3~4학년군에서는 7낱말 이내의 간단한 문장을 의미한다. 세부 정보를 파악하는 성취기준 중에서도 '주변의 사물과 사람'에 관한 쉽고 간단한 말이나 대화를 듣고 세부 정보를 파악하는 것은 초등학교 3~4학년군 듣기 영역에서 다루고 있고, 5~6학년군 듣기 영역에서는 이와 관련된 성취기준이 없다. 하지만 이는 주변의 사물과 사람에 관한 세부 정보 파악을 3~4학년군에서만 다룬다는 의미이기보다는 5~6학년군에서도 계속 지도를 하되 더 심화하여 지도하지 않는다는 의미이다. 초등학교급에서 주변의 사물과 사람에 관한 것이 중학교급에서는 '사람, 사물'로 그 범위가 확장된다. 또한 자기 주변의 주제에 대한 것은 초등학교 3~4학년군에서, 친숙한 일반적 주제에 대한 것은 중학교급에서 심화된다. 교과서에 제시된 '주변의 사람, 사물'을 살펴보면 가족, 친구, 선생님 등 초등학생들의 주변 인물을 주로 다룬다는 것을 알 수 있다. 이 성취기준을 수업에서 잘 구현하기 위해서는 학생들 주변의 사람과 사물에 대해 관심을 가지고 살펴볼 필요가 있다. 교과서는 전국의 학생들을 대상으로 집필된 것이므로 교과서에 실린 '주변의 사람이나 사물'은 개별 교사가 가르치고 있는 학생의 삶을 제대로 반영하지 못할 수도 있기 때문이다. 그러므로 이 성취기준을 지도하기 위해서는 교사가 학생의 생활을 면밀하게 관찰하여 학생의 주변 사람과 사물에 관한 쉽고 간단한 말이나 대화를 들려 줌으로써 세부 정보를 파악할 수 있도록 수업을 구성할 필요가 있다.

[4영01-07] 설명

> '[4영01-07] 일상생활 속의 친숙한 주제에 관한 쉽고 간단한 말이나 대화를 듣고 세부 정보를 파악할 수 있다.'는 학습자에게 친숙하며 흥미와 관심을 가질 수 있는 내용을 듣고, 대화가 일어난 장소, 시간, 방향, 종류, 관계 등 특정한 정보를 파악하는 수준을 말한다.

[4영01-07]은 학생들이 일상생활 속에서 접하는 친숙한 주제에 관하여 쉽고 간단한 말이나 대화를 듣고, 대화가 일어난 장소, 시간, 방향, 종류, 관계 등의 세부 정보를 파악하는 것을 목표로 하는 성취기준이다. 초등학교 5~6학년군에서는 일상생활 속의 친숙한 주제에 관하여, '쉽고 간단한'에서 '간단한' 말이나 대화를 듣고 세부 정보를 파악하는([6영01-02]) 것으로 난도가 심화될 뿐만 아니라, '그림이나 도표에 대한 쉽고 간단한 말이나 대화([6영01-03])',

'대상을 비교하는 쉽고 간단한 말이나 대화([6영01-04])' 등으로 주제도 확장된다. 장소, 시간, 방향과 관련한 특정 정보를 파악하기 위해서는 at school, at 9 o'clock, on the right 등과 같은 전치사구에 담긴 정보가 중요하다. 종류에 대한 정보를 파악하기 위해서는 동의어(synonym), 반의어(antonym) 등 어휘에 대한 정보가 중요하다. 관계에 대한 정보는 teacher, doctor 등과 같이 직업을 나타내는 낱말이나 'He is my father.'에서처럼 대명사(he, my)와 같은 정보를 바탕으로 파악할 수 있다.

(2) 교수·학습 방법 및 유의 사항

노래, 찬트	• 알파벳 소리를 지도할 때에는 친숙한 낱말 및 다양한 듣기 자료를 통해 알파벳의 소리를 자연스럽게 식별할 수 있도록 지도한다. • 노래, 찬트, 대화 등의 듣기 자료를 통해 영어의 다양한 강세, 리듬, 억양을 자연스럽게 익힐 수 있도록 지도한다.
실물 그림 동작	• 실물, 그림, 동작 등을 활용하여 낱말, 어구, 문장의 의미를 추측하거나 파악하게 한다. 특히 학습 초기에는 교실 및 주변에서 쉽게 접하는 사물의 이름, 가족 호칭, 인사말 등의 낱말, 어구, 문장을 이해할 수 있도록 지도한다. • 쉽고 친숙한 표현을 상황과 함께 제시하여 이해를 돕고, 필요한 경우 다양한 멀티미디어 자료를 활용하여 자연스럽고 흥미로운 학습이 이루어지게 한다.
듣고 행동하기	• 교실 내의 여러 가지 실물을 이용하여 다양한 지시나 설명을 하고, 학습자가 듣고 이해한 것을 얼굴 표정, 자세, 동작 등을 이용하여 표현할 수 있도록 지도한다. • 영어 학습에 대한 흥미와 자신감을 부여할 수 있도록 듣고 행동으로 반응하기, 듣고 지시대로 행동하기 등 듣고 이해한 정도를 여러 가지 과업 수행으로 나타낼 수 있도록 지도한다.

(교육부, 2015, p. 14)

노래, 찬트   노래는 멜로디와 함께 낱말이나 표현을 연습하면서 자연스럽게 외우게 되고 장기 기억으로 저장될 수 있도록 하므로, 인지적, 정의적 측면에서 언어 학습에 유용하다. 율동과 함께 노래할 경우 의미도 쉽게 파악된다. 정의적인 측면에서 노래는 언어 학습의 즐거움을 느끼게 하고 영어에 대한 긍정적인 태도와 학습 동기를 높일 수 있으며, 학습에 대한 불안감을 낮추고 자신감을 높이면서 학습의 효과를 높일 수 있다. 노래를 함께 부르면서 구성원 간의 친밀감과 일체감을 형성해 줄 뿐만 아니라, 노래를 통해 영어 수업에 활력을 넣어 주며 기분을 전환시켜 준다. 다중 지능 이론(Multiple Intelligences; Gardner, 1993)에 따르면, 사람들에게는 다양한 지능이 존재하며 음악적 지능을 언어 학습에 이용하면 학습 효과를 향상시킬 수 있다. 찬트(chant)는 반복되는 리듬으로 말하는 것으로 노래와 유사하게 언어 학습에 유용하다. 특히 찬트는 단어, 어구, 문장 강세를 익히는 데 도움을 준다. 예를 들어 교과서 및 지도서에서 다음과 같이 리듬에 맞춰 찬트를 하도록 권장하고 있다.

Chant
리듬에 맞춰 찬트를 하며 주요 표현을 연습합니다.

(김혜리, 2018a, p. 4)

실물　실물(realia), 즉 실제 물건을 활용하여 지도할 수 있다. 학생들에게 연필을 직접 보여 주면서 'This is a pencil.'이라고 표현하는 것은 실물을 활용한 사례가 된다.

그림　실물을 보여 주기 힘든 경우에는 그림이나 사진 자료를 적극적으로 활용할 수 있다. 예를 들어 elephant라는 단어를 지도할 때 코끼리 그림 또는 사진을 보여 줄 수 있다. 학생들이 그림이나 사진 자료와 함께 의미를 파악할 때, 교사는 학생들이 이해한 의미를 점검할 필요가 있다. 예를 들어, elephant라는 단어를 코끼리 그림 또는 사진과 함께 제시했을 때 학생들은 그 그림에서 두 가지 이상의 의미를 파악할 수 있다. 어떤 학생들은 elephant라는 단어가 코끼리를 지칭한다고 생각할 수도 있지만, 코끼리와 같이 '큰' 동물의 예로 '크다'는 개념을 의미하는 것으로 생각할 수도 있다. 즉, 학생들이 elephant가 '크다'가 아니라 '코끼리'라는 뜻임을 제대로 파악했는지 점검할 필요가 있다.

동작　몸으로 움직임을 표현함으로써 낱말, 어구, 문장의 의미를 파악할 수 있다. 예를 들어 kick a ball이라는 어구를 익히기 위해 공을 발로 차는 동작을 보여 줄 수 있다.

>  동작을 활용한 교수방법으로는 전신 반응 교수법(TPR)이 대표적이랍니다. 이에 대한 내용은 p. 20을 참조하세요.

듣고 행동하기　듣고 행동하기(Listen and Do)를 통해 들은 내용을 잘 이해했는지를 행동을 통해 확인할 수 있다.

- 전신 반응 교수법(TPR)과 같이 교사의 진술이나 명령을 듣고 학생들이 적절히 반응하는지를 보고 이해 정도를 점검할 수 있다. 예를 들어 'Stand up.'이라는 문장을 듣고 자리에서 일어서는지를 확인함으로써 학생이 이해했는지를 점검한다.
- 특정 소리나 단어를 들었을 때 손을 들거나 손뼉을 치게 함으로써, 이해를 점검할 수 있다. 예를 들어 동물과 과일에 대한 어휘를 들려 주면서, 과일에

대한 어휘가 나왔을 때 손뼉을 치게 할 수 있다. elephant, tiger, lion, apple을 하나씩 들려 주면, apple이 나왔을 때 학생들이 손뼉을 칠 것이다.
- 들은 내용에 대해 그림을 그리거나 색칠을 하게 하여 이해를 점검할 수 있다. 예를 들어 'Draw an animal. It has four eyes and two ears.'를 들려 준 후, 학생들이 눈 4개와 귀 2개를 그리는지를 점검한다. 색칠하기도 가능한데, 'The shirt is red.'와 같은 문장을 들려 주고 학생들이 셔츠 그림에 빨간색을 칠하는지를 확인할 수 있다.
- 들은 내용을 바탕으로 만들기 활동을 하게 하여 이해를 점검할 수도 있다.

(3) 평가 방법 및 유의 사항

성취기준에 적합한 평가 시각적 자료나 일상생활의 맥락, 배경이 포함되어 있는 듣기 자료 적절한 수준의 문자 언어 재료	• 3~4학년군 듣기 평가의 내용과 수준은 3~4학년군의 듣기 성취기준을 근거로 선정한다. • 낱말, 어구, 문장의 이해 여부는 질문에 대한 대답 및 그림, 동작 등 언어 이외의 방법으로도 표현하게 하여 확인한다. • 지시, 설명에 대한 이해는 행동이나 동작을 통해 파악하고, 상황에 따라 알맞게 낱말을 바꾸어 제시하고 집중하여 듣는 능력을 평가한다. • 시각적 자료나 일상생활의 맥락, 배경이 포함되어 있는 듣기 자료를 활용하여 평가한다. • 평가 목적, 대상 및 방법에 따라 낱말, 어구, 문장 등 적절한 수준의 문자 언어 재료를 활용하여 평가한다. (교육부, 2015, pp. 14-15)

성취기준에 적합한 평가

성취기준은 "학습의 결과로 학생들이 할 수 있어야 하는 것을 의미(교육부, 2016, p. 92)"하므로, 3~4학년군 듣기 영역을 평가할 때 그 내용과 수준은 해당 학년군의 교육과정 성취기준을 근거로 선정한다. 예를 들어 '[4영01-05] 한두 문장의 쉽고 간단한 지시나 설명을 듣고 이해할 수 있다.'는 성취기준에 대한 도달 여부를 평가하기 위해서는, 한두 문장으로 된 지시나 설명을 들려 주고 이를 정확하게 이해했는지 여부를 평가해야 한다. 반면 5~6학년군 듣기 영역의 '[6영01-01] 두세 개의 연속된 지시나 설명을 듣고 이해할 수 있다.'는 성취기준에 대한 도달 여부를 평가하기 위해서는, 두세 개의 연속된 문장으로 된 지시나 설명을 들려 주고 이를 정확하게 이해했는지 여부를 평가해야 한다.

시각적 자료나 일상생활의 맥락, 배경이 포함되어 있는 듣기 자료

듣기 능력을 평가할 때 초등학생들이 일상생활의 맥락에서 접할 수 있는 듣기 자료나 시각적 자료가 포함된 듣기 자료를 활용하여 평가한다(다음에 제시된 문항 예시 참조). 이와 같이 시각적 자료를 함께 제시하는 것은 언어를 사용하는 실제 환경과도 유사하기 때문에 듣기 능력에 대한 평가에서 많이 활용되고 있다(송민영, 2014, p. 626).

> 6. 대화를 듣고, 남자 아이가 찾는 물건의 위치를 고르시오.
>
> [듣기 지문]
> B: Mom, how's the weather outside?
> W: It's snowing. Put on your hat.
> B: Okay. Where's my hat?

W: It's on the chair.
B: On the chair? No, it isn't.
W: Oh, sorry. It's under the table.
B: Thanks, Mom.

출처: 2012년 국가수준 학업성취도 평가 초등학교 영어

적절한 수준의 문자 언어 재료

초등학생들의 듣기 능력에 대한 평가에서 낱말, 어구, 문장 등의 문자 언어 재료를 활용할 때, 초등학교급에서 사용하도록 권장하는 낱말, 어구, 문장을 사용하도록 한다. 낱말의 경우, 영어과 교육과정 [별표 3]의 기본 어휘 목록에는 초등학교급에서 사용을 권장하는 어휘에 *표가 되어 있으므로 이를 활용한다. 또한 [별표 2]의 의사소통 기능과 예시문에서 초등학교급에서 사용을 권장하는 예시문에 △표가 되어 있으므로 이를 활용하고, [별표 4]의 의사소통에 필요한 언어 형식에서도 초등학교급에서 사용을 권장하는 언어 형식이 표시되어 있다. 예를 들어 어떤 대상을 알고 있는지 물을 때, 초등학교급에서 적절한 수준의 표현은 'Do you know (about) …?'이며, 'Are you aware (of) …?'는 중·고등학급에서 적절한 수준으로 제시하고 있다. [별표 4]를 참고하여 초등학교 학생에게 적절한 수준의 문자 언어 재료를 활용하여 평가하도록 한다.

 [별표 2], [별표 3], [별표 4]에 제시된 내용 중 초등학교급에서 사용을 권장하는 어휘, 의사소통 기능, 언어 형식은 부록에 정리되어 있습니다.

1.2. 5~6학년군

(1) 성취기준

5~6학년군 듣기 영역 성취기준 및 핵심 개념	
[6영01-01] 설명 [6영01-02] 설명 [6영01-03] 설명 [6영01-04] 설명 [6영01-05] 설명 [6영01-06] 설명 [6영01-07] 설명	초등학교 5~6학년군의 듣기 영역 성취기준은 두세 개의 연속된 지시나 설명하는 말을 듣고 이해하며, 일상생활 속의 친숙한 주제에 관한 말이나 대화를 듣고 세부 정보를 파악하고, 쉽고 간단한 말이나 대화를 듣고 세부 정보, 중심 내용 및 맥락을 파악할 수 있도록 설정되었다. 학습자들이 5~6학년군의 듣기 영역 성취기준을 달성함으로써 3~4학년군에서 익힌 영어 듣기 의사소통능력을 계속 발전시키고, 영어에 대한 흥미와 관심을 지속시키며, 스스로 영어 학습을 할 수 있는 방법을 습득하여 영어 학습에 대한 자신감을 가질 수 있도록 한다. 또한 여러 가지 매체를 통하여 다른 언어와 문화의 다양성을 이해하며 포용하는 태도를 기를 수 있도록 한다. [6영01-01] 두세 개의 연속된 지시나 설명을 듣고 이해할 수 있다. [6영01-02] 일상생활 속의 친숙한 주제에 관한 간단한 말이나 대화를 듣고 세부 정보를 파악할 수 있다. [6영01-03] 그림이나 도표에 대한 쉽고 간단한 말이나 대화를 듣고 세부 정보를 파악할 수 있다. [6영01-04] 대상을 비교하는 쉽고 간단한 말이나 대화를 듣고 세부 정보를 파악할 수 있다. [6영01-05] 쉽고 간단한 말이나 대화를 듣고 줄거리를 파악할 수 있다. [6영01-06] 쉽고 간단한 말이나 대화를 듣고 목적을 파악할 수 있다. [6영01-07] 쉽고 간단한 말이나 대화를 듣고 일의 순서를 파악할 수 있다. (가) 학습 요소 • 알파벳, 낱말의 소리, 강세, 리듬, 억양 • 낱말, 어구, 문장 • 주변의 사람, 사물, 대상 비교, 일상생활 관련 주제, 그림, 도표 • 줄거리, 목적 • 일의 순서 (나) 성취기준 해설 • '[6영01-03] 그림이나 도표에 대한 쉽고 간단한 말이나 대화를 듣고 세부 정보를 파악할 수 있다.'는 그림이나 도표에 관한 설명이나 묘사하는 말, 대화를 듣고 대상, 개수, 크기, 길이, 생김새, 색깔, 선호도 등 특정한 정보를 파악하는 수준을 말한다. • '[6영01-05] 쉽고 간단한 말이나 대화를 듣고 줄거리를 파악할 수 있다.'는 쉽고 간단한 말이나 대화를 듣고 말이나 대화에 나타나는 전체 흐름, 즉 중심 되는 내용을 파악하는 수준을 말한다. 줄거리는 핵심이 되는 중요한 내용 또는 사건이 일어난 순서를 의미한다. • '[6영01-07] 쉽고 간단한 말이나 대화를 듣고 일의 순서를 파악할 수 있다.'는 쉽고 간단한 말이나 대화를 듣고 사건이 일어난 순서를 파악하는 수준을 말한다. 그림이나 만화 등을 이용하여 사건이 일어난 순서에 따라 연결 및 배열하기, 일이 일어난 순서대로 번호쓰기 등의 활동을 활용한다. (교육부, 2015, pp. 22-23)

| 5~6학년군 듣기 영역 성취기준 및 핵심 개념 | 5~6학년군의 듣기 영역은 핵심 개념 중에서 '어휘 및 문장', '세부 정보', '중심 내용', '맥락'과 관련된 내용으로 구성되어 있다. 주요 내용이 어휘 및 문장 이해하기와 세부 정보, 중심 내용, 맥락 파악하기임을 통해 5~6학년군에서는 의미 이해로서의 듣기 과정에 초점이 맞추어져 있음을 알 수 있다. 5~6학년군에는 핵심 개념 중 '소리'에 해당하는 성취기준이 포함되어 있지 않다. 그러나 이는 5~6학년군에서 '소리'에 관한 내용을 다루지 않는 것을 의미하는 것은 아니다. 내용 체계표의 내용 요소를 살펴보면 5~6학년군에서도 '알파벳, 낱말의 소리, 강세, 리듬, 억양'이 제시되어 있으므로, 소리에 관련된 3~4학년군의 성취기준을 5~6학년군에서도 연계하여 소리의 식별에 대한 수업이 이루어질 수 있다는 것을 의미한다. 5~6학년군에서는 3~4학년군에서 다루었던 학습 요소인 '알파벳, 낱말의 소리, 강세, 리듬, 억양', '낱말, 어구, 문장', '주변의 사람, 사물'뿐만 아니라, '대상 비교, 일상생활 관련 주제, 그림, 도표', '줄거리, 목적', '일의 순서'도 다루고 있다. 특히 5~6학년군 듣기 영역에서는 핵심 개념 중 '맥락'에 해당하는 '일의 순서'를 파악하는 데까지 확장되어 있는 반면, 5~6학년군 읽기 영역에서는 '맥락'까지는 다루고 있지 않다. 이는 초등학교급에서는 읽기, 쓰기보다는 듣기, 말하기에 보다 중점을 두고 의사소통능력을 향상시키는 것을 목표로 하기 때문이다. |

초등학교 5~6학년군 듣기 영역의 성취기준 [6영01-01]은 핵심 개념 중 '어휘 및 문장'에 해당하고, [6영01-02]부터 [6영01-04]까지는 '세부 정보'에 해당한다. [6영01-05]와 [6영01-06]은 '중심 내용'에 해당하는 성취기준이며, [6영01-07]은 '맥락'에 해당하는 성취기준이다. 5~6학년군 듣기 영역의 성취기준은 '듣고 이해할 수 있다'로 끝나는 성취기준이 1개, '듣고 […] 파악할 수 있다'로 끝나는 성취기준이 6개로 구성되어 있다.

| [6영01-01] 설명 | [6영01-01] 두세 개의 연속된 지시나 설명을 듣고 이해할 수 있다. |

[6영01-01]은 초등학교 3~4학년군에서 '한두 문장의 쉽고 간단한' 지시나 설명을 듣고 이해하는 것에서 확장되어, 두 문장 또는 세 문장으로 연속하여 말하는 지시나 설명을 듣고 이해하는 것을 목표로 하는 성취기준이다. 예를 들어 3~4학년군에서는 'Close the door', 'Close the door and come here.'

등과 같이 한두 문장이며, 쉽고 간단한 문장으로 된 지시나 설명을 듣고 이해하는 것을 목표로 하였으나, 5~6학년군에서는 'Go straight and turn left at the school. It's next to the park.', 'My favorite class is English. I have English class on Wednesday.' 등과 같이 두세 개의 연속된 문장으로 지시하거나 설명하는 말을 듣고 이해하는 것을 목표로 한다.

| [6영01-02] 설명 | [6영01-02] 일상생활 속의 친숙한 주제에 관한 간단한 말이나 대화를 듣고 세부 정보를 파악할 수 있다. |

[6영01-02]는 초등학교 3~4학년군에서 일상생활 속의 친숙한 주제에 관한 '쉽고 간단한' 말이나 대화를 듣고 세부 정보를 파악하는 것에서 확장되어, 일상생활 속의 친숙한 주제에 관한 '간단한' 말이나 대화를 듣고 세부 정보를 파악하는 것을 목표로 하는 성취기준이다. 초등학교 3~4학년군에서 '간단한' 말이나 대화를 이해한다는 의미는 어휘와 어법이 쉬우며 7낱말 이내의 간단한 문장을 듣고 이해하는 것을 의미하였으나, 초등학교 5~6학년군에서는 9낱말 이내의 간단한 문장을 듣고 이해하는 것을 의미한다.

| [6영01-03] 설명 | '[6영01-03] 그림이나 도표에 대한 쉽고 간단한 말이나 대화를 듣고 세부 정보를 파악할 수 있다.'는 그림이나 도표에 관한 설명이나 묘사하는 말, 대화를 듣고 대상, 개수, 크기, 길이, 생김새, 색깔, 선호도 등 특정한 정보를 파악하는 수준을 말한다. |

[6영01-03]은 그림이나 도표의 내용에 관한 세부 정보를 파악하는 것을 목표로 하는 성취기준으로, 3~4학년군 듣기 영역에서는 없었으며 5~6학년군에서 처음 제시되는 성취기준이다. 또한 중학교급에서는 '[9영01-03] 일상생활이나 친숙한 일반적 주제에 관한 그림, 사진, 또는 도표에 관한 말이나 대화를 듣고 세부 정보를 파악할 수 있다.'로 확장된다.

| [6영01-04] 설명 | [6영01-04] 대상을 비교하는 쉽고 간단한 말이나 대화를 듣고 세부 정보를 파악할 수 있다. |

[6영01-04]는 대상을 비교하는 내용에 관한 세부 정보를 파악하는 것을 목표로 하는 성취기준으로, 3~4학년군 듣기 영역에서는 없었으며 5~6학년군에

서 처음 제시되는 성취기준이다. 초등학교급에서 다루는 대상을 비교하는 쉽고 간단한 말은 'Mary is taller than I/me.'와 같은 비교급 표현이며, 'She is as tall as her mother.'와 같은 비교 표현이나 'Cindy is the shortest of the three.'와 같은 최상급 표현은 중학교급에서 지도하도록 권장하고 있다 (부록에 제시된 초등영어 교육과정 [별표 4]의 언어 형식 참조).

[6영01-05] 설명

'[6영01-05] 쉽고 간단한 말이나 대화를 듣고 줄거리를 파악할 수 있다.'는 쉽고 간단한 말이나 대화를 듣고 말이나 대화에 나타나는 전체 흐름, 즉 중심 되는 내용을 파악하는 수준을 말한다. 줄거리는 핵심이 되는 중요한 내용 또는 사건이 일어난 순서를 의미한다.

[6영01-05]는 '[6영01-06] 쉽고 간단한 말이나 대화를 듣고 목적을 파악할 수 있다.'와 함께 핵심 개념 중에서 '중심 내용'과 관련되며, 중심 내용과 관련한 성취기준으로는 5~6학년군에서 처음 제시되는 성취기준이다. [6영01-05]는 쉽고 간단한 말이나 대화를 듣고, 중심이 되는 단어나 어구를 바탕으로 전체 흐름, 전반적인 내용을 파악하는 것을 의미한다. 또한 중학교급에서는 '[9영01-04] 일상생활이나 친숙한 일반적 주제에 관한 말이나 대화를 듣고 줄거리, 주제, 요지를 파악할 수 있다.'로 이야기를 듣고 줄거리를 파악하는 것뿐만 아니라 다양한 장르의 말이나 대화를 듣고 주제, 요지 등의 중심 내용을 파악하는 것으로 확장된다.

[6영01-06] 설명

[6영01-06] 쉽고 간단한 말이나 대화를 듣고 목적을 파악할 수 있다.

[6영01-06]은 [6영01-05]와 함께 핵심 개념 중에서 '중심 내용'과 관련한 성취기준이다. '[6영01-06] 쉽고 간단한 말이나 대화를 듣고 목적을 파악할 수 있다.'는 쉽고 간단한 말이나 대화를 듣고 전체적인 흐름뿐만 아니라 전화를 건 목적 등과 같이 말이나 대화의 목적을 파악하는 것을 의미한다. 또한 중학교급에서는 '[9영01-06] 일상생활이나 친숙한 일반적 주제에 관한 말이나 대화를 듣고 화자의 의도나 목적을 추론할 수 있다.'와 같이 말이나 대화를 듣고 사실적 이해를 바탕으로 화자의 의도나 목적을 파악할 뿐만 아니라 맥락 속에서 화자의 의도나 목적을 추론하는 것으로 확장된다.

**[6영01-07]
설명**

> '[6영01-07] 쉽고 간단한 말이나 대화를 듣고 일의 순서를 파악할 수 있다.'는 쉽고 간단한 말이나 대화를 듣고 사건이 일어난 순서를 파악하는 수준을 말한다. 그림이나 만화 등을 이용하여 사건이 일어난 순서에 따라 연결 및 배열하기, 일이 일어난 순서대로 번호쓰기 등의 활동을 활용한다.

[6영01-07]은 핵심 개념 중에서 '맥락'과 관련한 성취기준으로, 5~6학년군 듣기 영역에서 처음 제시되는 성취기준이며, 초등학교급에서 '맥락'과 관련한 유일한 성취기준이다. 한편 중학교급의 성취기준은 '[9영01-07] 일상생활이나 친숙한 일반적 주제에 관한 말이나 대화를 듣고 일이나 사건의 순서, 전후 관계를 추론할 수 있다.'로, 초등학교급에서는 일의 순서에 대해 다루던 것이 중학교급에서는 일이나 사건의 순서, 전후 관계를 파악하는 것으로 확장된다. 또한 핵심 개념인 '맥락'과 관련해서도 중학교급에서는 일이나 사건의 순서, 전후 관계뿐만 아니라, 일이나 사건의 원인과 결과([9영01-08]), 상황 및 화자 간의 관계([9영01-09])를 추론하는 것으로 확장된다.

(2) 교수·학습 방법 및 유의 사항

듣기에서 의미를 파악하는 과정 듣기 전 활동 듣기 중 활동 듣기 후 활동	• 대화가 일어나는 상황, 전후 관계, 배경 지식 등을 활용하여 의미를 파악하도록 지도하고 듣기 전 활동, 듣기 중 활동, 듣기 후 활동으로 나누어 단계별로 지도한다. • 연속된 두세 개의 지시나 설명을 들은 뒤 순서에 맞게 동작으로 나타내고 실물, 그림, 인형 등을 이용하여 이해한 것을 표현하게 지도한다. • 영어 학습에 대한 흥미와 자신감을 가질 수 있도록 듣고 행동으로 반응하기, 듣고 지시대로 행동하기 등 듣고 이해한 정도를 다양한 과업 수행하기로 나타내도록 지도한다. • 간단한 말이나 대화를 듣고 내용을 이해하는 데 도움이 되는 인물, 행동, 장소, 시간, 감정 등 세부 정보를 파악하도록 지도한다. • 비교 표현이 사용된 말이나 대화를 듣고 알맞은 그림에 표시하기, 그림 그리기, 번호쓰기, 순서 정하기 등의 다양한 활동을 통해 비교하는 표현을 익힐 수 있도록 지도한다. • 말이나 대화를 듣고 상황을 파악한 뒤, 주요 낱말 및 배경 지식 등을 활용하여 그림이나 도표에 담긴 세부 정보를 파악하도록 지도한다. • 대상을 비교하는 표현이 담긴 말이나 대화를 듣고 알맞은 그림 찾기, 틀린 부분 표시하기, 그림을 그리거나 번호 표시하기 등의 다양한 방법으로 지도한다. • 말이나 대화를 듣고 겉으로 드러나는 세부 정보, 줄거리, 목적, 일이 일어난 순서 파악하기 및 내용에는 나오지 않으나 장소나 인물을 추측하기 등으로 발전시킬 수 있도록 지도한다. (교육부, 2015, p. 23)

듣기에서 의미를 파악하는 과정: 하향식 처리 및 상향식 처리

듣기나 읽기에서 의미를 파악하는 과정, 즉 듣거나 읽고 내용을 이해하는 과정에서는 **하향식 처리**(top-down processing)와 **상향식 처리**(bottom-up processing)가 동시에 진행된다. 하향식 처리란 학습자가 듣거나 읽을 때 기존에 갖고 있는 지식에 의존하여 의미를 이해하고자 하는 것을 말한다. 이때 기존에 갖고 있던 지식을 스키마(schema)라고 부른다. 예를 들어 '놀이공원'에 대한 시각 정보를 제시한 후 듣기를 할 경우, 학습자가 이미 갖고 있던 놀이공원에 대한 정보들을 바탕으로 듣기 내용을 예측하게 된다. 그리고 초반의 예측을 수정해 가면서 새로운 듣기 자료를 이해하게 된다. 반면, 상향식 처리란 듣기 혹은 읽기 자료로부터 의미를 추출하는 것을 말한다. 이러한 두 가지 처리 방식은 동시에 일어나며, 듣기 및 읽기 자료를 이해하는 데 영향을 미치게 된다.

'The dog was bitten by the man.'이라는 문장을 들었을 때, 영어를 모국어로 하는 원어민들도 종종 '개가 사람한테 물렸다'는 의미 대신 '사람이 개한테 물렸다.'는 의미로 잘못 이해한다고 합니다. 이러한 현상은 이해 과정에서 하향식 처리의 영향으로 설명될 수 있답니다. 이해 과정에서 상향식 처리 과정만 일어난다면 원어민들은 누구나 개가 사람한테 물렸다는 뜻으로 올바르게 이해할 거예요. 그러나 하향식 처리 과정도 상향식 처리 과정과 함께 동시에 일어나고 있기 때문에, 개가 사람한테 물리는 것보다 사람이 개한테 물리는 것이 일상적 경험과 유사하므로 '사람이 개한테 물렸다'는 의미로 잘못 해석하게 되는 것이랍니다.

듣기 전 활동 효과적인 듣기 지도를 위해 듣기 전, 중, 후 단계(pre-, while-, post-listening stages)로 나누어 지도한다(Brown & Lee, 2015; Underwood, 1989). 듣기 전 활동(pre-listening activity)은 듣기를 시작하기 전에 듣기 자료와 관련한 내용적, 언어적 지식을 활성화하기 위한 활동들로 다음과 같이 다양하게 구성할 수 있다.

- 듣기 주제나 소재에 대해 이야기하기
- 듣기 내용과 관련된 어휘 및 표현 익히기
- 듣기 내용과 관련된 그림을 보며 들을 내용 예측하기

초등학교 영어과 교과서를 살펴보면 차시별로 그림이 많이 제시되어 있답니다. 특히 매 단원의 첫 차시에 해당하는 'Look and Listen'에는 큼직한 그림이 제시되는데, 학생들은 그림을 보고 해당 단원과 관련한 배경 지식을 활성화하는 기회를 가질 수 있어요. 교사는 그림에 등장한 장소, 시간, 인물, 행동에 대해서 물어 보면서 학생들이 관련 배경 지식을 활성화하도록 도와줄 수 있답니다. 다음은 교사용 지도서에 제시된 교사의 발화 사례랍니다.

T: Look at the picture. Who do you see?
S: 지누, 지나, Lucy, Moni요.
T: Right. Where are they?
S: 집 앞에 있어요.
T: What time of day is it?
S: 아침요.

T: Can you guess what they are doing?
S: 서로 인사를 나누고 있는 것 같아요.
T: Great.

(이재근 외, 2018d, p. 53)

듣기 중 활동　듣기 중 활동은 들은 내용에 대해 학습자들이 이해하는 단계이다. 다음은 대표적인 듣기 중 활동(while-listening activity)이다. 예시 활동 외에도 목표로 하는 성취기준에 따라 다양한 활동으로 구성할 수 있다.

- 들은 내용에 해당하는 그림 찾기
- 들은 내용 순서대로 그림 배열하기
- 들은 내용에 해당하는 도표/그림 완성하기
- 들은 내용의 세부 정보 및 중심 내용 파악하기

 듣기 중 활동은 듣기와 함께 수행하는 활동이므로 학습자의 주의력을 분산시킬 수 있어요. 따라서 가급적 단순한 활동, 쉬운 활동이 바람직합니다. 예를 들면 그림을 제시한 후 들은 내용과 그림이 일치하면 ✓를 표시하는 정도가 적절합니다. 한편 학생들이 모든 단어를 다 들어야 한다는 부담감이 들지 않도록 지도해 주세요.

듣기 후 활동　듣기 후 활동(post-listening activity)은 들은 내용에 포함된 언어를 활용 및 확장하거나 다른 언어 기능 활동과 연계하는 단계이다. 다음은 듣기 후 활동의 예시이다.

- 노래, 찬트, 게임하기
- 극화 활동 하기
- 들은 내용에 대해 말하거나 글 쓰기

(3) 평가 방법 및 유의 사항

다양한 과업이나 평가 방법을 활용한 평가 **사실적 이해 문항 및 추론적 이해 문항**	• 5~6학년군 듣기 평가의 내용과 수준은 5~6학년군 듣기 성취기준을 근거로 선정한다. • 듣기 평가는 평가 목적과 대상, 방법에 따라 낱말, 어구, 문장, 문단 등 적절한 수준의 언어 재료를 활용한다. • 듣기 능력을 측정할 수 있는 다양한 과업 수행을 활용한다. • 사실적 이해 문항을 주로 평가하되 학습자의 수준에 따라 추론적 이해 문항도 포함시킬 수 있다. 예를 들어, 그림에 대한 묘사를 들으면서 묘사에는 나와 있지 않은 그림의 장소 등을 추측하게 하거나, 그림에 관한 간단한 설명을 듣고 불충분한 부분을 완성하게 하는 활동으로 발전시킬 수 있다. • 간단한 설명을 듣고 이해 여부를 그림으로 나타내기, 불충분한 그림 완성하기, 빠진 그림 그려 넣기, 목표 지점에 표시하기 등의 다양한 방법으로 평가한다. • 말이나 대화를 듣고 제시된 그림, 도표, 지도, 숫자 등을 해석하거나 세부 정보나 줄거리, 목적 및 순서 등을 파악하는 정도를 평가한다. <div style="text-align:right">(교육부, 2015, pp. 23-24)</div>

다양한 과업이나 평가 방법을 활용한 평가

듣기 영역의 다양한 성취기준을 타당하게 평가하기 위해서는 다양한 과업을 활용하고, 학생들이 교수·학습 활동을 통해 경험한 다양한 활동(예: 프로젝트, 역할 놀이 등)을 활용하여 평가할 수 있다. 또한 다음에 제시한 문항에서 볼 수 있듯이, 선다형 문항으로 평가할 경우에도 우리말로 선택지를 구성하거나 그림으로 선택지를 구성하는 등 다양한 방법을 고려할 수 있다.

> 3. 다음을 듣고, 남자 아이가 말한 내용과 일치하지 <u>않는</u> 것을 고르시오.
>   ① 오늘은 월요일이다.
>   ② 월요일에는 영어와 음악 수업이 있다.
>   ③ 나는 음악 수업을 가장 좋아한다.
>   ④ 수요일에는 수학 수업이 있다.
>
> 15. 대화를 듣고, 남자 아이가 전화를 건 목적을 고르시오.
>   ① 수업 시간표를 물어 보려고
>   ② TV를 같이 보려고
>   ③ 숙제를 도와 달라고
>   ④ TV 프로그램을 물어 보려고

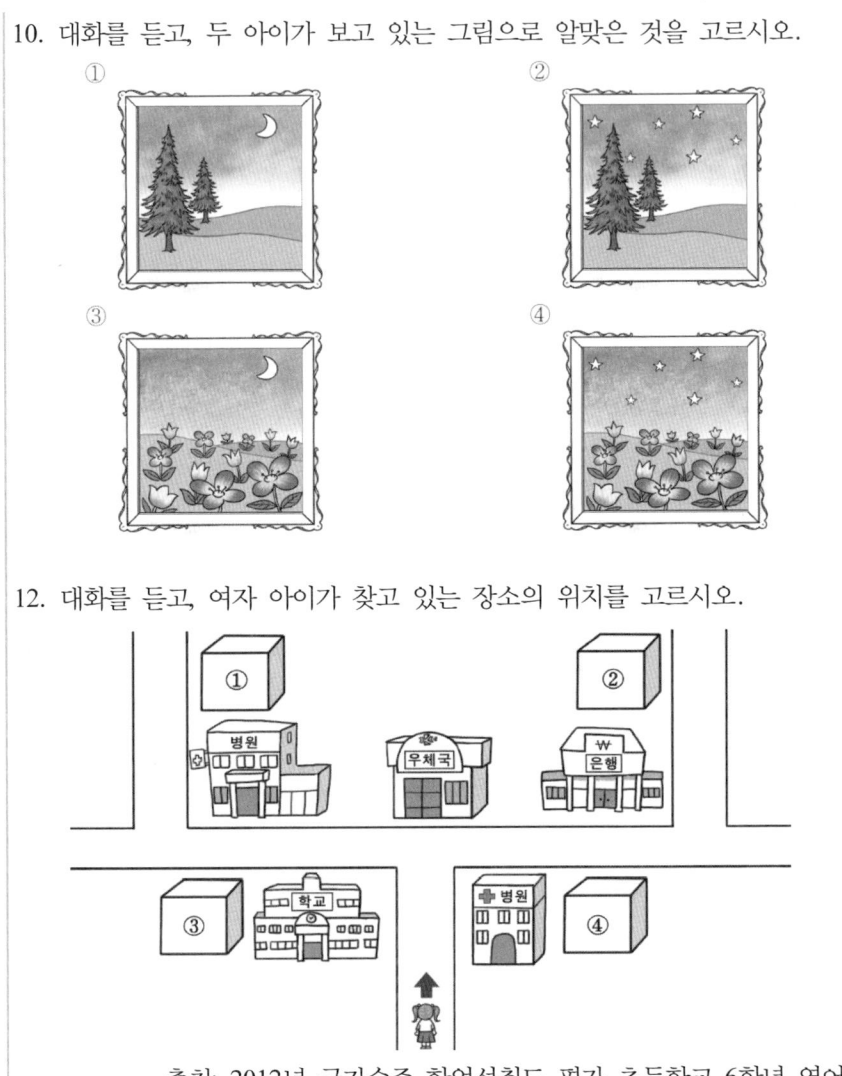

출처: 2012년 국가수준 학업성취도 평가 초등학교 6학년 영어

사실적 이해 문항 및 추론적 이해 문항

사실적 이해 문항은 듣기 자료에 포함된 내용에 대해 글자 그대로의 의미를 이해하는 능력을 평가하는 문항을 말한다. 추론적 이해 문항은 제시된 듣기 자료의 정보를 바탕으로 해석하여 맥락 속에서 어떤 의미를 나타내는지 판단하거나 제시된 듣기 자료의 내용에 대한 이해를 바탕으로 중심 내용, 목적 등을 파악하는 능력을 평가하는 문항을 말한다. 5~6학년군 듣기 영역 성취기준 중에서, 지시나 설명을 듣고 이해하거나([6영01-01]), 세부 정보를 파악하

는([6영01-02], [6영01-03], [6영01-04]) 성취기준에 대한 도달 여부는 대체로 사실적 이해 문항으로 평가할 수 있다. 줄거리, 목적, 일의 순서를 파악하는 ([6영01-05]), [6영01-06], [6영01-07]) 성취기준에 대한 도달 여부는 대체로 추론적 이해 문항으로 평가할 수 있다. 그러나 지시나 설명을 듣고 이해하는 성취기준이나 세부 정보를 파악하는 성취기준은 사실적 이해 문항으로만 평가하는 것은 아니며, 학습자의 수준에 따라 추론적 이해 문항으로 평가할 수도 있다.

다음에 제시한 문항은 듣기 자료의 내용에 대해 글자 그대로의 의미를 이해할 수 있는지 평가하고 있으므로 사실적 이해 문항의 사례에 해당한다.

10. 대화를 듣고, 두 아이가 보고 있는 그림으로 알맞은 것을 고르시오.

①  ②

③  ④

[듣기 지문]
G: Come over here, Minsu. I like this picture.
B: Oh, it's wonderful!
G: Look at these flowers.
B: They are so pretty.
G: Yes. And look at the stars in the sky.
B: What a beautiful picture!
　출처: 2012년 국가수준 학업성취도 평가 초등학교 6학년 영어 10번 문항

2 심화 학습

(1) 듣기의 유형

영어교육 현장에서 활용할 수 있는 듣기의 유형은 다음과 같다(Brown & Lee, 2015).

반사적 듣기   반사적 듣기(reactive listening)는 따라 말하기 위해 듣는 유형으로 의미 이해보다는 단순한 녹음기로서의 역할을 한다고 볼 수 있다. 반사적 듣기는 발음 연습, 듣고 따라 말하기 연습에 많이 사용될 수 있다.

반응적 듣기   반응적 듣기(responsive listening)는 교사의 질문을 학생들이 듣고 이해하여 즉각적으로 반응하는 것이다. 질문, 명령, 명료화 요청(seeking clarification), 이해 점검(checking comprehension)이 반응적 듣기에 해당한다.

선택적 듣기   선택적 듣기(selective listening)는 다양한 정보로 구성된 듣기 자료를 들으면서 학생들이 필요한 정보를 선택적으로 찾아내는 것이다. 선택적 듣기에서 듣기 자료는 상대적으로 긴 분량이며, 연설, 방송, 이야기, 일화 등이 활용된다. 선택적 듣기 능력 촉진을 위해 학생들에게 사람의 이름, 날짜, 사실이나 사건, 위치, 상황, 맥락, 중심 내용 등에 대해 선택적으로 듣게 할 수 있다.

집중적 듣기   집중적 듣기(intensive listening)는 음소, 단어, 억양, 담화 표지 등과 같은 세부적인 요소를 집중적으로 듣는 기법으로 상향식 처리(bottom-up processing)와 관련되어 있다. 학생들이 특정 단서를 듣고, 교사가 여러 번 반복하며, 문장이나 긴 발화를 듣고 억양, 강세, 문법 구조 등 특정 요소에 주목한다. 이처럼 집중적 듣기는 내용을 자세하고 정확하게 파악하는 것을 목적으로 하며, 수업 중에 교과서에 제시된 듣기 자료를 듣는 활동에 해당된다.

확장적 듣기   확장적 듣기(extensive listening)는 긴 강의, 이야기, 대화 등을 청취하여 전체 의미나 목적 등을 알아내는 것으로, 하향식 처리(top-down processing)와 연관되어 있다. 확장적 듣기는 글의 전체적이고 대략적인 내용을 파악하는 것을 목적으로 하며, 여러 다양한 내용을 들어 보는 듣기 유형이다.

 확장적 듣기를 할 때 학습자가 관심이 있고 흥미로워하는 내용의 듣기 자료를 찾는 것이 중요합니다. 학습자가 얻을 정보가 있거나 재미를 느끼는 내용이 있어야 많이 들을 수 있겠지요.

| 상호작용적 듣기 | 학습자가 토론, 토의, 대화, 역할분담, 집단 활동 등에 참여할 때 다양한 듣기 유형이 모두 포함되는 상호작용적인 듣기(interactive listening) 활동이 이루어질 수 있다. 효과적인 의사소통능력 개발을 위해 말하기의 기능과도 통합될 수 있다. |

(2) 듣기 지도 기법

우리나라 영어과 교육과정에서는 '듣고 행동으로 반응하기', '듣고 지시대로 행동하기' '듣고 알맞은 그림에 표시하기, 그림 그리기, 번호 쓰기, 순서 정하기', '듣고 틀린 부분 표시하기' 등 다양한 듣기 활동들을 제시하고 있다. 여기에서는 다양한 듣기 지도 기법의 사례들을 구체적으로 살펴보도록 한다(Nation & Newton, 2009).

듣고 선택하기	듣고 선택하기(listen and choose) 활동에서 학생들은 교사의 말을 듣고(listen) 여러 장의 그림 중에서 해당하는 그림을 고른다(choose). 교사는 학생들이 충분히 이해할 수 있도록 듣기 내용을 반복적으로 들려 줄 수 있다.
듣고 행동하기	듣고 행동하기(listen and do)는 전신 반응 교수법(TPR)과 같이, 교사가 명령(command)이나 지시를 내리거나 동작 등을 진술(statement)한다. 학생은 교사의 말을 듣고(listen) 교사의 말을 행동(do)으로 옮긴다. 이 활동은 말하기 활동으로도 자연스럽게 전환이 가능한데, 예를 들어 학생이 말하고 이에 대해 교사 또는 다른 학생이 행동하는 방식으로 활용할 수 있다.
듣고 그림 그리기	듣고 그림 그리기(listen and draw) 활동에서 교사는 완성되지 않은 그림을 각 학생들에게 나눠 준다. 교사는 완성된 그림을 영어로 묘사하고 학생들이 이를 듣고 그림을 완성해 간다. 예를 들어 교사는 괴물(monster) 그리기 활동

에서 '눈 3개, 코 5개, 입 7개' 등을 이야기하고 학생들에게 해당 내용을 그리게 할 수 있다. 또한 '노란 머리카락, 빨간 귀' 등을 말하면서 학생들이 색칠하도록 할 수도 있다. 그림 붙이기 활동으로도 응용할 수 있다. 예를 들어, 큰 방이 그려진 커다란 도화지와, 의자, 식탁 등 가구가 그려진 작은 종이를 학생들에게 제공한다. 이후 큰 방의 가구 배치에 대해 설명하고 학생들은 들은 내용에 따라 가구가 그려진 작은 종이를 큰 방 그림의 적절한 위치에 붙인다.

빈칸 메우기   빈칸 메우기(oral cloze) 활동에서 교사는 학생들에게 약 50단어 정도를 들려준 다음 이야기를 멈춘다. 학생들은 다음에 등장할 단어를 추측한다. 단어는 추측하기에 어렵지 않은 수준으로 한다. 학생들의 영어 실력이 높지 않다면, 처음에는 답이 될 수 있는 단어 목록을 미리 칠판에 써 놓을 수 있다. 또한 학생의 수준에 따라 모국어로 대답하게 할 수도 있다. 학생들이 단어를 추측한 후 교사는 바로 답을 알려 준다.

그림 배열하기   그림 배열하기(picture ordering)에서 교사는 사건에 대한 장면이 담겨 있는 여러 장의 그림을 학생들에게 제시한다. 학생들은 교사의 이야기를 듣고 제시된 그림을 올바른 순서로 재배열한다. 그림 대신 신문이나 잡지의 만화(comic strips) 등을 활용할 수 있다. 반드시 사건의 전후 관계를 보여 주는 그림을 사용할 필요는 없다. 자동차, 사람의 얼굴 등을 나타내는 사진들도 이용 가능한데 이 경우 학생들은 교사가 묘사한 순서대로 사진들을 배열하면 된다.

같은지 다른지 판단하기   같은지 다른지 판단하기(same or different)에서 교사와 학생은 비슷한 그림 카드를 나눠 갖는다. 교사는 자신의 카드를 묘사한다. 학생은 교사의 묘사를 듣고, 자신이 갖고 있는 카드가 교사의 카드와 같은지 혹은 다른지 판단한다. 이 활동은 말하기 활동으로도 확장 가능하다. 먼저 짝과 그림 카드를 나눠 갖는다. 한 명이 먼저 자신이 갖고 있는 그림 카드를 묘사하고, 다른 한 명은 자신이 갖고 있는 카드가 짝이 묘사한 카드와 같은지 혹은 다른지를 판단한다.

스무고개	스무고개(twenty questions) 놀이도 훌륭한 듣기 지도 방법이 될 수 있다. 교사는 잘 알려진 물건이나 대상을 하나 정한 다음, 그 대상에 대해 1개씩 힌트를 제시한다. 학생들은 20개의 힌트가 지나가기 전에 정답을 알아내야 한다. 혹은 교사가 어떤 직업인이거나 유명한 사람인 척하고, 학생들은 교사가 제시하는 힌트로부터 정답을 맞힌다. 말하기 활동으로도 확장 가능한데, 이 경우 학생이 문제를 내는 사람이 되어 짝이나 교사에게 힌트가 되는 문장을 1개씩 제시한다.
이름 말하기	이름 말하기(name it!)에서 교사는 대상에 대해 묘사하는 문장들을 말한다 (예: We use it to clean our teeth.) 학생들은 교사가 묘사한 대상의 이름을 말하거나 혹은 쓴다. 학생들의 수준에 따라 이름을 말하거나 쓰는 활동 대신, 그림 중에서 정답 선택하기, 칠판에 적힌 단어들 중에서 정답 선택하기 등을 활용할 수도 있다. 교사가 묘사하는 대상은 학생들이 일상생활에서 접하기 쉬운 것들 중에서 고르도록 한다.
퀴즈	퀴즈(quiz)는 경쟁을 활용한 듣기 활동이다. 교사는 다양한 퀴즈 문제(예: 일반 상식, T/F 문장)를 학생들에게 제시하고 학생들은 이를 듣고 답을 말한다. 먼저 정답을 맞힌 학생이나 모둠이 이긴다.
이야기 내용 바꾸어 다시 듣기	이야기 내용 바꾸어 다시 듣기(listen again)에서 교사는 학생들이 이전에 들어 본 적이 있는 이야기를 다시 이야기한다. 그러나 이전에 들은 내용의 일부를 변경하여 이야기를 전달한다. 학생들은 들려 주는 이야기에서 어떤 부분이 이전에 들었던 이야기와 다른지를 찾는다.

3 교과서 사례

이번 절에서는 듣기 성취기준 달성을 위한 활동과 관련하여 교과서 및 지도서 사례를 제시한다.

 [4영01-01] 알파벳과 낱말의 소리를 듣고 식별할 수 있다.

YBM최 3학년 2단원 교과서 27쪽

YBM최 3학년 2단원 지도서 109쪽

B. Listen and Do 잘 듣고, 첫소리가 같은 것을 찾아 ✔ 표를 하고 첫소리 글자를 써 봅시다.

Script
1 ant, hat, apple
2 cup, cat, elephant
3 banana, dog, book

▶ 낱말을 듣고, 같은 첫소리 글자로 시작하는 낱말의 그림을 고르게 한다.

T Listen and choose the picture that has the same beginning sound. Then, write the beginning letter of each picture.
S (잘 듣고 첫소리가 같은 그림을 찾아 ✔ 표를 하고, 첫소리 글자를 쓴다.)
T Let's check the answers.

위의 3학년 교과서 사례에서는 세 개의 낱말을 듣고 첫소리가 같은 두 낱말을 식별하는 활동을 보여 주고 있다. 제시된 교과서 사례는 단순히 소리의 식별 활동뿐 아니라 학생들이 제시된 낱말의 첫소리를 식별한 다음 해당하는 철자를 쓰게 하고 있다. apple이라는 낱말을 제시할 때 낱말의 스펠링을 제시하지 않고 그림 자료를 제시함으로써 학생들이 듣기 자료에 집중해서 활동을 하도록 유도하고 있다.

[4영01-02] 낱말, 어구, 문장을 듣고 강세, 리듬, 억양을 식별할 수 있다.

YBM최 4학년 5단원 교과서 50쪽

- 08:00 time for school
- 12:40 time for lunch
- 06:00 time for dinner
- 09:30 time for bed

YBM최 4학년 5단원 교과서 160쪽

Chant 찬트를 하면서 알맞은 그림을 짚어 봅시다. 〔관찰평가〕

TIP

찬트의 지도 효과

찬트는 멜로디 없이 리듬을 가진 시와 같은 것으로서, 반복하다 보면 영어의 강세, 억양 등이 형성하는 리듬을 자연스럽게 습득할 수 있다.

Lyrics

1. It's 8 o'clock.
   Time for school.
   It's time for school.
   It's 12:40.
   Time for lunch.
   It's time for lunch.

2. It's 6 o'clock.
   Time for dinner.
   It's time for dinner.
   It's 9:30.
   Time for bed.
   It's time for bed.

1. Listen to the Chant 찬트 듣기
▶ CD-ROM의 애니메이션을 보면서 찬트를 듣게 한다.
T Let's watch the animation clip and listen to the chant. (애니메이션을 본 후에) What phrases did you hear?
S "time for school, time for lunch, time for dinner, time for bed"를 들었어요.
▶ CD-ROM의 그림을 클릭하여 어구를 듣고 따라 말하게 한다.
T Look at the pictures on the screen. Listen to the phrases and repeat them.

2. Chant and Do 찬트하면서 활동하기
▶ 찬트를 하면서 표현을 익히게 한다.
T Listen again and repeat the chant line by line. Listen carefully to the expressions.
▶ 찬트를 다시 하면서 가사에 맞춰 그림을 짚도록 한다.
T This time, do the chant and point to the pictures.

위 사례는 4학년 교과서 장면으로 찬트 활동을 보여 주고 있다. 강세, 리듬, 억양 식별을 위한 특별한 활동은 구체적으로 제시하고 있지 않지만, 찬트 활동을 통해 자연스럽게 영어의 강세, 리듬, 억양을 식별할 수 있도록 하였다. 이는 지도서에 잘 드러나 있는데 "찬트는 멜로디 없이 리듬을 가진 시와 같은 것으로서, 반복하다 보면 영어의 강세, 억양 등이 형성하는 리듬을 자연스럽게 습득할 수 있다."라고 제시하며 찬트의 교육적 효과를 강조하고 있다.

[4영01-03] 기초적인 낱말, 어구, 문장을 듣고 의미를 이해할 수 있다.

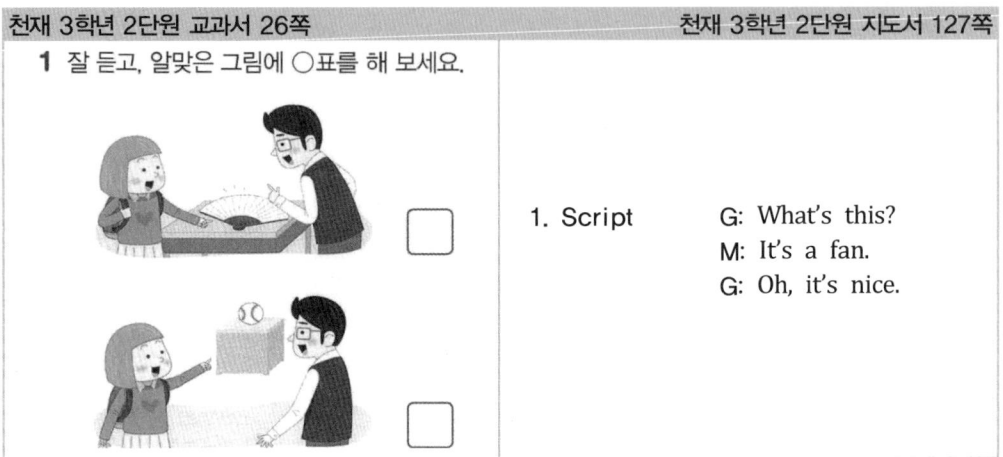

위의 3학년 교과서 사례에서는 기초적인 낱말, 어구, 문장으로 구성된 듣기 자료를 듣고 그 의미를 이해하는 데 초점을 두고 있다. 학생들이 들은 내용을 잘 이해할 수 있도록 그림 자료를 제공하고 있으며, 듣기 내용을 잘 이해했는지를 파악하기 위해 비슷한 두 개의 그림 중 듣기 내용에 해당하는 알맞은 그림을 선택하도록 하고 있다.

[4영01-04] 쉽고 친숙한 표현을 듣고 의미를 이해할 수 있다.

YBM김 3학년 5단원 교과서 42쪽

YBM김 3학년 5단원 지도서 135쪽

> **Script** 아침 등굣길에 아이들이 학교 운동장에서 인사하며 서로의 안부를 묻고 있다.
>
> **장면 1** 준과 Molly가 만난다.
> Jun: Hello, Molly. How are you?
> Molly: I'm good. How are you?
> Jun: I'm great.
> 준과 Molly가 사이좋게 교실로 향한다.
>
> **장면 2** 수민이와 Tibo가 Neela에게 안부를 묻는다.
> Sumin: Hello, Neela. How are you?
> Neela: (시무룩한 표정으로) I'm not good.
> Tibo: (Neela의 끊어진 인형 고리를 보며)
>   Oh, no!
> Tibo가 레이저로 끊어진 고리를 연결해 준다.
> Neela: Great!

2. Watch and Listen 보고 듣기
- ▶ 전자 저작물로 애니메이션을 보며 대화를 듣는다.
- T Watch the video and listen to the dialog.
- ▶ 간단한 질문을 통해 대화의 전체 내용을 파악한다.
- T What happened in the video?
- S 아침 학교 가는 길에 만난 친구들끼리 서로 인사했어요.
- T What was wrong with Neela?
- S 가방에 달린 인형 고리가 끊어져서 속상해요.

위의 3학년 교과서 사례에서는 쉽고 친숙한 인사 표현인 'How are you?'를 포함하고 있는 듣기 자료를 듣고 그 의미를 이해하는 데 초점을 두고 있다. 그림에서 학생들이 아침 등굣길에 만나서 인사를 나누는 장면이 제시되고, 듣기 자료 또한 그림에 해당하는 내용을 담고 있다. 교사는 학생들이 쉽고 친숙한 인사표현을 듣고 그 의미를 이해하였는지 질문을 하고 있다.

[4영01-05] 한두 문장의 쉽고 간단한 지시나 설명을 듣고 이해할 수 있다.

동아 3학년 3단원 교과서 36쪽

동아 3학년 3단원 지도서 149쪽

2. Listen and Comprehend
▶ CD-ROM으로 애니메이션을 보며 이야기를 듣고 이해하게 한다.
ⓣ Let's watch the animation clip and listen to the story.
ⓣ What did the daddy frog ask his son to do?
ⓢ Close the door, please.
ⓣ Did the son close the door?
ⓢ No.
ⓣ What did the sister frog ask him to do?
ⓢ Sit down, please.
ⓣ What did the mom frog say to her son when she saw the snake?
ⓢ Come here! Come here!
ⓣ Did the son listen to his mom?
ⓢ No.
ⓣ Then what did the son do?
ⓢ 물놀이를 계속했어요.
ⓣ His mom got sick trying to save him. What did he say to his mom?
ⓢ I'm sorry.
ⓣ What was her answer?
ⓢ That's okay.

위의 3학년 교과서 사례에서는 개구리 가족의 이야기를 들려 주고 있다. 개구리 가족의 이야기에는 다른 가족에게 지시하는 말이 포함되어 있다. 이야기를 들은 후 교사는 지시를 내린 개구리(엄마, 누나)들이 구체적으로 어떠한 지시를 내렸는지(예: sit down, come here)를 학생들이 잘 이해하였는지를 물어 보는 질문을 던지고 있다.

[4영01-06] 주변의 사물과 사람에 관한 쉽고 간단한 말이나 대화를 듣고 세부 정보를 파악할 수 있다.

천재 3학년 2단원 교과서 18쪽

천재 3학년 2단원 지도서 106쪽

2. Listen and Check 듣고 이해하기

1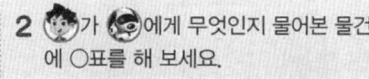
답 로봇/로봇 개 (강아지)

2

▶ 전자 저작물로 만화 영화를 보여 주고, 대화의 중심 내용을 이해하게 한다.
T Let's watch the video clip. While watching, try to find out what they're talking about.
S (전체 대화를 만화 영화로 본다.)
▶ **Scene 1** 부분만 다시 들려주고, Amy가 본 것이 무엇인지 우리말로 써 보게 한다.
T Let's listen to Scene 1 again. (After listening) What did Amy see? Write your answer in Korean.
S (로봇 또는 로봇 개 (강아지)라고 쓴다.)
▶ **Scene 2** 부분만 다시 들려주고, 우주가 Robo에게 무엇인지 물어본 것을 찾아 ○표를 하게 한다.
T Let's listen to Scene 2 again. (After listening) What's the thing Uju asked Robo about? Circle it.
S (축구공에 ○표를 한다.)
▶ 전자 저작물로 전체 대화를 다시 들어 보게 한다.
T Now, listen to the dialogs again.

위의 3학년 교과서 사례에서는 주변의 사물 및 사람에 관한 쉽고 간단한 대화를 듣고 세부 정보를 파악하는 활동을 보여 주고 있다. 여기서의 등장인물은 Amy, Uju, Robo이 며, 학생들은 이들에 대한 대화를 듣고 Amy가 보았던 것이 무엇인지, Uju가 Robo에게 물어 본 것이 무엇인지를 파악해야 한다. 이 대화를 통해 학생들이 파악해야 하는 정보는 구체적인 특정 정보들이며, 이는 세부 정보에 해당한다.

[4영01-07] 일상생활 속의 친숙한 주제에 관한 쉽고 간단한 말이나 대화를 듣고 세부 정보를 파악할 수 있다.

위의 4학년 교과서 사례에서는 일상생활 속의 친숙한 주제인 하루 일과에 대한 대화를 듣고 세부 정보 파악하기 활동을 보여 주고 있다. 학생들은 대화를 듣고 등장인물이 학교에 등교하는 시간, 점심을 먹는 시간, 취침하는 시간 등 대화에 대한 세부 정보를 파악한다.

[6영01-01] 두세 개의 연속된 지시나 설명을 듣고 이해할 수 있다.

천재 6학년 2단원 교과서 24쪽

천재 6학년 2단원 지도서 110쪽

> **Script**
>
> (현장 체험 학습을 간 아이들이 점심을 먹고 있다.)
> 진우: Yay! It's time for lunch!
> Stacy: (급하게 음식을 먹는 진우에게) Jinu, don't eat too fast.
> 진우: Okay, okay. But I'm so hungry.
> (잠시 후. 진우의 안색이 좋지 않자 Henry 선생님이 진우에게 다가온다.)
> Mr. Henry: Jinu, what's wrong? You look sick.
> 진우: I have a stomachache.
> Mr. Henry: Oh, that's too bad. (약을 건네며) Take this medicine and get some rest.
> 진우: Thank you, Mr. Henry.
> (약을 먹고 쉬던 진우 옆으로 스낵 카트가 지나간다.)
> 진우: Look! There's a snack cart.
> Mr. Henry, friends: Oh, Jinu!

2. Listen and Check 만화 영화 보며 이해하기

✅ 진우는 어디가 아팠나요? 알맞은 그림을 골라 보세요.

▶ 전자 저작물로 만화 영화를 보여 주고, 대화의 내용을 이해하게 한다.

🅣 Let's watch an animation. While watching, try to find out what they're talking about. (After watching) When Jinu had a stomachache, what did Mr. Henry tell him to do?

🅢 약을 먹고 쉬라고 했어요.

▶ 만화 영화를 다시 보여 주며, 진우가 어디가 아팠는지 알맞은 그림을 고르게 한다.

🅣 Let's watch the animation again and choose the correct picture. (After choosing) What was wrong with Jinu?

🅢 배가 아팠어요.

🅣 Which picture did you choose?

🅢 The first one.

위의 6학년 교과서 사례에서는 두세 개의 연속된 지시나 설명을 이해하여 대화하는 상황이 제시되어 있다. 지도서에서는 교과서 그림과 상응하는 대본을 볼 수 있는데 'Take this medicine and get some rest.'라는 Henry 선생님의 연속된 지시 사항이 나타나 있다. 대본에서 학생인 진우는 Henry 선생님의 조언을 잘 이해하고 감사해 하고 있다. 지도서에서 나타난 교사와 학생들의 교실 담화를 살펴보면 Henry 선생님이 무슨 말을 했는지를 교사가 묻고 학생들은 자신들이 이해한 내용을 우리말로 답하고 있다. 학생들의 수준에 따라 영어로 답하도록 할 수도 있다.

[6영01-02] 일상생활 속의 친숙한 주제에 관한 간단한 말이나 대화를 듣고 세부 정보를 파악할 수 있다.

대교 5학년 3단원 교과서 38쪽

대교 5학년 3단원 지도서 125~126쪽

실과 시간에 아이들이 달걀과 감자를 이용한 간식을 만들 준비를 하고 있다.
Jitae: It's time for cooking class.
Mr. Choe: Today let's make a snack with eggs and potatoes.
선생님이 카나페를 만들고 있는 유나네 모둠으로 온다.
Mr. Choe: Wow, you're making canapes.
Yuna: Yes. I like canapes very much.
Mr. Choe: What's this?
Jitae: It's my mom's apple jam. Please try some.
Mr. Choe: (티스푼으로 잼을 떠서 맛본 후) It's sweet.
민준이네 모둠은 감자 샌드위치를 만들려고 한다.
Minjun: Let's make potato sandwiches.
Ryan: Sounds great.
Minjun: Ryan, salt, please.
소금통을 건네받은 민준이가 으깬 감자에 소금을 뿌리는데, 잠깐 한눈을 파는 사이에 소금이 많이 들어간다.

잠시 후, 각 모둠은 만든 음식을 소개한다.
Yuna: (카나페 한 개를 Ryan에게 건네며) This is a canape.
Ryan: Mmm, it's delicious.
Minjun: Here are potato sandwiches. Please help yourself.
Jitae: (샌드위치를 한 입 먹은 후 얼굴을 찡그리며) It's salty.
Minjun: (당황하여 샌드위치를 한 입 먹은 후 얼굴을 찡그리며) Oh, no!

▶ 애니메이션 다시 보고 내용 확인하기
🅣 Listen to the dialog again and answer the questions in the textbook.

Q1 지태가 선생님께 맛보라고 한 음식은 무엇인가요?
🅣 What did Jitae recommend for the teacher to try?
🅢 사과 잼요.

Q2 완성된 감자 샌드위치는 어떤 맛인가요?
🅣 How did the potato sandwiches taste?
🅢 짠맛요.

위에 제시된 5학년 교과서 사례에서는 일상생활에서 친숙한 주제인 음식을 요리하고 소개하는 상황을 바탕으로 한 대화를 보여 주고 있다. 이러한 대화를 듣고 학생들이 세부 정보를 파악하는지를 확인하는 질문이 교과서에 제시되어 있다. 지태가 선생님께 맛보라고 한 음식은 무엇인지, 완성한 샌드위치는 어떤 맛인지를 묻는 것은 들은 대화에서 구체적인 정보를 파악할 수 있는지를 확인하는 것이다. 지도서에는 그림에 맞는 대본이 제시되어 있고 세부 정보를 파악하는 질문에 대한 답을 확인하고 있다.

[6영01-03] 그림이나 도표에 대한 쉽고 간단한 말이나 대화를 듣고 세부 정보를 파악할 수 있다.

천재 6학년 4단원 교과서 57쪽

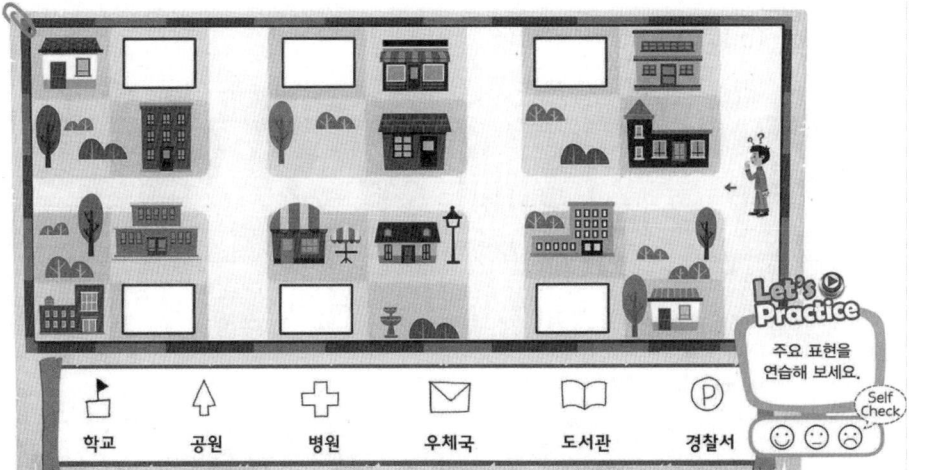

천재 6학년 4단원 지도서 185쪽

Script

① B: Where is the school?
G: Go straight one block and turn left.
② B: Where is the park?
G: Go straight one block and turn right.
③ B: Where is the hospital?
G: Go straight two blocks and turn right. It's on your right.
④ B: Where is the post office?
G: Go straight two blocks and turn left. It's on your left.
⑤ B: Where is the library?
G: Go straight two blocks and turn right. It's on your left.
⑥ B: Where is the police station?
G: Go straight two blocks and turn left. It's on your right.

1. Look and Think 그림 보고 추측하기

▶ 교과서의 그림을 보며 장소에 해당하는 기호를 미리 파악하게 한다.

🅣 Look at the box under the map. What places can you see?
🅢 학교요./공원요./병원요./우체국요./도서관요./경찰서요.

2. Listen and Draw 듣고 기호 그리기

▶ 전자 저작물로 대화를 들려주고, 대화에서 찾고 있는 장소의 위치를 찾아 해당 기호를 그리게 한다.

🅣 Listen to the dialogs. Follow the directions and draw the symbols for the places on the map. (After drawing) Where is the school(park/hospital/post office/library/police station)?
🅢 (각 장소의 위치를 말한다.)

위의 6학년 교과서 사례를 보면, 지도에 대한 간단한 대화를 듣고 학생이 찾고 있는 장소의 위치에 대한 세부 정보를 파악하여 해당 기호를 표시하도록 활동이 구성되어 있다. 지도서에 제시된 교사와 학생들의 교실 담화를 살펴보면 교사의 질문에 대해 학생들이 세부 정보인 구체적인 장소의 위치를 말하고 있다.

[6영01-04] 대상을 비교하는 쉽고 간단한 말이나 대화를 듣고 세부 정보를 파악할 수 있다.

동아 6학년 9단원 교과서 123쪽

동아 6학년 9단원 지도서 325쪽

2. Listen and Comprehend

▶ CD-ROM으로 애니메이션을 보며 대화의 내용을 이해하고, 교과서 질문에 답하게 한다.
- ⓣ Let's watch the animation clip and listen to the dialog carefully.
- ⓣ What happened?
- ⓢ 아이들이 운동 경기를 하면서 누가 더 잘하는지 비교했어요.
- ⓣ Good. Listen to the dialog again and answer the questions in the textbook.

Q1. 카누 경기에서 이긴 사람은 누구인가요?	Q2. Harry와 준호보다 힘이 센 사람은 누구인가요?
ⓣ Who won the canoe race?	ⓣ Who is stronger than Harry and Junho?
ⓢ 하나요.	ⓢ Lucy요.

▶ 장면별로 다시 들려주고, 주요 표현을 이해하게 한다.

[장면 1] ⓣ What were Lucy and Hana doing?
　　　　　ⓢ They were having a canoe race.
　　　　　ⓣ Who was faster at first?
　　　　　ⓢ Lucy was faster than Hana at first.
　　　　　ⓣ Who was the winner?
　　　　　ⓢ 하나요.

위에 제시한 6학년 교과서 사례에서는 대상을 비교하는 간단한 대화를 듣고 세부 정보를 파악하는 질문을 하고 있다. 비교급을 사용할 수 있는 상황을 제시하고 여기에서 세부적으로 '더 빠른 사람'이 누구인지를 질문하여 답하도록 하고 있다. 지도서에서는 대화를 들은 후 교사가 전반적인 내용에 대해 질문하고 세부 정보도 파악했는지 확인하고 있다.

[6영01-05] 쉽고 간단한 말이나 대화를 듣고 줄거리를 파악할 수 있다.

YBM김 6학년 1단원 교과서 8쪽

YBM김 6학년 1단원 지도서 63쪽

> Script 새 학기 등굣길에 선생님과 친구들을 만나 인사를 한다.
>
> 장면 1 등굣길에 Jones 선생님이 소미와 Ryan을 보고 인사를 한다.
> Ms. Jones: Good morning.
> Ryan, Somi: Good morning.
> Ms. Jones: What grade are you in?
> Ryan: I'm in the sixth grade.
> Ms. Jones: Sixth grade? I'm your new English teacher.
> Somi: Fantastic! Nice to meet you.
> Ms. Jones: Nice to meet you, too.
> 장면 2 도준, 유나, 민준이가 교문 앞에서 Grace를 만난다.
>
> Grace: Good morning, Dojun! Hello, Yuna.
> Yuna: Hello.
> Dojun: Good morning, Grace! This is my little brother, Minjun.
> Grace: Hello, Minjun. What grade are you in?
> Minjun: I'm in the first grade.
> Grace: Do you like your teacher?
> Minjun: Yes, I do. (교문 앞의 선생님을 가리키며) He's my teacher.
> Dojun: Go and say hello to him.
> Minjun: Okay. (선생님에게 달려가 인사한다.)

1. Look and Guess 그림 보고 추측하기
▶ 교과서 그림을 보고, 내용을 추측한다.
🅣 Look at the picture. What are the children doing? 🅢 등교하고 있어요.
🅣 What do you think they are saying? 🅢 서로 인사를 나누는 것 같아요.

2. Watch and Listen 보고 듣기
▶ 전자저작물로 애니메이션을 보며 대화를 듣는다.
🅣 Watch the video and listen to the dialog.
▶ 간단한 질문을 하며 전체 내용을 파악한다.
🅣 What happened in the video? 🅢 등굣길에 새로운 영어 선생님을 만났어요.

위에 제시한 6학년 교과서와 지도서 사례에서는 등굣길에 교사와 학생들이 나눈 대화를 듣고 그 줄거리를 파악할 수 있는지를 묻고 있다. 교과서에서도 "무슨 이야기를 나누는지 알아봅시다."로 안내하면서 전체적으로 대화에서 일어난 일을 묻고 있다. 지도서에서도 동영상을 시청한 후 무슨 일이 일어난 것인지 전체적인 내용을 물어 보고 있다.

[6영01-06] 쉽고 간단한 말이나 대화를 듣고 목적을 파악할 수 있다.

대교 6학년 8단원 교과서 114쪽

대교 6학년 8단원 지도서 321~322쪽

2. Look and Listen

▶ CD-ROM으로 애니메이션 보기
  - T Let's watch the video clip and listen to the dialog.
  - S (CD-ROM으로 애니메이션을 본다.)
  - T Where did Emily want to go?
  - S 국립 경주 박물관에 가고 싶다고 했어요.
  - T What did they see at the Gyeongju National Museum?
  - S 에밀레종을 봤어요.

▶ 애니메이션 다시 보고 내용 확인하기
  - T Listen to the dialog again and answer the questions in the textbook.

  > Q1 경주역에서 국립 경주 박물관에는 어떻게 가나요?
  > T How can they get to the Gyeongju National Museum from Gyeongju Station?
  > S 11번 버스를 타고 가요.
  > Q2 Emily의 아빠는 왜 경찰서에 가는 방법을 물었나요?
  > T Why did Emily's dad ask to go to the police station?
  > S Emily의 휴대 전화를 찾으러 가기 위해서요.

  - T Who told them how to get to the Gyeongju National Museum?
  - S 경찰관이 알려 주었어요.
  - T Who picked up Emily's phone?
  - S Emily에게 길을 알려 준 경찰관이 주웠어요.
  - T Where should they go to find Emily's phone?
  - S 중앙 경찰서요.
  - T How can they get to the police station?
  - S 10번 버스를 타고 갈 수 있어요.

위에 제시한 6학년 교과서와 지도서 사례에서는 간단한 대화를 듣고 화자의 목적을 확인하고 있다. Emily의 가족이 여행을 떠나 경주역에 도착하여 박물관에 가는 길을 알아보고 있다. Emily의 아빠가 전화를 걸어 대화를 하고 있는데 이를 듣고 전화를 건 목적을 파악하도록 하고 있다.

 [6영01-07] 쉽고 간단한 말이나 대화를 듣고 일의 순서를 파악할 수 있다.

대교 6학년 7단원 교과서 102쪽

Sing! Sing! 'You Should Wear a Helmet' 노래를 들으며, 가사에 나오는 순서대로 그림에 번호를 써 봅시다.

- You should wear a helmet.
- Okay. Okay.
- Don't forget to stop at the red light.
- All right. All right.

대교 6학년 7단원 지도서 294쪽

♪ Lyrics

You Should Wear a Helmet

You should wear a helmet.
Okay. Okay.
Don't forget to stop at the red light.
All right. All right.

You should use the crosswalk.
Okay. Okay.
Don't forget to look left and right.
All right. All right.

1. Listen and Do
▶ 전체 노래 듣기
  🅣 Let's watch the video clip and listen to the song carefully.

▶ 노래 다시 듣고, 가사에 나오는 순서대로 번호 쓰기
  🅣 Let's listen to the song again. Write the correct numbers in order.

▶ 정답 확인하기
  🅣 Let's check the answers on the CD-ROM.

위에 제시한 6학년 교과서와 지도서 사례에서는 쉽고 간단한 대화가 표현된 노래를 듣고 가사에 나오는 순서대로 그림에 번호를 써 보는 활동이 제시되어 있다. 노래를 듣기 전에 교과서에 제시된 그림을 보며 내용을 추측하고 노래를 들으면서 그림의 순서를 파악하도록 한다.

1. 다음은 Krashen(1982)의 책에서 발췌한 내용입니다. Krashen의 입력 가설(Input Hypothesis) 관점에서 외국어를 배울 때 듣기(listening)의 중요성을 설명해 보시오.

> The explanation of the silent period in terms of the input hypothesis is straight-forward: the child is building up competence in the second language via listening, by understanding the language around him. In accordance with the input hypothesis, speaking ability emerges on its own after enough competence has been developed by listening and understanding. We should note that case histories dealing with children acquiring second languages (see also Hakuta, 1974; Ervin-Tripp, 1974) agree that several months may elapse until they start talking, and that the speech that emerges is not error-free. This finding has important pedagogical considerations.
>
> (Krashen, 1982, p. 27)

② 듣기 성취기준을 3~4학년군과 5~6학년군에서 각각 하나씩 고르시오. 이러한 성취기준을 구현하기 위한 교과서 활동을 찾아 그 활동을 소개하고, 그 활동을 선택한 이유를 쓰시오.

성취기준 (3~4학년군): _____

교과서 활동: _____출판사 ____학년 ____단원 ____쪽

교과서 장면	활동 소개 및 선택한 이유:

성취기준 (5~6학년군): _____

교과서 활동: _____출판사 ____학년 ____단원 ____쪽

교과서 장면	활동 소개 및 선택한 이유:

제4장
말하기

1. 교육과정 해설
   1.1. 3~4학년군
      (1) 성취기준
      (2) 교수·학습 방법 및 유의 사항
      (3) 평가 방법 및 유의 사항

   1.2. 5~6학년군
      (1) 성취기준
      (2) 교수·학습 방법 및 유의 사항
      (3) 평가 방법 및 유의 사항

2. 심화 학습
   (1) 학습자 오류
   (2) 말하기 지도 기법
   (3) 발음 지도 기법

3. 교과서 사례

4. 과제

1 교육과정 해설

1.1. 3~4학년군

(1) 성취기준

3~4학년군 말하기 영역 성취기준 및 핵심 개념	초등학교 3~4학년군의 말하기 영역은 영어 알파벳과 낱말의 소리 및 문장의 강세, 리듬, 억양에 맞게 따라 말하기와 간단한 문장으로 의미를 전달하고, 일상생활의 쉽고 간단한 표현으로 질문하기와 대답하기를 통해 의미를 교환할 수 있도록 설정되었다. 학습자들이 3~4학년군의 말하기 영역 성취기준을 달성함으로써 영어 말하기 능력의 기초를 다지고, 영어에 대한 흥미와 자신감을 가지며, 다른 문화와 언어의 다양성을 이해할 수 있도록 한다.
[4영02-01] 설명 [4영02-02] 설명 [4영02-03] 설명 [4영02-04] 설명 [4영02-05] 설명 [4영02-06] 설명 [4영02-07] 설명	[4영02-01] 알파벳과 낱말의 소리를 듣고 따라 말할 수 있다. [4영02-02] 영어의 강세, 리듬, 억양에 맞게 따라 말할 수 있다. [4영02-03] 그림, 실물, 동작에 관해 쉽고 간단한 낱말이나 어구, 문장으로 표현할 수 있다. [4영02-04] 한두 문장으로 자기소개를 할 수 있다. [4영02-05] 한두 문장으로 지시하거나 설명할 수 있다. [4영02-06] 쉽고 간단한 인사말을 주고받을 수 있다. [4영02-07] 일상생활 속의 친숙한 주제에 관해 쉽고 간단한 표현으로 묻거나 답할 수 있다.
	(가) 학습 요소 ● 알파벳, 낱말, 강세, 리듬, 억양 ● 낱말, 어구, 문장 ● 자기소개, 지시, 설명, ● 인사, 일상생활 관련 주제
자기소개 한두 문장으로 지시하기	(나) 성취기준 해설 ● '[4영02-02] 영어의 강세, 리듬, 억양에 맞게 따라 말할 수 있다.'는 영어는 낱말 내에 강세가 있는 소리가 있으며, 문장 내에서도 강세가 있는 낱말과 약하게 발음하는 낱말이 있음을 학습자들이 자연스러운 발음을 통해 인지하고 강세, 리듬, 억양을 익히는 수준을 말한다. ● '[4영02-03] 그림, 실물, 동작에 관해 쉽고 간단한 낱말이나 어구, 문장으로 표현할 수 있다.'는 실물이나 그림을 보거나 동작으로 표현하면서 해당하는 낱말이나 어구, 문장을 말하는 학습 초기에 쉽게 할 수 있는 수준을 말한다. ● '[4영02-04] 한두 문장으로 자기소개를 할 수 있다.'와 '[4영02-05] 한두 문장으로 지시하거나 설명을 할 수 있다.'는 한두 문장의 영어로 간단하게 자신을 소개하고, 지시하거나 명령하는 문장들을 자연스럽게 말할 수 있는 수준을 말한다. ● '[4영02-07] 일상생활 속의 친숙한 주제에 관해 쉽고 간단한 표현으로 묻거나 답할 수 있다.'는 학습자들에게 친숙한 개인의 일상생활과 관련된 내용들을 어휘와 언어 형식이 쉬운 짧고 간단한 문장을 이용하여 적절하게 묻고 답할 수 있는 수준을 말한다. (교육부, 2015, pp. 15-16)

| 3~4학년군 말하기 영역 성취기준 및 핵심 개념 | 말하기 영역의 성취기준은 세 개의 핵심 개념인 '소리', '어휘 및 문장', '담화'로 구성되어 있다. 이 중 '소리'는 듣기의 핵심 개념과 연결되어 있고, '어휘 및 문장'은 듣기, 읽기, 쓰기의 핵심 개념과 연결되어 있으며, '담화'는 말하기 영역에서만 제시되어 있다. '담화'에 대한 일반화된 지식은 '의미를 전달한다.'와 '의미를 교환한다.'로 제시되는데, 이는 화자와 청자의 관계가 의미 전달 측면에서 일방향적인지 쌍방향적인지를 뜻하는 것이다. |

말하기 영역의 성취기준에 쓰인 동사는 듣기 영역의 성취기준보다 좀 더 다양하게 제시되어 있다. 3~4학년군 말하기 영역의 성취기준은 '따라 말할 수 있다'로 끝나는 성취기준이 2개, '표현할 수 있다'로 끝나는 성취기준이 1개, '자기소개를 할 수 있다'로 끝나는 성취기준이 1개, '설명할 수 있다'로 끝나는 성취기준이 1개, '주고 받을 수 있다'로 끝나는 성취기준이 1개, '묻거나 답할 수 있다'로 끝나는 성취기준이 1개로 구성되어 있다.

| [4영02-01] 설명 | [4영02-01] 알파벳과 낱말의 소리를 듣고 따라 말할 수 있다. |

[4영02-01]은 영어의 소리, 그중에서도 모음, 자음 등 분절음과 관련된 성취기준으로, 듣기 영역의 '[4영01-01] 알파벳과 낱말의 소리를 듣고 식별할 수 있다.'와 연계하여 지도할 수 있다. [4영02-01]은 문장 단위가 아니라 알파벳과 낱말 단위에서 소리를 듣고 따라 말하게 함으로써, 학생들이 부담을 갖지 않고 해당 성취기준을 달성할 수 있도록 하였다. [4영02-02]도 '따라 말할 수 있다'에 초점을 둔 성취기준으로, [4영02-01]에서 확장하여 낱말만이 아니라 문장 단위에서 강세, 리듬, 억양 등 초분절음에 중점을 두고 있다.

 분절음과 초분절음에 대해서는 pp. 48-49에 설명되어 있어요.

| [4영02-02] 설명 | '[4영02-02] 영어의 강세, 리듬, 억양에 맞게 따라 말할 수 있다.'는 영어는 낱말 내에 강세가 있는 소리가 있으며, 문장 내에서도 강세가 있는 낱말과 약하게 발음하는 낱말이 있음을 학습자들이 자연스러운 발음을 통해 인지하고 강세, 리듬, 억양을 익히는 수준을 말한다. |

[4영02-02]는 3~4학년군 듣기 영역의 '[4영01-02] 낱말, 어구, 문장을 듣고 강세, 리듬, 억양을 식별할 수 있다.'와 함께 강세, 리듬, 억양 등 초분절음과 관련된 성취기준으로, [4영01-02]와 연계하여 지도할 수 있다. [4영02-02]는 알파벳과 낱말의 소리에 중점을 둔 [4영02-01]에서 확장되어, 낱말, 어구, 문장을 강세, 리듬, 억양에 맞게 따라 말할 수 있는 것을 목표로 하고 있다. 일상생활과 관련하여 의미 있는 상황 속에서 낱말, 어구, 문장이 강세, 리듬, 억양에 맞게 자연스럽게 발음되는 것을 들려 주고 따라 말해 보도록 한다. 이를 통해 낱말 내에서는 강세가 있는 소리와 약하게 발음하는 소리가 있고, 문장 내에서도 강세가 있는 낱말과 약하게 발음하는 낱말이 있다는 것을 자연스럽게 이해하고 따라 말할 수 있도록 지도한다. 초등학교 3~4학년군에서는 따라 말할 수 있도록 한 반면, 5~6학년군 읽기 영역에서는 따라 말하는 것만이 아니라 '[6영03-01] 쉽고 간단한 문장을 강세, 리듬, 억양에 맞게 소리 내어 읽을 수 있다.'로 확장된다.

[4영02-03] 설명

'[4영02-03] 그림, 실물, 동작에 관해 쉽고 간단한 낱말이나 어구, 문장으로 표현할 수 있다.'는 실물이나 그림을 보거나 동작으로 표현하면서 해당하는 낱말이나 어구, 문장을 말하는 학습 초기에 쉽게 할 수 있는 수준을 말한다.

[4영02-03]은 그림, 실물, 동작을 보고, 간단한 낱말, 어구, 문장으로 표현하는 것을 목표로 하는 성취기준이다. 예를 들어 '사과'가 그려진 그림이나 사과를 실물로 보고, an apple이라는 쉬운 낱말로 표현하거나, 'This is an apple.'과 같이 쉽고 간단한 문장으로 표현하는 것을 의미한다. 또는 일어서는 동작을 표현하기 위해, 'Stand up.'과 같은 쉽고 간단한 문장으로 표현하는 것을 의미한다. 이와 같이 그림, 실물, 동작을 활용하면 학생들이 쉽고 재미있게 활동에 참여할 수 있다.

[4영02-04] 설명,
[4영02-05] 설명

'[4영02-04] 한두 문장으로 자기소개를 할 수 있다.'와 '[4영02-05] 한두 문장으로 지시하거나 설명을 할 수 있다.'는 한두 문장의 영어로 간단하게 자신을 소개하고, 지시하거나 명령하는 문장들을 자연스럽게 말할 수 있는 수준을 말한다.

[4영02-04]는 한 문장 또는 두 문장으로 자기소개를 할 수 있는 것을 목표로 하는 성취기준이다. [별표 3]의 의사소통 기능 예시문에서는 '자기소개하기'

와 관련하여 'I'm … .', 'My name is … .'를 초등학교급에서 학습하도록 권장하고 있다. 한두 문장으로 자기소개를 할 때는, 자신의 이름을 소개하는 것 외에도 좋아하는 운동이나 교과 등에 대해서도 간단하게 소개할 수 있다. 초등학교 3~4학년군에서는 자기소개를 하도록 한 반면, 초등학교 5~6학년군에서는 '[6영02-2] 주변 사람에 관해 쉽고 간단한 문장으로 소개할 수 있다.'와 같이 가족, 친구 등 주변 사람을 소개하는 것으로 확장된다. 또한 자신을 소개하는 것과 관련된 성취기준은 초등학교급뿐만 아니라 중학교급에서도 제시되는데, 초등학교급에서는 [4영02-04]와 같이 한두 문장으로 자기소개를 하는 것으로 제한을 한 반면에, 중학교급에서는 '[9영02-05] 자신을 소개하는 말을 할 수 있다.'로 확장되어 문장 단위보다는 문장과 문장을 응집성 있게 연결하여 자신을 소개하는 말을 하도록 하고 있다.

[4영02-05]는 한 문장 또는 두 문장으로 지시하거나 설명하는 말을 할 수 있는 것을 목표로 하는 성취기준이다. 3~4학년군 듣기 영역의 '[4영01-05] 한두 문장의 쉽고 간단한 지시나 설명을 듣고 이해할 수 있다.'와 연계하여, 듣고 이해한 것을 바탕으로 교사에게 또는 학생들끼리 지시하거나 설명하는 말을 해 볼 수 있도록 한다. 설명하는 말을 하는 것과 관련된 성취기준은 중학교급에서는 '[9영02-03] 일상생활에 관한 그림, 사진, 또는 도표에 대해 설명할 수 있다.', '[9영02-04] 일상생활에 관한 방법과 절차에 대해 설명할 수 있다.'와 같이 그림, 사진, 도표, 방법과 절차 등에 대해 설명하는 말을 할 수 있는 것으로 확장된다.

[4영02-06]
설명

[4영02-06] 쉽고 간단한 인사말을 주고받을 수 있다.

[4영02-06]은 쉽고 간단한 인사말, 즉 만나고 헤어질 때의 인사, 안부를 묻고 답하는 말 등을 할 수 있는 것을 목표로 하는 성취기준이다. 영어과 교육과정 문서에서 [별표 3]의 의사소통 기능 예시문에서는 '만날 때 인사하기'와 관련하여 'Hi!/Hello!', 'Good morning/afternoon/evening.', '안부 묻기'와 관련하여 'How are you (today)?', 'How's it going?', '안부 묻기에 답하기'와 관련하여 '(I'm) okay (thanks/thank you).', '(I'm) fine/very well (thanks/thank you).', 'Not (too/so) bad (thanks/thank you).' 등의 표현을 초

등학교급에서 학습하도록 권장하고 있다. 인사하기나 안부 묻고 답하기에 사용되는 이러한 표현들은 영어에서 가장 빈번하게 사용되는 관용적인 표현 중 하나이며, 일반적으로 대화의 시작점이 된다는 점에서 중요하다. 특히 인사말과 관련해서는 문화 지도를 병행할 수 있다. 예를 들어 우리나라의 인사말은 아침에 만났든 점심에 만났든 상관없이 '안녕하세요.' 또는 '안녕'이라고 하는 반면, 영미문화권에서는 아침에 만났을 때는 'Good morning.', 오후에 만났을 때는 'Good afternoon.', 그리고 저녁에 만났을 때는 'Good evening.'으로 다르게 표현된다는 것을 함께 지도할 수 있다.

[4영02-07]
설명

> '[4영02-07] 일상생활 속의 친숙한 주제에 관해 쉽고 간단한 표현으로 묻거나 답할 수 있다.'는 학습자들에게 친숙한 개인의 일상생활과 관련된 내용들을 어휘와 언어 형식이 쉬운 짧고 간단한 문장을 이용하여 적절하게 묻고 답할 수 있는 수준을 말한다.

[4영02-07]은 일상생활 속의 친숙한 주제에 관해 쉽고 간단한 표현으로 묻거나 답할 수 있는 것을 목표로 하는 성취기준이다. 초등학교 3~4학년군에서 '쉽고 간단한' 표현은 어휘와 어법이 쉬우며 7낱말 이내의 간단한 문장으로 된 표현을 의미한다. [4영02-07]은 5~6학년군의 '[6영02-07] 일상생활 속의 친숙한 주제에 관해 간단히 묻거나 답할 수 있다.'와 연관된 성취기준으로, 이 두 성취기준의 차이점은 [4영02-07]의 '쉽고 간단한 표현'이, [6영02-07]에서는 '간단한 표현'으로 제시되어 난도가 심화된다는 점이다.

(2) 교수·학습 방법 및 유의 사항

	• 친숙한 낱말을 통해 영어의 음소를 바르게 소리 낼 수 있도록 하고 노래와 찬트 등을 통해 영어의 강세, 리듬, 억양을 자연스럽게 익힐 수 있도록 지도하도록 한다. 노래와 찬트는 영어의 강세, 리듬, 억양을 익히기에 좋은 언어 자료로서, 학습자들이 노래와 찬트를 듣고 내용을 이해하고 반복적으로 들으면서 자연스럽게 따라 부르도록 한다. 낱말 수준에서부터 문장, 간단한 대화 등의 순으로 들려 주면서 자연스럽게 영어의 강세, 리듬, 억양에 익숙해지도록 한다.
	• 주변의 친숙한 물건이나 사물의 그림을 보고 이름을 말하거나 문장으로 말하는 활동, 해당 단어를 동작으로 표현해 보고 다른 학습자가 맞히게 하거나 소집단으로 나누어 추측하기 등의 게임을 통해서 쉽고 간단한 낱말이나 어구, 문장의 말하기에 흥미를 가지도록 한다.
	• 작은 종이 인형을 만들어 사용하게 하거나 동물 그림 등에 이름표를 달아주고 소집단 활동으로 발표하는 등의 협동학습을 통해 학습자들이 소개하기 활동에 흥미롭게 참여하도록 한다. 또한 자신의 이름이나 좋아하는 물건, 색깔이나 음식, 운동이나 가족 등도 소개해 보도록 한다.
교실 담화: IRF	• 교사가 교실 영어로 지시하거나 요청하는 말을 자주 들려 주는 것이 필요하며 이러한 표현에 자주 노출된 학습자들이 교실에서 일어나는 활동이나 필요한 행동에 관하여 자연스럽게 말할 수 있도록 한다.
	• 인사말을 주고받을 수 있는 유의미한 상황을 조성하고 인사하기 표현들을 사용함으로써 학습자들이 내재화할 수 있도록 한다.
	• 학습자 상호 간의 협력을 요하는 다양한 과업 제시를 통해 학습자와 학습자 간의 영어 말하기를 통한 상호작용이 활발하게 이루어지도록 하고, 대인 관계 능력 및 타인에 대한 배려와 관용을 함께 신장시킬 수 있도록 지도한다.
오류에 대한 피드백	• 의사소통에 지장을 주지 않는 한 교사의 즉각적인 오류 수정을 피하고, 학습자 스스로 오류를 발견하고 수정할 수 있도록 다양한 교정적 피드백을 제공한다.

(교육부, 2015, p. 16)

교실 담화: IRF   교실 내 수업 담화는 일반적으로 교사가 발화를 시작하고, 학생이 이에 대해 응답하면, 교사가 이에 대해 피드백을 주는 Initiation – Response – Feedback/Follow-up으로 이루어진다.

T: What is this? → Initiation
S: It's a book.   → Response
T: Nice.   → Feedback/Follow-up

오류에 대한 피드백

Lyster와 Ranta(1997)는 학습자의 오류에 대한 교사의 피드백으로 다음의 6가지를 제시하였다(예시문 출처: 박약우 외, 2016, p. 168).

① **명시적 수정**(explicit correction): 학습자의 발화 오류를 교사가 명확하게 지적하고 교정한다.

　　S: He runs fastly.
　　T: Fastly isn't right. You should say, "He runs fast."

② **메타언어적 피드백**(metalinguistic feedback): 학습자의 발화 오류와 관련하여 언어적인 설명을 제시한다.

　　S: I go to the park yesterday.
　　S: Well, okay. But remember we talked about the past tense.

③ **되고쳐말하기**(recast): 학습자의 오류를 바르게 고쳐 다시 말해 줌으로써 학습자 스스로 오류를 깨닫게 한다.

　　T: Where will you go tomorrow?
　　S: I go to my grandmother's house.
　　T: Oh, you will go to your grandmother's house. → recast
　　S: Yes, I'll go to my grandmother's house.

④ **유도하기**(elicitation): 학생 스스로 오류를 찾아 교정할 수 있도록 유도하는 표현을 사용한다.

　　S: My father cleans the dish.
　　T: He cleans the …?
　　S: Dishes?

⑤ **명료화 요청**(clarification request): 학생이 다시 발화하도록 유도하여 스스로 오류를 깨닫도록 한다.

　　S: He go to school.
　　T: Excuse me.　　　　→ clarification request
　　S: He go to school.
　　T: He what?　　　　　→ clarification request
　　S: He goes to school.

⑥ **반복하기**(repetition): 학생의 발화 중 잘못된 부분을 반복하여 말하여 스스로 오류를 깨닫도록 한다.

　　S: He's in the bathroom.
　　T: He's in the bathroom?
　　S: He's in the bedroom.

(3) 평가 방법 및 유의 사항

성취기준에 적합한 평가	• 3~4학년군 말하기 평가의 내용과 수준은 3~4학년군 말하기 영역 성취기준을 근거로 선정한다.
수행평가	• 말하기 능력을 평가하고자 할 때는 가급적 수행평가를 실시한다. 수행평가는 학습자가 학습한 지식이나 기능을 실제적으로 사용하는 것을 평가한다. • 수행평가는 평가의 목표, 평가 유형, 채점 기준을 명확하게 한 후 실시한다. 말하기 성취기준에 근거하여 평가하고자 하는 목표를 설정한 후, 어떤 유형의 평가를 어느 정도의 내용과 수준으로, 어떤 채점 기준을 가지고 할 것인지를 정한 후에 수행평가를 실시한다.
학습을 위한 평가	• 3~4학년군은 초보적인 영어 학습 단계이고 처음 경험하는 영어 말하기가 부담스러울 수 있는 시기이므로 평가에 심리적인 부담을 가지지 않도록 유의한다. 또한 '평가를 위한 평가' 아니라 '학습을 위한 평가'가 될 수 있도록 평가 결과보다는 학습의 연장선으로 활용될 수 있도록 한다.
교사의 질문	• 교수·학습 과정 중에 적절한 형성평가를 활용한다. 수업 시간 중에 학습자에게 교사가 하는 질문에 대한 학습자의 응답, 학습자의 소집단 활동과 짝 활동을 통한 과업 수행 여부에 대한 관찰 등의 형성평가를 통해서 교수·학습 방법이 적절한지 확인하고 교수·학습 방법 개선에 활용한다.
자기주도적 학습 및 자기평가	• 자기평가는 학습자 자신의 학습에 대해 주의를 기울이고 학습 결과에 대해 스스로 점검함으로써 학습 계획이나 의도에 긍정적인 영향을 주어 차츰 자기 주도적인 학습으로 나아갈 수 있도록 도움을 줄 수 있으므로 '따라 말하기'나 '자기소개하기' 등의 평가에 활용한다. • 학생 상호평가는 학습자 스스로와 교사가 관찰하지 못한 학습 활동상의 태도 등의 부분에 보완적인 평가의 기능을 충분히 할 수 있으므로 '인사말을 주고받기'나 '쉽고 간단한 표현으로 묻고 답하기' 등의 평가에 활용한다.

(교육부, 2015, p. 17)

성취기준에 적합한 평가 3~4학년군 말하기 영역을 평가할 때, 그 내용과 수준은 3~4학년군 말하기 영역의 성취기준을 근거로 선정한다. 예를 들어 '[4영02-04] 한두 문장으로 자기소개를 할 수 있다.'는 성취기준에 대한 도달 여부를 평가하기 위해서는, 학생이 직접 자기소개를 하는 말을 하는 것을 바탕으로 평가해야 하며, 또한 한두 문장으로 자기소개를 하도록 해야 한다. 즉 낱말이나 어구 또는 여러 문장으로 자기소개를 하기보다는 한두 문장으로 자기소개를 할 수 있도록 평가 문항을 개발해야 한다. 특히 말하기 영역에 대한 평가는 학생들이 직접 영어로 말하는 것을 바탕으로 해야 하므로, 지필평가 방식보다는 수행평가가 더 타당한 방식이라 할 수 있다.

| 수행평가 | 수행평가(performance assessment)는 학생이 가지고 있는 지식, 기능, 태도 등의 능력을 수행을 통해 직접 확인할 수 있는 평가 방식(교육부·부산광역시교육청·한국교육과정평가원, 2017; 최연희, 2000)으로, 특히 학습자가 직접 말하기를 수행하는 것을 바탕으로 평가할 수 있으므로 말하기 능력을 타당하게 평가할 수 있는 방법이다. 따라서 영어과 교육과정에서도 말하기 능력을 평가할 때는 가급적 수행평가를 실시하도록 권고하고 있다. 수행평가 방법으로는 서술·논술, 구술·발표, 토의·토론, 프로젝트, 포트폴리오 등이 있다.

수행평가를 실시할 때는 평가하고자 하는 성취기준을 분석하여 이를 타당하게 평가할 수 있고 학습자의 수준에 적절한 평가 방법과 평가 과제를 계획한 다음, 성취기준과 평가 과제를 바탕으로 채점 기준을 개발하여야 한다. 수행평가를 실시한 후 채점할 때는, 일부 학생의 답안을 가채점한 후 채점 기준을 수정·보완할 수 있으며, 채점의 공정성과 신뢰도를 위해 가급적 2명 이상의 채점자가 독립적으로 채점하도록 한다. |

| 학습을 위한 평가 | 교수·학습의 결과가 목표를 어느 정도로 달성했는지를 점검하고 이를 바탕으로 다음의 목표 설정에 피드백을 제공하기 위해 평가를 활용한다. 즉 다음 학습을 위한 기초 자료의 측면에서 평가를 활용한다. |

| 교사의 질문 | 학습자의 발화를 이끌어 내기 위한 교수 방법 중 하나로 교사는 다양한 질문을 사용한다. 이러한 질문에는 **폐쇄형 질문**(closed question)과 **개방형 질문**(open question)으로 구분되거나 **전시성 질문**(display question)과 **참조성 질문**(referential question)/**정보성 질문**(information question)으로 구분될 수 있다. |

- 폐쇄형 질문(closed question): 한 단어나 짧은 어구로 답할 수 있는 질문 (예: How old are you? Are you happy?)
- 개방형 질문(open question): why로 시작하는 질문이 대표적이며, 일반적으로 긴 답변을 요구하는 질문 (예: Why is it so important to you?)
- 전시성 질문(display question): 교사가 이미 알고 있는 정보를 물어 보는 질문 (예: 크리스마스 날짜를 알고 있지만 'When is Christmas?'라고 묻는 질문)
- 참조성 질문(referential question)/정보성 질문(information question): 교사

가 모르는 정보를 물어 보는 질문 (예: 학생의 취미가 무엇인지를 모르는 상태에서 학생에게 'What is your hobby?'라고 묻는 질문)

자기주도적 학습 및 자기평가

자기주도적 학습(self-directed learning)은 학습자가 자신의 학습에 대해 책임감을 가지고 독립적으로 배우는 것을 말한다. Garrison(1992)은 이러한 자기주도적 학습의 핵심적인 세 가지 요소로, 자기관리(self-management; 학습목표 설정 및 자원 관리), 자기감시(self-monitoring; 학습 성과를 스스로 감시하여 이를 바탕으로 향후의 학습 전략 수립), 학습 동기(motivation; 목적 달성까지 학습 지속)를 들고 있다. 학생이 자기주도적으로 학습할 수 있도록 지도하기 위해, 학생이 자신의 학습 과정, 학습 전략, 학습 결과에 대해 스스로 점검하고 개선하도록 지도하는 것이 필요하다. 이를 위한 자기평가 방법으로 체크리스트, 설문지, 일지, 그래픽으로 나타내기, 포트폴리오 등을 활용할 수 있다.

Brown과 Hudson(1998)에 따르면, 자기평가는 동료평가(또는 학생 상호평가)와 함께 학습자의 참여, 자율성, 학습 동기 등의 측면에서 장점이 있다. 자기평가와 동료평가를 통해 말하기와 같은 영어 능력뿐만 아니라 정의적 요소나 영어과 교과 역량 중 자기관리 역량이나 공동체 역량에 대해서도 평가할 수 있다. 다음은 교과서에 나타난 자기평가와 동료평가의 예시이다.

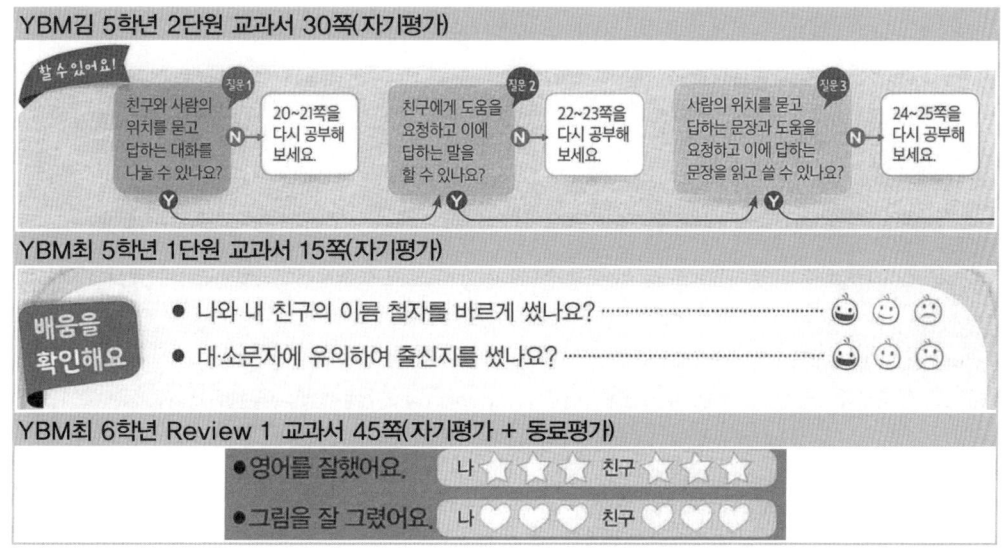

1.2. 5~6학년군

(1) 성취기준

5~6학년군 말하기 영역 성취기준 및 핵심 개념	초등학교 5~6학년군의 말하기 영역 성취기준은 주변 사람과 사물 등에 관해 문장으로 말하기와 자신과 일상생활 속의 친숙한 주제에 관해 질문하고 대답하기 등을 통해 말하고자 하는 의미를 전달하고 교환할 수 있도록 설정되었다. 학습자들이 5~6학년군의 말하기 영역 성취기준을 달성함으로써 3~4학년군에서 익힌 말하기 의사소통능력을 계속 발전시키고, 영어에 대한 흥미와 관심을 지속시키며, 스스로 영어 학습을 할 수 있는 방법을 습득하여 영어 학습에 대한 자신감을 가질 수 있도록 한다. 또한 여러 가지 매체를 통하여 다른 언어에 대한 다양성을 이해하고, 다른 문화와 언어를 이해하며 포용하는 태도를 기를 수 있도록 한다.
[6영02-01] 설명 [6영02-02] 설명 [6영02-03] 설명 [6영02-04] 설명 [6영02-05] 설명 [6영02-06] 설명 [6영02-07] 설명	[6영02-01] 그림, 실물, 동작에 관해 한두 문장으로 표현할 수 있다. [6영02-02] 주변 사람에 관해 쉽고 간단한 문장으로 소개할 수 있다. [6영02-03] 주변 사람과 사물에 관해 쉽고 간단한 문장으로 묘사할 수 있다. [6영02-04] 주변 위치나 장소에 관해 쉽고 간단한 문장으로 설명할 수 있다. [6영02-05] 간단한 그림이나 도표의 세부 정보에 대해 묻거나 답할 수 있다. [6영02-06] 자신의 경험이나 계획에 대해 간단히 묻거나 답할 수 있다. [6영02-07] 일상생활 속의 친숙한 주제에 관해 간단히 묻거나 답할 수 있다. (가) 학습 요소 • 알파벳, 낱말, 강세, 리듬, 억양 • 낱말, 어구, 문장 • 자기소개, 지시, 설명, 주변 사람, 사물, 주변 위치, 장소 • 인사, 일상생활 관련 주제, 그림, 도표, 경험, 계획 (나) 성취기준 해설 • '[6영02-03] 주변 사람과 사물에 관해 쉽고 간단한 문장으로 묘사할 수 있다.'는 가족이나 친구 등의 주변 사람과 좋아하는 사물과 같은 친숙한 대상에 관하여 한두 문장의 길이로 묘사하는 수준을 말한다. • '[6영02-05] 간단한 그림이나 도표의 세부 정보에 대해 묻거나 답할 수 있다.'는 간단한 그림이나 도표를 보고 해당 그림이나 도표가 담고 있는 사실적 정보들에 대해서 묻거나 답하며 의미를 교환하는 능력을 기를 수 있는 수준을 말한다.
문화 지도	• '[6영02-07] 일상생활 속의 친숙한 주제에 관해 간단히 묻거나 답할 수 있다.'는 3~4학년군 말하기의 성취기준이 상향 조정된 것으로 예를 들면 물건 사기와 음식 주문하기 등 일상생활에서 빈번하게 쓰이는 표현을 적절하게 사용할 수 있는 수준이다. 물건 사기와 음식을 주문하는 표현과 함께 영어 문화권과 타 문화권 화폐의 종류를 소개하는 활동 등 관련된 문화 학습도 할 수 있으며 맥락 속에서 적절하게 묻고 답할 수 있는 수준을 말한다.

(교육부, 2015, pp. 24-25)

5~6학년군 말하기 영역 성취기준 및 핵심 개념

5~6학년군 성취기준은 '표현할 수 있다', '소개할 수 있다', '묘사할 수 있다', '설명할 수 있다', '묻거나 답할 수 있다'로 제시되어 있다. 여기서 주목해야 할 점은 '따라 말할 수 있다'로 기술되는 성취기준이 5~6학년군에는 포함되어 있지 않다는 점이다. '따라 말할 수 있다'로 기술되는 성취기준은 말하기의 핵심 개념 중에서 '소리'에 해당하는 것으로 의미 표현보다는 영어를 강세, 리듬, 억양에 맞게 발화하는 것을 의미한다. 여기에서 듣기와 똑같은 양상을 발견할 수 있는데, 듣기의 내용 체계표를 살펴보면 '소리'에 해당하는 내용 요소인 '알파벳, 낱말', '강세, 리듬, 억양'이 5~6학년군에도 제시되어 있으나 이와 관련된 성취기준은 5~6학년군에 제시되어 있지 않다. 이는 '소리'에 해당하는 성취기준이 5~6학년군에 따로 제시되어 있지 않더라도 3~4학년군에 이어서 지도될 수 있다는 점을 의미한다.

5~6학년군 말하기 영역에서 학생들이 배워야 할 학습 내용을 핵심어로 제시하면, '알파벳, 낱말, 강세, 리듬, 억양', '낱말, 어구, 문장', '자기소개, 지시, 설명, 주변 사람, 사물, 주변 위치, 장소', '인사, 일상생활 관련 주제, 그림, 도표, 경험, 계획'이 해당되며, 이러한 핵심어는 말하기 영역의 성취기준에 반영되어 있다. 이 중에서 '알파벳, 낱말, 강세, 리듬, 억양', '낱말, 어구, 문장'은 3~4학년군의 학습 요소와 동일하지만, 어휘, 소재, 언어 형식 등의 난이도 측면에서는 차이가 있을 수 있다. 5~6학년군에서는 3~4학년군에서 다루는 '자기소개, 지시, 설명'뿐만 아니라 '주변 사람, 사물, 주변 위치, 장소'를 추가로 학습하며, 3~4학년군에서 다루는 '인사, 일상생활 관련 주제'뿐만 아니라 '그림, 도표, 경험, 계획'을 추가로 학습하도록 되어 있다.

[6영02-01] 설명

[6영02-01] 그림, 실물, 동작에 관해 한두 문장으로 표현할 수 있다.

[6영02-01]은 '[4영02-03] 그림, 실물, 동작에 관해 쉽고 간단한 낱말이나 어구, 문장으로 표현할 수 있다.', '[4영04-03] 실물이나 그림을 보고 쉽고 간단한 낱말이나 어구를 쓸 수 있다.', '[6영04-04] 실물이나 그림을 보고 한두 문장으로 표현할 수 있다.'와 연관된 성취기준으로, 그림, 실물, 동작과 같은 시각적인 자료를 제공하여 학생들이 영어로 표현하는 데 부담감을 덜고 말하기에 참여할 수 있도록 유도한다. 그림을 보고 표현하는 말하기 성취

기준은 중학교급까지 확장되어 '[9영02-03] 일상생활에 관한 그림, 사진, 또는 도표에 대해 설명할 수 있다.'로 이어진다.

[6영02-02] 설명

[6영02-02] 주변 사람에 관해 쉽고 간단한 문장으로 소개할 수 있다.

[6영02-02]는 '[4영02-04] 한두 문장으로 자기소개를 할 수 있다.'와 연관된 성취기준으로 3~4학년군에서 자기소개를 하는 성취기준이 5~6학년에서 주변 사람에 관해 쉽고 간단한 문장으로 소개하는 것으로 확장되었다.

[6영02-03] 설명

'[6영02-03] 주변 사람과 사물에 관해 쉽고 간단한 문장으로 묘사할 수 있다.'는 가족이나 친구 등의 주변 사람과 좋아하는 사물과 같은 친숙한 대상에 관하여 한두 문장의 길이로 묘사하는 수준을 말한다.

[6영02-03]은 학생에게 친숙한 주변 사람과 사물에 대해 쉽고 간단한 문장으로 묘사하는 것을 목표로 하는 성취기준이다. 이는 3~4학년군의 '[4영02-03] 그림, 실물, 동작에 관해 쉽고 간단한 낱말이나 어구, 문장으로 표현할 수 있다.'에서 확장된 것이다. 5~6학년군에서는 주변의 사람과 사물에 대해 문장으로 묘사하게 하여, 묘사하는 대상 및 묘사의 수준도 확장되었다.

또한 [6영02-03]은 '[6영02-02] 주변 사람에 관해 쉽고 간단한 문장으로 소개할 수 있다.'와 연관된 성취기준인데, 주변 사람에 관해 간단한 문장으로 소개하는 것에 그치지 않고 그 사람에 대해 묘사하는 것까지 발화가 확장된 것이다. 중학교급에서는 '[9영02-01] 주변의 사람, 사물, 또는 장소를 묘사할 수 있다'로 주변의 사람이나 사물뿐만 아니라 장소까지 묘사의 대상이 확장된다.

[6영02-04] 설명

[6영02-04] 주변 위치나 장소에 관해 쉽고 간단한 문장으로 설명할 수 있다.

[6영02-04]는 주변 위치나 장소에 관한 말하기에 대한 것으로 이는 5~6학년군에서 처음 제시된 내용 요소이다. 이 내용 요소는 중학교급에서는 '[9영02-07] 주변의 위치나 장소에 대해 묻거나 답할 수 있다.'로 확장이 된다. [6영02-04]와 [9영02-07]은 모두 말하기의 핵심 개념 중 '담화'에 해당하는데, [6영02-04]는 담화 중 '의미를 전달한다'는 일반화된 지식에 해당하는

성취기준이고, [9영02-07]은 담화 중 '의미를 교환한다'는 일반화된 지식에 해당하는 성취기준이다.

[6영02-05]
설명

'[6영02-05] 간단한 그림이나 도표의 세부 정보에 대해 묻거나 답할 수 있다.'는 간단한 그림이나 도표를 보고 해당 그림이나 도표가 담고 있는 사실적 정보들에 대해서 묻거나 답하며 의미를 교환하는 능력을 기를 수 있는 수준을 말한다.

그림, 도표에 관한 성취기준은 말하기뿐만 아니라 듣기, 읽기에도 나오는데, 세 영역에서 공통적으로 5~6학년군에 제시되어 있다. 듣기 영역에서 그림, 도표와 관련된 성취기준은 '[6영01-03] 그림이나 도표에 대한 쉽고 간단한 말이나 대화를 듣고 세부 정보를 파악할 수 있다'이고, 읽기 영역에서는 '[6영03-02] 그림이나 도표에 대한 쉽고 짧은 글을 읽고 세부 정보를 파악할 수 있다'가 해당된다. 말하기 영역에서 '세부 정보'에 대한 핵심 개념은 없지만 그림이나 도표에 대한 세 가지 성취기준([6영01-03], [6영02-05], [6영03-02])을 살펴보면 모두 세부 정보 파악과 관련이 있다. 중학교의 성취기준은 '[9영02-03] 일상생활에 관한 그림, 사진, 또는 도표에 대해 설명할 수 있다.'이며, 5~6학년군 성취기준과 비교할 때 설명 대상에 '사진'이 추가되어 확장된 것으로 볼 수 있다.

[6영02-06]
설명

[6영02-06] 자신의 경험이나 계획에 대해 간단히 묻거나 답할 수 있다.

[6영02-06]은 과거 시제와 미래 시제의 사용에 대한 성취기준이다. 자신의 경험에 대한 발화는 과거 시제를 사용하여 말하는 것을 의미하고, 계획에 대한 표현은 미래 시제의 사용을 의미한다. 과거 시제를 도입할 때에는 eat-ate-eaten처럼 불규칙하게 변하는 동사보다는 walk-walked-walked와 같이 규칙적으로 변하는 동사를 먼저 도입함으로써 학생들의 학습 부담을 경감시킬 수 있다. 시제를 나타낼 때 동사뿐만 아니라 과거를 나타내는 yesterday와 같은 부사나 미래를 나타내는 next week과 같은 부사구도 적절히 사용할 수 있도록 지도한다. [6영02-06]은 중학교급에서 '[9영02-08] 개인 생활에 관한 경험이나 계획에 대해 묻거나 답할 수 있다.'로 주제가 확장된다.

[6영02-07] 설명	'[6영02-07] 일상생활 속의 친숙한 주제에 관해 간단히 묻거나 답할 수 있다.'는 3~4학년군 말하기의 성취기준이 상향 조정된 것으로 예를 들면 물건 사기와 음식 주문하기 등 일상생활에서 빈번하게 쓰이는 표현을 적절하게 사용할 수 있는 수준이다. 물건 사기와 음식을 주문하는 표현과 함께 영어 문화권과 타 문화권 화폐의 종류를 소개하는 활동 등 관련된 문화 학습도 할 수 있으며 맥락 속에서 적절하게 묻고 답할 수 있는 수준을 말한다.

[6영02-07]은 '[4영02-07] 일상생활 속의 친숙한 주제에 관해 쉽고 간단한 표현으로 묻거나 답할 수 있다.'와 연관된 성취기준으로 [4영02-07]이 '쉽고 간단한 표현으로 묻거나 답할 수 있다'로 표현이 제한적이었다면, [6영02-07]에서는 '간단히 묻거나 답할 수 있다'로 상향조정되었다.

문화 지도 영어과 교육과정의 목표를 살펴볼 때 문화 지도는 중요한 부분이며 교과서의 각 단원에서도 중요한 영역으로 자리매김하고 있다. 학생들에게 흥미 있는 문화 내용을 바탕으로 제작한 교수·학습 자료를 활용하면 기초적인 의사소통능력 신장과 더불어 목표 언어의 문화를 자연스럽게 학습하게 된다.

문화 지도를 할 때, 교사가 유익할 사항은 다음과 같다(Hadley, 1993).

- 주제 중심으로 목표 문화의 요소를 제시한다.
- 언어 4기능과 통합하여 문화를 제시한다.
- 그림이나 사진 자료를 활용해 목표 문화를 지도한다.
- 어휘 지도 시 그 어휘나 표현이 담고 있는 문화적인 의미를 설명한다.

(2) 교수·학습 방법 및 유의 사항

역할 놀이 유창성 정확성 실제적인 의사소통 상황	• 듣고 따라 말하기, 묻고 답하기 등의 활동을 통해 듣기와 말하기 활동이 자연스럽게 연계되도록 지도하고 게임, 역할 놀이 등의 활동을 통해 유창성을 기르도록 지도한다. • 동작이나 그림을 보고 한 문장 이상으로 표현하는 활동을 하거나 문장 릴레이 등을 통해 학습자들이 말하기 활동에 대해 흥미를 가질 수 있도록 한다. 또한 학습자들이 자신이 좋아하는 물건을 보여 주며 말하기 활동을 하게 할 수 있는데 이때 교사는 학습 동기를 자연스럽게 유발시켜 편안하게 말할 수 있는 분위기를 조성한다. • 자기 가족이나 친구의 생김새, 옷차림, 직업이나 장래 희망에 대해 말하기와 자신이 살고 있는 집, 교실 및 학교 등을 묘사하는 활동을 게임이나 역할 놀이 등과 연계하여 3~4학년군에서의 학습 활동을 발전시켜 유창성을 기를 수 있도록 한다. • 초등학생이 관심을 가질 만한 도표나 그림, 경험이나 계획, 친숙한 주제 등 적합한 내용을 선정하여 협동학습이나 과제수행, 프로젝트 학습 등의 활동을 계획해 보도록 한다. 예를 들어 기차표나 비행기 표를 예약해야 하는 상황, 가족들과 여행을 계획해야 하는 상황 등을 제공하고 학습한 표현들을 질문하기와 대답하기를 통해 자연스럽게 발화해 볼 수 있게 한다. • 교사는 듣고 말하기, 묻고 답하기 등의 활동을 통해 듣기와 말하기 활동이 자연스럽게 연계되도록 지도하되 의미 전달에 중점을 두고 학습자들의 흥미와 관심을 고려하면서 지도한다. 또한 학습자 개개인이 좋아하거나 관심을 갖는 활동과 학습자들의 일상 활동 등에 관한 질문과 대답을 할 수 있게 한다.

(교육부, 2015, p. 25)

역할 놀이 어린이는 감정 이입을 통해 역할 놀이(role-play)를 실제처럼 느끼고 대화할 수 있으므로, 역할 놀이는 자연스러운 발화에 근접한 활동이다. 의사소통중심 교수법(CLT)에서는 수업 활동으로 역할 놀이를 자주 사용한다.

역할 놀이의 장점은 다음과 같다(노경희, 2015).

- 역할 놀이를 통해 대화를 주고받는 기능을 익힌다.
- 실생활 대화와 유사하여 말하기 지도에 유용하다.
- 학습자가 대답뿐만 아니라 질문도 해야 하므로 실생활 대화와 유사한 환경을 제공한다.
- 학습자 자신의 억양이나 음조, 얼굴 표정을 이용하여 의사소통을 효과적으로 하는 방법을 배운다.

유창성 의사소통중심 교수법(CLT)을 바탕으로 의사소통능력의 함양이 영어 교육과정의 목표가 되면서 영어 사용의 유창성(fluency)이 강조되었다. 이러한 유창성은 제한된 시간 동안 얼마나 많이 말할 수 있는지와 관련된 개념이다. Nation과 Newton(2009)은 유창성을 높일 수 있는 활동의 요건으로 다음을 제안하였다.

1. 쉬운 과업(easy task): 학습자들에게 쉬운 활동이어야 한다.
2. 메시지 중심(message focus): 의미에 초점을 둔 활동이어야 한다.
3. 시간 압박(time pressure): 시간적인 압박이 있는 활동이어야 한다. 대표적으로 4/3/2의 경우, 처음에는 4분 동안 말하게 하고, 같은 내용에 대해 다음에는 3분 동안, 그 다음에는 2분 동안 말하게 한다.
4. 계획 및 준비(planning and preparation): 많이 준비하게 한다. 학습자들이 브레인스토밍을 하거나 주제와 관련된 읽기 자료를 읽도록 한다.
5. 반복(repetition): 유창성의 핵심은 반복이므로 해당 주제에 대해 지속적으로 말하도록 한다. 또한 같은 내용을 말하더라도 청자를 바꾸면서 말하는 것이 효과적이다.

정확성
정확성(accuracy)이란 유창성과 대비되는 개념으로, 문법적으로 올바른 문장을 사용하는 것과 관련된다. 이를 달리 표현하면, 오류를 보이는 정도를 의미한다. 오류는 전반적 오류(global error)와 국부적 오류(local error)로 구분되는데(Burt & Kiparsky, 1978), 전반적 오류는 오류의 정도가 심해서 의사소통에 지장을 주는 오류를 말하며(예: 'John Tom like.'과 같이 어순에 오류가 있는 문장은 의미를 전달하기 어려움), 국부적 오류는 의사소통에는 크게 지장을 주지 않는 오류를 말한다(예: 'John like Tom.'에서는 3인칭 현재 단수 -s가 누락된 오류가 있으나 의미는 전달됨).

실제적인 의사소통 상황
기차표나 비행기표를 예약하는 상황과 같이 **실제적**(authentic)으로 영어가 사용되는 상황을 만들어 의사소통할 수 있도록 지도한다.

> EFL 상황인 우리나라에서도 일상생활에서 영어 단어를 발견하는 것은 어렵지 않답니다. 초등학생들이 좋아하는 아이돌 그룹의 이름에도, 스포츠 팀 이름에도 영어가 포함된 예가 많아요. 이와 같이 주변에서 볼 수 있는 영어표현들은 추후의 영어 학습으로 연결 가능합니다. 예를 들어 야구를 좋아하는 학생에게 야구 팀 이름인 라이온즈, 타이거즈는 이미 익숙한 표현이겠지요. 영어 수업에서 lion이나 tiger와 같은 동물 이름을 배우게 될 때, 본인의 경험을 바탕으로 이러한 새로운 어휘를 보다 쉽게 익힐 수 있어요.

(3) 평가 방법 및 유의 사항

진단평가	• 5~6학년군 말하기 평가의 내용과 수준은 5~6학년군 말하기 성취기준을 근거로 선정한다. • 말하기 평가를 위한 채점 척도는 말하기 평가 원리에 의한 척도를 응용하거나 과업에 고유한 척도를 별도로 만들어 사용하고, 말하기 능력을 발현시키고 측정할 수 있는 다양한 발화 도출 기법을 사용한다. • 진단평가를 통해 학습자들의 수준을 확인한 후 교수·학습 방법에 적용하도록 한다. 3~4학년군에서 학습한 말하기 능력이 학습자별, 학급별로 다양한 수준을 나타내므로 학습자의 능력에 대한 정확한 진단이 지도 내용을 계획하고 지도방법을 결정하여 효과적인 교수·학습 활동을 하는 데 중요한 역할을 한다. 학년 초와 학기 초, 단원 시작이나 차시 시작 부분에 적절한 진단평가가 실시되도록 한다. • 말하기 평가는 과업의 성격 등을 고려하여, 학습자에게 발화를 위한 준비 시간을 적절히 주고 말하기 능력을 발현시킨 후 측정하도록 한다. 말의 속도, 발음, 학습한 어휘의 사용 정도를 점검할 수 있도록 간단한 문장으로 소개하기, 묘사하기, 설명하기 등과 같은 다양한 방법을 활용하여 평가한다.
언어 통합적 평가	• 말하기 평가는 실제 의사소통 상황과 유사한 언어 통합적인 평가 과업을 통해 실제적인 의사소통능력을 확인하도록 한다. 보고 말하거나 듣고 말하기, 읽고 간단하게 말하기 등의 제시 형태와 응답 형태를 가진 과업들을 평가 목표에 적절하게 활용한다.
정의적 영역 평가	• 구성원의 협력과 노력으로 과제수행이 이루어지는 협동학습을 통해 학습자들의 참여 정도와 의욕, 소집단 활동에서의 배려와 관용 등의 대인 관계 능력 등 학습자들의 정의적인 영역에 대한 평가도 고려한다.
관찰평가	• 말하기 능력의 평가로 관찰평가를 활용하도록 한다. 무엇을 어떻게 관찰할 지에 대한 관찰 내용과 관찰 계획을 수립하여 말하기 능력과 태도의 향상 정도도 점검한다. 효과적인 관찰을 위해 주요 내용을 기술하거나 체크리스트 등의 방법을 활용하며 일관성 있는 관찰을 위해 한 번 이상의 관찰을 하도록 한다.

(교육부, 2015, pp. 25-26)

진단평가	영어 교과는 학습자 간 수준의 편차가 큰 교과 중의 하나이다. 따라서 학년 초, 학기 초, 단원 시작 등의 경우 진단평가를 통해 학습자의 수준을 파악하고 학습자의 수준에 적합한 교수·학습 방법을 활용하도록 수업 및 평가를 계획할 필요가 있다.
언어 통합적 평가	말하기 평가는 말하기 능력에 대해서만 평가할 수도 있지만, 실제 의사소통 상황에서처럼 보고 말하기, 듣고 말하기, 읽고 말하기, 쓰고 말하기 등 언어 통합적 평가 과업을 통해 가능한 자연스럽고 실제적인 상황에서 의사소통능력을 평가하도록 한다(Brown, 2001).

정의적 영역 평가	인지적 영역에 대한 평가뿐만 아니라 흥미, 태도, 가치, 책임, 협력, 자신감 등 정의적 영역에 대해서도 균형 있게 평가하도록 한다. 정의적 영역에 대한 평가는 수행평가, 관찰평가(관찰법), 자기평가 등의 방법을 활용할 수 있다(교육부, 2016).
관찰평가	교사의 관찰평가는 일회적인 평가 상황만이 아니라 학습 과정 중에 학습자의 성취 정도 및 변화를 지속적으로 관찰하여 평가할 수 있다. 교사의 관찰평가는 말하기 능력에 대한 평가뿐만 아니라 정의적 영역에 대해서도 평가할 수 있다. 교사가 수시로, 지속적으로 관찰한 평가 결과는 학생의 발달을 위해 적시에 피드백을 제공할 수 있으며, 교사도 학습자의 특성과 수준에 맞추어 교수·학습 방법을 개선하는 데 활용할 수 있다.

② 심화 학습

(1) 학습자 오류

우리나라 영어과 교육과정에서는 학습자 오류와 관련하여 "의사소통에 지장을 주지 않는 한 교사의 즉각적인 오류 수정을 피하고, 학습자 스스로 오류를 발견하고 수정할 수 있도록 다양한 교정적 피드백을 제공한다."(교육부, 2015, p. 16)라고 명시되어 있다. 즉 우리나라 영어과 교육과정은 학습자 오류에 대해 반드시 수정해야하는 대상으로 보는 관점을 취하고 있지 않다. 초등학생들이 초기 외국어 학습자란 점에서 오류를 보이는 것은 자연스러운 일이다. 또한 아래에서 소개될 '중간언어(interlanguage)' 발달의 관점에서도 오류는 학습자가 스스로 외국어 문법의 체계를 형성하는 과정에서 나타나는 자연스러운 과정으로 볼 수 있다. 여기서는 오류와 관련된 다양한 개념들을 소개한다.

오류와 실수 오류(error)와 실수(mistake)는 학습자가 목표어를 잘못 사용하는 모습을 보여 준다는 점에서는 표면적으로 동일하나 원인은 차이가 있다. 오류는 학습자가 목표어 문법 규칙을 제대로 습득하지 못했기 때문에 목표어를 잘못 사용하는 것이며, 실수는 학습자가 목표어 문법 규칙을 습득하였더라도 다른 이유로 인해(예: 피로감, 불안감 등) 목표어를 잘못 사용하는 것을 의미한다(Corder, 1967).

행동주의와 오류 20세기 중반 행동주의의 관점에서 오류(error)란 나쁜 습관(bad habit)으로 여겨졌다. 이러한 나쁜 습관, 즉, 오류는 충분한 기계적 학습(rote learning)과 패턴 훈련(pattern drill)을 통해 반드시 극복되어야 하는 것으로 간주되었다.

대조 분석 대조 분석(contrastive analysis)은 Lado(1957)에 의해 제안된 외국어 학습 가설이며, 학습을 습관(habit) 형성의 과정으로 설명하고자 한 행동주의 이론(behaviorism)에 바탕을 두고 있다. 대조 분석은 모국어를 이미 구축된 습관(habit)으로 보았으며, 따라서 외국어를 배운다는 것은 기존의 습관을 새로운 습관으로 바꾸는 과정으로 간주하였다. 또한 모국어와 외국어 사이에 언어적 차이가 클수록 외국어를 배우는 것, 즉 새로운 습관을 형성하기가 어려울 것으로 예측하였다. 따라서 대조 분석을 지지하는 학자들은 모국어와 외국어의 언어적 차이에 초점을 두었으며, 교사는 언어적 차이가 큰 부분, 즉 학습하기 어렵다고 예측되는 부분에 초점을 두어 교수해야 한다고 믿었다.

중간언어

행동주의에 근간을 둔 대조 분석(contrastive analysis)이 학습자의 오류가 모국어와 외국어의 차이 때문이라고 예측한 것과 달리, Dulay와 Burt(1973)의 연구는 학습자의 오류 중 3%만이 모국어에 기인한다고 주장하였다. 그리고 모국어와 외국어의 차이보다는 학습자 스스로 외국어 발달 과정에서 범하는 오류에 주목하였는데, 이는 오류 분석(error analysis; Corder, 1967)의 주된 관점에 해당한다. 나아가 Selinker(1972)는 학습자의 외국어 발달 과정에서 보이는 오류의 체계성에 주목하였다. 이는 학습자의 오류가 완전하지는 않지만 나름의 문법 체계를 바탕으로 발화된 것이며, 학습자의 오류는 외국어 발달 과정에서 자연스러운 현상으로 보았다. 목표 외국어 문법을 습득하는 과정에서 나타나는 학습자의 문법 체계를 **중간언어**(interlanguage)라고 한다.

언어간 전이

학습자의 외국어 발달 과정에서, 타 언어로부터 영향을 받는 것을 언어 간 전이(language transfer)라고 한다. 예를 들어, 한국인 초기 학습자가 'John apples like.'와 같이 발화했다면 이는 한국어의 SOV 어순이 영어에 전이된 사례로 볼 수 있다.

우리나라 초등학생들은 'She is go home.'과 같이 be 동사를 과대 사용하는 경향이 있습니다. 이는 중간언어 오류의 사례로서, 한국어의 '은/는'과 같은 주제어 표지(topic marker)가 전이된 것으로 보는 연구 결과가 있답니다(Hahn, 2000).

과잉일반화

학습자가 'She **comed** to school.'이라는 문장을 발화하였을 때, 이 학습자는 came이라는 과거형 대신 comed를 사용하는 오류를 보였다. 이러한 오류는 영어의 과거 시제가 일반적으로 -ed로 끝난다는 문법적 규칙의 과잉일반화(overgeneralization)로 인해 나타난 것이다.

화석화 외국어 학습자들이 더 이상 외국어 문법 체계가 발달하지 않고, 특정 발달 단계에서 멈춘 듯이 보이는 현상이 나타난다. 모국어 발달에서는 특정 단계에서 나타났던 오류가 시간이 지남에 따라 더 이상 보이지 않는 데 비해, 외국어 학습에서는 이러한 오류가 고착화되어 줄곧 해당 오류를 보이는 현상이 나타난다. 이러한 현상을 화석화(fossilization)라고 하며, 성인 외국어 학습자에게 흔히 관찰된다.

성인 외국어 학습자들이 외국어 발달을 멈추거나 화석화를 보이는 이유는 크게 두 가지 관점으로 설명될 수 있다(Mitchell, Myles & Marsden, 2013). 첫 번째는 심리언어학적(psycholinguistic) 견해로, 어린 아이들에게 작동했던 언어 습득을 위한 기제(mechanisms)가 나이가 들어서는 더 이상 작동하지 않는다는 것이다. 이는 외국어 습득에 있어서도 결정적 시기가 있다는 견해와 일치한다. 또 하나는 사회언어학적(sociolinguistic) 견해로, 나이가 많은 학습자들은 언어 경험을 위한 사회적인 기회가 부족하거나 학습 동기가 부족하다는 것이다. 또한 아동은 언어 자아(language ego; Guiora et al., 1980)가 유연하여 새로운 언어에 대한 거부감이 적어서 새로운 언어를 잘 받아들일 수 있는 반면, 사춘기 이후에는 언어 자아가 견고해져 방어 심리가 작동하여 새로운 언어에 대해 거부감을 가질 수 있다. 이러한 이유에서 성인 외국어 학습자들이 외국어 발달을 멈추거나 화석화를 보인다는 것이다.

(2) 말하기 지도 기법

말하기 활동 유형은 교사의 통제를 바탕으로 교사가 의도한 것을 말하는 통제 연습(controlled practice), 어느 정도의 통제를 가하지만 학생들이 자신의 생각을 일부 드러낼 수 있는 유도 연습(guided practice), 교사의 통제 없이 학생들이 자유롭게 자신의 생각을 표현하는 의사소통 활동(communicative activity)으로 구분된다. 일반적으로 통제 연습과 유도 연습 후 의사소통 활동을 수행한다. 아래는 다양한 말하기 지도 기법들의 사례이다 (Nation & Newton, 2009).

정보차 활동 정보차 활동(information gap activity)에는 여러 가지 사례가 있다. '지도 완성하기(complete the map)'의 경우 학생들은 각자 완성되지 않은 지도를 가지고, 서로 이야기를 나누면서 정보를 모으고 이를 바탕으로 지도를 완성한다. 이때 자신의 지도를 다른 학생들에게 보여 주지 않도록 한다. 다른 사례로 '차이점 찾기(find the differences)'를 들 수 있다. 두 명이 서로 비슷한 그림을 가지고, 각자 자신의 그림을 묘사함으로써 서로의 그림에서의 차이점을 발견하도록 한다. 이때 자신의 그림을 다른 학생에게 보여 주지 않도록 한다.

문제 해결하기 문제 해결하기(problem solving) 활동에서 학생들은 먼저 모둠을 구성한다. 각 모둠에는 풀어야 할 문제가 부여되고, 학생들은 이를 해결하기 위해 토의한다. 토의의 결과는 반 학생들 앞에서 발표한다.

고민 상담하기 일부 신문에는 독자들의 사연을 받고 상담해 주는 섹션(agony column)이 있다. 독자의 사연과 이에 대한 상담 답변들은 말하기 수업에서 활용 가능하다. 수업의 과정은 다음과 같다.

1. 교사는 학생들에게 사연을 읽어 주되, 답변은 읽어 주지 않는다. 단어 등 학생들이 어려워하는 부분은 설명하며, 학생들의 수준을 고려하여 사연을 좀 더 쉬운 언어로 바꿀 수 있다. 교사가 사연을 읽어 줄 때 학생들이 받아쓰기(dictation) 활동을 수행하도록 응용할 수 있다.
2. 사연 읽기가 끝나면, 학생들은 모둠을 구성하여 해당 사연에 대해 어떤 충고를 하면 좋을지에 대해 토의한다.
3. 토의가 끝난 후 교사는 신문에 제시된 충고 내용을 알려 준다. 이를 학생들이 제시한 충고와 비교해 보고 함께 이야기를 나눈다.

순위 매기기	학생들에게 물건 목록을 주고, 주어진 기준에 따라 해당 물건들의 순위(ranking)를 매기도록 한다. 예를 들어 정글에서 길을 잃었을 때 생존을 위해 필요한 물건들(예: 침낭(a sleeping bag), 라디오(a radio), 도끼(an axe), 총과 10개의 총알(a gun and ten bullets)) 중에서 순위를 매긴다. 학생들은 해당 문제에 대해 개별적으로 생각해 본 다음, 모둠원들과의 토의를 통해 합의점에 도달한다. 이후 모둠의 생각을 반 전체에 발표하여 다른 모둠들의 생각과 비교한다.
이야기 배열하기	이야기 배열하기(strip story) 활동에서 학생들은 먼저 모둠을 구성한다. 교사는 모둠원의 숫자만큼의 문장으로 된 이야기를 선정한 다음, 각각 다른 종이에 한 문장씩 적고 각 모둠원에게 하나씩 나눠 준다. 각 모둠원은 문장을 하나씩 갖고 그것을 외운다. 이후 교사는 학생들에게 나눠 준 종이를 모두 걷는다. 각 학생들은 자신의 모둠원들에게 자신이 외운 문장을 말하고, 각 모둠원들은 목표어로 의사소통하면서 각 문장들을 올바른 순서로 배열한다.
조사하기	학생들은 질문 목록을 가지고 교실 내 다른 학생들에게 질문을 던지고 정보를 수집하는 활동을 한다. 조사하기(survey) 활동은 교실 내 학생들뿐만 아니라, 다른 교실의 학생, 혹은 학교 밖 인물을 대상으로 삼을 수 있다.
인터뷰하기	묻는 사람(interviewer)과 답하는 사람(interviewee) 사이의 인터뷰(interview) 상황을 마련하여 말하기 활동을 한다. 예를 들어, 학생들은 서로 돌아다니면서 좋아하는 자동차에 대해 질문하며 인터뷰한다. 이때 학생들마다 각자 자신이 좋아하는 자동차에 대해 정보(예: 기능, 디자인 등)를 가지고, 인터뷰 질문에 답하도록 할 수도 있다.
말 녹음하기	**말 녹음하기**(best recording)는 **유창성** 향상에 효과적인 활동이다. 학생은 예전의 경험을 영어로 말하거나, 그림이나 사진에 대해 묘사하는 영어 발화를 스스로 녹음한다. 학생은 녹음 내용을 들으면서 어떤 부분을 향상시킬 수 있을지 해 보고, 향상된 발화를 다시 녹음을 한다. 학생 스스로가 녹음한 내용이 만족스러울 때까지 녹음과 자기평가를 계속하며, 이러한 반복 활동을 통해 유창성이 향상될 수 있다.

4/3/2 활동	**4/3/2 활동** 역시 **유창성** 향상에 효과적인 활동이다. 짝 활동으로, 한 명은 화자(speaker)의 역할을, 다른 한 명은 청자(listener)의 역할을 맡는다. 화자가 특정 주제에 대해 4분 동안 영어로 말하고 청자가 이를 듣는다. 화자는 대화 상대를 바꾼 다음 같은 주제에 대해 3분 동안 말한다. 화자는 다시 대화 상대를 바꾼 다음 같은 주제에 대해 2분 동안 말한다. 이러한 반복 활동을 통해 유창성이 향상될 수 있다.
리허설하기	**유창성** 향상에 효과적인 활동으로 **리허설하기**(rehearsed talks)도 들 수 있다. 학생들이 각자 말할 내용을 준비한 후 준비한 내용을 짝에게 발표한다. 다음으로 모둠원들 앞에서 준비한 내용을 발표한다. 마지막으로 전체 학급 앞에서 준비한 내용을 발표한다. 이러한 반복 활동을 통해 유창성이 향상될 수 있다.
전달하고 말하기	전달하고 말하기(pass and talk) 활동에서 각 학생들은 과업(task)이 적힌 카드를 받는다. 과업은 특정 인물이나 물건의 묘사, 친구에 대해 말하기, 어떤 사안에 대해 의견 말하기 등 다양하게 구성할 수 있다. 학생들은 카드를 서로 손에서 손으로 옮기다가, 교사가 멈추라고 지시한 시점에, 자신의 손에 있는 카드에 적힌 과업 내용을 수행해야 한다. 카드는 여러 번 돌게 되며, 학생들은 이를 통해 다양한 과업을 수행한다. 말하기를 반드시 해야 하는 상황을 만드는 활동, 즉 **강요된 출력**(pushed output)과 관련된 활동이다.
다시 말하기	다시 말하기(retelling)는 학생이 듣기 자료를 듣거나 읽기 자료를 읽고 해당 내용을 이해한 다음, 자신의 언어로 그 내용을 다시 말하는 활동이다. 수용적 경험을 생산적 사용으로 이끌어 주는 효과적인 방법이며, 말하기를 반드시 해야 하는 상황을 만드는 활동, 즉 **강요된 출력**(pushed output)과 관련된 활동이다.
Q → SA+EI	학습자들은 대화를 유지하는 효과적인 전략으로 'Q→SA+EI'를 배울 수 있다. 이는 질문(question, Q)을 받았을 때, 해당 질문에 대해 짧은 답변(short answer, SA)을 제시한 후, 추가적인 정보(extra information, EI)를 주는 것이 대화를 유지하는 데 효과적이라는 것이다. 예를 들어, 누군가가 "여기 머무른

지 얼마나 됐어요?"라고 물어 보았을 때, SA+EI의 대답으로, "약 6개월이요 (SA). 그런데 처음에는 아주 어려웠어요(EI)."라고 할 수 있다. 이 추가적인 정보는 질문을 한 사람이 추가적인 질문을 만드는 데 도움을 준다. 예를 들어 질문을 한 사람은 "어떤 어려움이요?"와 같이 추가적인 질문을 할 수 있다. 이러한 과정을 통해 대화가 지속되며, 이러한 전략은 특히 친밀한 관계를 유지하기 위한 비형식적인 말하기(informal speaking)를 배울 때 적극적으로 활용할 수 있다.

단계별 질문을 통한 발화 도출 기법

단계적 질문(Stage 1, 2 and 3 questions)을 통해 다양한 발화를 도출한다. 첫 번째 단계의 질문(Stage 1 question)은 사실적 이해를 묻는 질문으로, 읽기 자료에 명시적으로 제시되어 있거나 그림에서 손으로 짚어서 답할 수 있는 것을 질문하는 것이다(예: What is behind the house?). 두 번째 단계의 질문 (Stage 2 question)은 추론적 이해를 묻는 질문으로, 답을 찾기 위해 학생이 여러 가지 사실을 종합해야 한다. 예를 들어, 그림을 보여 준 다음, 'What season is it?', 'What country do these people come from?'이라는 질문을 하면, 학생들은 이 질문에 답하기 위해 여러 가지 정보를 고려하고 종합해야 한다. 학생이 답을 한 다음 교사는 'How do you know this?'라고 물어 본다. 처음 두 단계의 질문이 닫힌 질문(closed question)으로 단답형 대답을 이끌어 내는 데 초점을 둔다면, 세 번째 단계의 질문(Stage 3 question)은 열린 질문 (open question)을 적극적으로 사용하고 학생들의 상상력을 이끌어 내도록 하는 질문이다. 예를 들면 'Why does this person like wearing blue clothes?', 'What are these people thinking about?'과 같은 질문이 세 번째 단계에 해당한다.

(3) 발음 지도 기법

다음은 발음 지도 시 사용할 수 있는 교수·학습 활동 사례이다(Nation & Newton, 2009).

소리 구별하기	소리 구별하기(distinguishing sounds) 활동에서는 최소 대립쌍(minimal pair)을 적극적으로 활용하여 학생이 스스로 소리가 같은지 다른지를 구별함으로써 음소를 익히도록 한다. 교사는 두 개의 단어를 들려 주는데, 때로는 pan-pan과 같이 동일한 소리를 들려 주고, 때로는 pan-fan과 같이 서로 다른 소리를 들려 준다. 학생들은 두 단어의 소리를 듣고 같으면 the same이라고 말하고, 다르면 different라고 말한다. 또는 소리가 같으면 오른손, 다르면 왼손을 드는 방식을 사용하여 전체 활동으로 진행할 수도 있다. 교사는 학생들의 답변이 정확한지 알려 주어야 한다.
교사를 테스트하기	교사를 테스트하기(testing the teacher) 활동에서는 학생과 교사가 역할을 바꾸어 소리 구별하기 활동을 한다. 학생이 두 개의 단어를 교사에게 들려 주는데, 때로는 cat-cat과 같이 서로 소리가 같고, 때로는 cat-cap과 같이 다른 소리를 들려 준다. 교사는 학생이 발화한 두 단어의 소리를 듣고 같으면 the same이라고 말하고, 다르면 different라고 말한다.
틀린 발음 확인하기	틀린 발음 확인하기(don't be tricked) 활동에서 교사가 칠판에 단어들을 쓰는데, 예를 들어 pan과 fan을 쓴다. 학생이 이 중 하나를 가리키면 교사는 해당 단어를 발음한다. 그러나 교사는 때로 일부러 틀리게 발음한다(예: pan을 fan으로 틀리게 발음). 그 때 학생은 'No.'라고 말해야 한다.
선다형 문제에서 소리 찾기	선다형 문제에서 소리 찾기(multiple-choice sounds) 활동에서 학생들은 다음과 같은 단어 목록을 본다.

> 1. heat hit eat hat it
> 2. can kin ken fun Kim
> …

1번에 제시된 5개의 단어 중 교사가 단어 1개를 말하고, 학생은 교사가 말한 단어에 동그라미를 친다. 2번도 마찬가지 방식으로 학생은 교사가 말한 단어에 동그라미를 표시한다. 모든 문항들을 다 풀고 난 후, 교사는 다시

1번으로 돌아와서 아까와는 다른 단어를 말하고 학생은 교사가 말한 단어에 네모를 표시하게 할 수 있다.

3개 소리 중 같은 소리 찾기 3개 소리 중 같은 소리 찾기(triplets) 활동에서, 교사하고 학생은 같은 소리나 단어가 몇 번째인지 1, 2, 3 등의 번호를 말한다. 예를 들어, 교사가 pan, fan, pan이라고 발음했다면 학생은 1번째와 3번째 소리가 같으므로 1, 3이라고 답해야 한다. 교사가 fan, fan, pan라고 말하면, 학습자는 1, 2라고 답해야 한다.

3 교과서 사례

 [4영02-01] 알파벳과 낱말의 소리를 듣고 따라 말할 수 있다.

YBM최 3학년 2단원 교과서 26쪽

A Chant 찬트를 따라 하고, 알맞은 알파벳 붙임 딱지를 붙여 봅시다. 부록 139쪽 붙임 딱지

Aa apple / ant   Bb banana / book

YBM최 3학년 총론 지도서 38쪽

알파벳의 소리가 포함된 여러 낱말을 듣고 따라 말하며 소리와 철자의 관계를 자연스럽게 인식할 수 있다.

위의 3학년 교과서 사례에서는 알파벳의 소리가 포함된 낱말을 듣고 따라 말하도록 하는 활동이 제시되어 있다. 제시된 어휘는 apple, ant이며 해당 어휘의 a에 해당하는 소리인 /æ/를 듣고 따라 말하도록 하고 있다. 한편 해당 내용은 문자 언어로 제시된 것을 따라 말한다는 점에서 읽기 성취기준 '[4영03-02] 소리와 철자의 관계를 이해하여 낱말을 읽을 수 있다.'와도 관련되며, 소리와 철자의 관계를 자연스럽게 익힐 수 있는 기회를 제공할 수 있다.

 [4영02-02] 영어의 강세, 리듬, 억양에 맞게 따라 말할 수 있다.

대교 3학년 1단원 교과서 10쪽

대교 3학년 총론 지도서 28쪽

주요 의사소통 표현이 실생활에서 쓰이는 상황을 확인하며 듣고 따라 말하게 한다.
발음의 정확성보다는 전체적인 억양, 강세, 리듬을 살려 따라 말하는 유창성에 초점을 둔다.

위 사례는 3학년 교과서 1차시에 제시되는 활동 코너인 'Listen and Repeat'으로서, 단원의 목표 표현을 듣고 따라하는 활동을 담고 있다. 학생들은 따라 말하기를 통해서 영어의 강세, 리듬, 억양 등 초분절음적 요소들을 익힐 수 있다.

 [4영02-03] 그림, 실물, 동작에 관해 쉽고 간단한 낱말이나 어구, 문장으로 표현할 수 있다.

대교 3학년 7단원 교과서 81쪽

대교 3학년 7단원 지도서 231쪽

Talk and Play

같은 카드 내려놓기 놀이

활동 형태	모둠 활동(4인 1모둠)
준 비 물	[교사] 없음 [학생] 그림 카드(교과서 137쪽)
사용 표현	I (don't) have *a pencil*. Do you have *a pencil*? – Yes, I do. / No, I don't.
어 휘	pencil, eraser, scissors, crayons, ruler, glue stick

❶ 4명이 한 모둠이 되어 각자 6장의 그림 카드 중 4장을 고른다.
❷ 가위바위보를 하여 순서를 정한다. 첫 번째 학생(S1)이 그림 카드 한 장을 골라 모둠원 중 한 명(S2)에게 "Do you have a pencil?" 등으로 해당 그림 카드를 갖고 있는지 묻는다.
❸ S2는 해당 그림 카드가 있으면 "Yes, I do. I have a pencil."이라고 대답하고, 그 그림 카드를 S1에게 준다. 만약 해당 그림 카드가 없으면 "No, I don't. I don't have a pencil."이라고 대답한다.
❹ S1은 S2에게 그림 카드를 받아 같은 그림 카드가 2장이 되면 책상 위에 내려놓는다.
❺ 같은 방법으로 놀이를 계속한다. 제한 시간 내에 가장 많은 그림 카드를 내려놓은 학생이 이긴다.

> **TEE**
>
> ❶ Make groups of four and choose four picture cards each.
> ❷ Do rock-paper-scissors to decide who will go first. S1 chooses a card and if his/her card is a pencil card then S1 asks S2, "Do you have a pencil?"
> ❸ If S2 has the same card, he/she says, "Yes, I do. I have a pencil." Then S2 gives the card to S1. If S2 doesn't have the card, he/she says, "No, I don't. I don't have a pencil."
> ❹ If S2 gives the card to S1, S1 puts the pair of pencil cards on the desk.
> ❺ Repeat the activity. The student who puts the most cards on the desk within the time limit wins.

위의 3학년 교과서 사례는 연필, 지우개와 같은 그림을 보고 pencil, eraser와 같이 쉬운 낱말을 활용하여, 'I have a pencil.', 'I don't have a pencil.'과 같은 간단한 문장을 표현하도록 하는 활동이다. 이 활동에서는 게임을 활용하고 있으며, 이러한 게임을 성공적으로 수행하기 위해 학생들은 해당 표현들을 말할 수 있어야 한다.

[4영02-04] 한두 문장으로 자기소개를 할 수 있다.

동아 3학년 1단원 교과서 13쪽

동아 3학년 1단원 지도서 80쪽

Play Together 2　10 min.　원 돌며 자기소개하기

활동 형태	전체 활동	준비물	없음.
사용 언어	• Hello/Hi, I'm _____. • Goodbye. / Bye.	• Nice to meet you(, too).	

활동 방법
① 반 전체를 두 모둠으로 나누고 안쪽 원과 바깥쪽 원으로 두 개의 원을 만들어 마주 선다.
② 찬트를 따라 부르며, 안쪽 원과 바깥쪽 원의 학생들은 서로 반대 방향으로 돈다.
③ 교사가 찬트를 멈추면, 마주 보고 선 학생끼리 예시 대화와 같이 말한다.
④ 교사가 찬트를 다시 시작하면 "Goodbye. / Bye."와 같이 헤어지는 인사를 하고 다시 돌며 활동을 계속한다.

① I'll divide the class into two groups. Group 1, stand in the small circle. Group 2, stand in the outer circle. Group 1 and 2 face each other.
② Walk around in circles in opposite directions singing the chant from *Look and Say*.
③ If I say "Stop," please stop. Then have a conversation like the sample dialog.
④ When I start the chant again, say goodbye to the partner and continue the activity.

위의 3학년 교과서 사례에서는 원형으로 돌며 자기소개하기 활동을 보여 주고 있다. 학생들의 흥미 제고를 위해 몸을 움직이면서 다양한 친구들과 소개하기를 하고 있으며, 이동 중에는 찬트를 부르도록 하여 더욱 흥미를 높이고 있다. 소개할 때에는 'Hello. I'm _____.'과 같이 한두 문장을 사용하여 자기를 소개하도록 하고 있다.

[4영02-05] 한두 문장으로 지시하거나 설명할 수 있다.

위의 3학년 교과서 사례에서는 지시하는 말 전달하기 게임을 보여 주고 있다. 네 명이 한 모둠을 구성한 다음, 첫 번째 학생이 두 번째 학생에게 지시하는 말을 한다. 지시하는 말을 전달받은 두 번째 학생은 지시에 맞게 행동한 후에 세 번째 학생에게 자신이 전달받은 지시하는 말에 다른 지시하는 말을 덧붙여서 말한다. 세 번째 학생은 두 가지 지시에 맞게 행동한다. 이와 같은 방법으로 지시하는 말 전하기와 덧붙이기 활동을 이어 나간다.

[4영02-06] 쉽고 간단한 인사말을 주고받을 수 있다.

YBM김 3학년 5단원 교과서 45쪽

YBM김 3학년 5단원 지도서 140쪽

1. **Get Ready** 준비하기
   ▶ 교과서 45쪽 말판을 보며, 활동에 필요한 표현 연습을 한다.
   T Let's practice some expressions before we play the game.
   T (말판에서 안부를 묻고 답하는 그림을 가리키며) Let's say the dialog for this picture.
   S1 How are you?   S2 I'm great.

2. **Play and Learn** 놀이하며 배우기

   오르락내리락 말판 놀이

   | 준비물 | 주사위, 말 | 활동 형태 | 모둠 활동(네 명) |

   사용 언어 ·How are you? — I'm _____. / ·Good morning/afternoon.
   사용 어휘 good, not good, great
   활동 방법
   ① 네 명이 한 모둠이 되어, 두 명씩 팀을 나눈다.
   ② 가위바위보로 순서를 정하고, 이긴 팀부터 주사위를 던진다.
   ③ 주사위를 던져 홀수가 나오면 한 칸, 짝수가 나오면 두 칸 앞으로 이동한다.
   ④ 해당 칸의 그림을 보면서 팀원끼리 역할을 나누어 대화한다. 해당 칸에 사다리가 있으면 사다리를 타고 올라가고, 미끄럼틀이 있으면 미끄러져 내려오며, 이동한 칸의 대화도 주고받는다.
   ⑤ 팀이 번갈아 가며 활동을 진행하여 먼저 도착지에 이른 팀이 이긴다.

   TEE
   • Let's make groups of four. Then, divide each group into two teams.

위의 3학년 교과서 사례에서는 말판 놀이 과정에서 학생들이 쉽고 간단한 인사말을 주고 받도록 하고 있다. 게임에서 승리하기 위해서는 주사위를 던져 나온 칸의 그림에 적합한 인사말(예: Good morning/Good afternoon/How are you? I'm ____)을 모둠원과 주고 받을 수 있어야 한다. 학생들의 흥미를 높이기 위해 말판 놀이를 활용하고 있다.

[6영02-01] 그림, 실물, 동작에 관해 한두 문장으로 표현할 수 있다.

위의 5학년 교과서 사례에서는 동작에 대해 한두 문장으로 표현하는 활동을 제시하고 있다. 방과 후 과학 교실에서 한 학생이 비행기 조립을 완성한 후 비행기를 움직이고 있다. 이 동작을 다른 학생이 보고 'What are you doing?'이라고 질문하자 'I'm making an airplane.'이라고 답하면서 동작에 관해 한 문장으로 표현하고 있다.

[6영02-02] 주변 사람에 관해 쉽고 간단한 문장으로 소개할 수 있다.

위의 5학년 교과서 사례에서는 주변 사람인 친구에 대해 간단한 문장으로 소개하는 활동을 제시하고 있다. 학생들은 친구를 출신 국가와 외모를 중심으로 소개하고 있다. 외모는 얼굴 생김새, 복장, 액세서리 등에 대한 것으로 나타나 있다. 교사는 친구 등 주변 사람에 대해 쉽고 간단한 문장으로 소개할 때 유용한 표현들을 학생들이 익히고 사용하도록 지도할 필요가 있다.

[6영02-03] 주변 사람과 사물에 관해 쉽고 간단한 문장으로 묘사할 수 있다.

대교 5학년 3단원 교과서 40쪽

대교 5학년 3단원 지도서 131쪽

Emily 가족이 로봇 레스토랑에 가서 음식을 주문한다.
Robot: Welcome to Mr. Robot's Restaurant. Here is the menu.
Dad : Spaghetti, please.
Emily : I want a *bulgogi* pizza and a lemon juice.
Brother: A hamburger and milk, please.
Mom : I want chicken salad with coffee.
잠시 후, 로봇이 주문한 음식들을 테이블로 가져온다.
Robot: Here you are.
Emily : (레몬 주스를 한 모금 마신 후) It's sour. I like it.
Dad : Try some spaghetti, Emily.
Emily : (스파게티를 맛본 후) It's delicious.
Dad : Do you want some more?
Emily : No, thanks. It's spicy.
로봇이 커피를 거의 다 마신 엄마에게 커피 주전자를 들고 다가와 묻는다.
Robot: Do you want some more?
Mom : Yes, please.
식사를 마친 Emily 가족이 자리를 뜬 후, 로봇이 탁자 아래에서 모자 하나를 발견한다.
Robot: Whose hat is this?
Emily : Oh, it's mine. Thank you.

위의 5학년 교과서 사례에서는 한 가족이 레스토랑에 가서 음식을 주문하여 먹는 상황에서 음식 맛을 묻고 답하는 대화를 제시하고 있다. 주변에서 쉽게 접할 수 있는 음식의 맛이 어떤지에 대한 질문에 간단하게 답하면서 주변 사물에 대해 'It's delicious.'와 같이 간단한 문장으로 묘사할 수 있음을 보여 주고 있다.

[6영02-04] 주변 위치나 장소에 관해 쉽고 간단한 문장으로 설명할 수 있다.

위의 6학년 교과서 사례에서는 주변 건물이나 시설의 위치가 어디이며 어떠한 교통수단을 활용해 도착할 수 있는지를 묻고 이에 대해 답하는 활동을 제시하고 있다. 지도서에서는 주변의 위치에 관련된 표현을 익히고, 어떠한 교통수단을 활용하여 목적지에 도달할지를 설명하는 유용한 표현들을 연습하고 사용해 보도록 지도하는 상황을 예시 대화로 제시하고 있다.

[6영02-05] 간단한 그림이나 도표의 세부 정보에 대해 묻거나 답할 수 있다.

동아 6학년 4단원 교과서 53쪽

동아 6학년 4단원 지도서 171쪽

> **Think and Talk** 예시 대화
>
> A: How often do you brush your teeth(wash your hands/have breakfast/exercise/eat fast food)?
> B: Twice(Three times/Five times/Four times/Once) a day(week).
> A: You should brush your teeth(wash your hands) more often.
>
> **Your Turn**
> A: How often do you play computer games?
> B: Once a week.

위의 6학년 교과서 사례에서는 간단한 그림이나 도표를 보고 그 세부 정보에 대해 묻고 답하는 활동을 제시하고 있다. 학생들이 생활 습관에 관련된 행동에 대한 도표를 보고, 하루 혹은 일주일이라는 일정한 시간 동안 그 행동을 얼마나 자주 하는지를 묻고 이에 답하는 표현을 익혀 대화하도록 유도하고 있다. 위 활동은 지도서의 예시 대화를 활용해 생활 습관에 관한 빈도를 묻고 답하며 충고하는 말을 해 보는 연습을 제공하고 있다.

[6영02-06] 자신의 경험이나 계획에 대해 간단히 묻거나 답할 수 있다.

대교 6학년 6단원 교과서 85쪽

대교 6학년 6단원 지도서 243쪽

세 가지 그림을 골라 이번 토요일에 할 일에 대해 친구와 대화해 봅시다.

활동 형태	짝 활동
사용 표현	What are you going to do this Saturday? – I'm going to *do taekwondo*. That's a good plan.
어 휘	do *taekwondo*, go to a concert, plant flowers, watch a baseball game, feed the dogs, go on a trip

❶ 두 명이 짝이 되어 각자 토요일에 할 일을 나타내는 그림 3개를 골라 동그라미를 한다.
❷ 짝과 번갈아 가며 이번 토요일에 할 일을 서로 묻고 답한다. 짝과 같은 활동을 고른 경우에는 "That's a good plan."이라고 말한다.
　예 S1 What are you going to do this Saturday?
　　　S2 I'm going to do *taekwondo*.
　　　S1 (같은 활동을 골랐으면) That's a good plan.

TEE

❶ Work in pairs. Choose three pictures that show what you are going to do this Saturday. Then, circle the pictures.
❷ Take turns asking and answering about what you are going to do this Saturday. If you choose the same activity as your partner, say, "That's a good plan."

위 사례는 6학년 교과서에 제시된 것으로 자신의 계획에 대해 친구와 묻고 답하는 활동이다. 토요일에 할 일로 제시된 6개 그림 중에 3개를 고르도록 하고 있다. 지도서에서는 계획에 대해 묻고 답할 수 있는 질문, 이에 대한 응답 및 이어지는 반응이라는 대화 유형을 제시하고 있으며, 학생들이 이를 활용해 제시된 그림에 맞게 친구들과 대화하도록 유도하고 있다.

[6영02-07] 일상생활 속의 친숙한 주제에 관해 간단히 묻거나 답할 수 있다.

동아 5학년 8단원 교과서 109쪽

동아 5학년 8단원 지도서 295쪽, 297쪽

Think and Talk   예시 대화

A: What time do you get up(have breakfast/go to school/have lunch/take a shower)?
B: I get up(have breakfast/go to school/have lunch/take a shower) at 7:30(8:00/8:30/12:00/6:40).

1. Look and Practice
▶ 교과서 그림을 보며 어떤 대화를 하고 있는지 추측하게 한다.
🅣 Look at the picture. What do you think they're talking about?
🅢 일과를 이야기하고 있는 것 같아요.
▶ 예시 대화를 들려주고 짝과 함께 주요 표현을 연습하게 한다.
🅣 Let's listen to the sample dialogs and repeat them.

2. Your Turn
▶ 일과표의 빈칸에 시각을 쓰고, 짝과 함께 대화하게 한다.
🅣 Write the time to go to bed in the blank.
🅣 Think and make dialogs. Then talk with your partner.
🅣 Who wants to share their dialogs?

위 사례는 5학년 교과서에 제시된 것으로 학생들이 하루 일과에 대해 묻고 답하는 활동이다. 아침에 일어나기, 학교 가기와 같은 일과는 학생들에게 친숙한 주제이다. 학생들의 말하기를 돕기 위해서 학생들이 하루 중에 할 만한 일을 그림으로 제시하고 있다. 학생들은 제시된 그림을 보고 짝과 번갈아 가며 하루 일과에 대해 대화를 나눈다.

그림 자료 활용 관련 유의점

그림 자료를 사용할 때 주의할 점은 그림을 통해서 의미를 생성하는 학생의 입장에서 생각해야 한다는 점이다. 특히 초등학생들을 위한 교재는 학생들에게 흥미와 호기심을 불러일으키기 위해서 동물을 의인화하는 등 재미있는 요소를 그림에 포함시키는데 이러한 장치들이 학생들의 의미 이해에 혼란을 야기시킬 수 있음에 주의해야 한다. 예를 들어, 노래하는 개구리의 사진과 함께 sing이라는 단어를 들려 준다면, 학생들은 sing에 대해 두 가지의 의미를 예상할 수 있다. 첫 번째는 '노래하다'의 의미로 이해할 수 있고, 두 번째는 '개구리'의 의미로 이해할 수도 있다. 만약 학생이 '개구리'가 영어로 frog라는 것을 모른다면 sing이라는 단어와 함께 제시된 노래하는 개구리의 사진은 학생에게 두 가지로 해석할 여지를 준다. 물론 개구리가 영어로 frog라는 것을 아는 학생에게는 그 그림이 혼동을 초래하지 않을 것이다. 다음은 이와 관련한 사례이다.

위의 그림에서 fun이라는 단어와 man이라는 단어가 제시되어 있는데, fun이라는 단어에는 이를 드러내며 웃는 여자 아이의 그림이 제시되어 있고, man이라는 그림에도 이를 드러내며 웃는 남자의 그림이 제시되어 있다. 두 그림 모두 인물이 웃고 있는 그림이므로 만약 fun과 man의 뜻을 모르는 학생이라면 이 그림을 통해 fun의 의미와 man의 의미를 파악하기는 쉽지 않을 수 있다.

① 다음은 Swain(1985)의 출력 가설(Output Hypothesis)이 제안된 배경을 설명하고 있는 글이다. 해당 내용을 바탕으로 우리나라 학생들에게 영어 말하기 지도가 중요한 이유에 대해 설명하시오.

> The immersion students studied by Swain and her colleagues were exposed to French-medium instruction for extended periods of time, and achieved comprehension abilities in French L2 which were close to native speaker level. However, their productive ability lagged behind something which Swain attributed to the fact that their classroom involvement with French mostly involved reading and listening to L2 input, without needing to speak/write in French at a high level. Swain argued that students could often succeed in comprehending L2 texts, while only partly processing them; that is, concentrating on semantic processing. She took the view that only production (that is, output) really forces L2 learners to undertake complete grammatical processing, and thus drives forward most effectively the development of L2 syntax and morphology.
>
> (Mitchell, Myles & Marsden, 2013, p. 175)

2 다음은 3학년 교과서의 지도서 내용의 일부이다. 읽고 다음 질문에 답하시오.

천재 3학년 8단원 지도서 356쪽

1. Do the Task 협력하여 과업 수행하기

활동 형태	모둠 활동
준비물	선택 2 활동지(지도서 528쪽), 도화지, 색연필 또는 크레파스, 물감, 동물 사진, 가위, 풀
사용 언어	It's _____. / Is it a(n) _____? - Yes, it is. / No, it isn't.
어휘	bird, cat, dog, giraffe, lion, zebra, big, small

STEP 1

❶ 영화 포스터를 보고, 배운 낱말을 찾아 ○표를 하게 한다.
- Look at the posters in your worksheet and circle the words you know.

❷ 짝과 함께 포스터의 동물이 어떤 동물인지 묻고 답하며 동물을 묘사하는 말을 해 보게 한다.
- Talk together with your partner using the expressions and the words you've learned so far.

Sample
S1: Is it a bird?   S1: Wow, it's big!
S2: Yes, it is.

STEP 2 네 명씩 한 모둠이 되어, 동물이 주인공인 영화 포스터를 만들게 한다.
- Make groups of four. Make a poster that has an animal main character together.

① 영화 제목과 주인공이 될 동물을 정해 쓰게 한다.
- Decide on the title, animals and their characteristics.

② 포스터의 밑그림을 그리게 한다.
- Sketch the poster.

③ 동물 사진이나 크레파스, 그림 물감, 색연필 등을 이용해 포스터를 완성하게 한다.
- Complete the poster using various coloring materials.

STEP 3 모둠별로 영화 포스터를 보여 주고, 반 친구들과 함께 어떤 동물인지 묻고 답하며 동물을 묘사하는 말을 해 보게 한다.
- Introduce your work and have a conversation with your friends using the expressions what you've learned.

Sample
S: Is it a _____?   S: Wow, it's small (cute, big)!
모둠 1: Yes, it is.

(1) 위 수업을 통해 달성 가능한 말하기 성취기준을 쓰고 그 이유를 설명하시오.
(2) 위 수업은 언어 기능 통합적인 활동에 해당한다. 위 수업에서 다루고 있는 언어 기능을 모두 쓰고 그 근거를 제시하시오.

- 성취기준과 그 이유:

- 다루고 있는 언어 기능:
- 근거:

제5장
읽기

1. 교육과정 해설
   1.1. 3~4학년군
      (1) 성취기준
      (2) 교수·학습 방법 및 유의 사항
      (3) 평가 방법 및 유의 사항

   1.2. 5~6학년군
      (1) 성취기준
      (2) 교수·학습 방법 및 유의 사항
      (3) 평가 방법 및 유의 사항

2. 심화 학습
   (1) 읽기의 유형
   (2) 읽기 지도 기법

3. 교과서 사례

4. 과제

1 교육과정 해설

1.1. 3~4학년군

(1) 성취기준

3~4학년군 읽기 영역 성취기준 및 핵심 개념	초등학교 3~4학년군의 읽기는 알파벳을 식별하고 영어의 소리와 철자관계를 이해하여 낱말을 읽을 수 있는 기초를 다지는 과정으로 낱말과 어구, 문장을 따라 읽는 단계를 넘어 낱말이나 어구, 문장을 읽고 그 의미를 이해할 수 있도록 설정되었다. 학습자들이 3~4학년군의 읽기 영역 성취기준을 달성함으로써 영어 읽기 능력의 기초를 다지고, 영어에 대한 흥미와 자신감을 가지며, 다른 문화와 언어의 다양성을 이해할 수 있도록 한다.
[4영03-01] 설명 [4영03-02] 설명 [4영03-03] 설명 [4영03-04] 설명 [4영03-05] 설명	[4영03-01] 알파벳 대소문자를 식별하여 읽을 수 있다. [4영03-02] 소리와 철자의 관계를 이해하여 낱말을 읽을 수 있다. [4영03-03] 쉽고 간단한 낱말이나 어구, 문장을 따라 읽을 수 있다. [4영03-04] 쉽고 간단한 낱말이나 어구를 읽고 의미를 이해할 수 있다. [4영03-05] 쉽고 간단한 문장을 읽고 의미를 이해할 수 있다.
알파벳 대소문자	(가) 학습 요소 ● 알파벳 대소문자, 낱말의 소리, 철자 ● 낱말, 어구, 문장 (나) 성취기준 해설
파닉스/음철법	● '[4영03-02] 소리와 철자의 관계를 이해하여 낱말을 읽을 수 있다.'는 낱말을 구성하고 있는 철자가 낱말 안에서 어떤 음가를 갖고 있는지 이해하고 이를 바탕으로 낱말을 스스로 읽을 수 있는 것을 말한다. 학습자들은 여러 낱말들을 접하면서 각 철자가 어떤 소리를 내며, 같은 철자라도 낱말에 따라 달라진다는 것을 인식하게 된다. 처음에는 낱말의 첫 글자를 나타내는 소리만 인식하다가 점차 낱말의 끝 글자를 나타내는 소리도 인식하게 된다. 나아가 낱말이 자음과 모음으로 구성된다는 것을 알고 모음의 소리까지도 인식하게 된다. 모음의 소리를 인식하게 되면 낱말의 음절을 구분할 수 있게 되어 소리와 철자와의 규칙을 적용하여 낱말을 스스로 읽을 수 있게 되며, 점차 독자적인 읽기의 기초가 되어 문장이나 글을 읽을 수 있는 수준으로 발전하게 된다. 소리와 철자와의 관계는 여러 낱말들을 접하면서 어느 정도 자연스럽게 인지하게 되지만 간단한 낱말 중에서 비슷한 철자 구조를 가지고 있는 낱말을 통해 좀 더 명확하게 인식하도록 한다.
일견어휘	
소리 내어 읽기 와 소리 없이 읽기	● '[4영03-03] 쉽고 간단한 낱말이나 어구, 문장을 따라 읽을 수 있다.'는 교사나 교과서에서 제공하는 원어민 음성을 따라서 소리 내어 읽는 것을 말한다. 소리 내어 읽는 과정을 통해 영어의 발음, 강세, 리듬, 억양을 자연스럽게 익히게 된다. 이때 소리 내어 읽는 것이 의미를 이해하는 수준을 요구하는 것이 아님을 유의해야 한다.

- '[4영03-05] 쉽고 간단한 문장을 읽고 의미를 이해할 수 있다.'는 읽기의 범위가 낱말과 어구에서 문장으로 확대되는 단계로 스스로 문장을 읽고 그 의미를 이해하는 수준을 말한다. 문장 수준의 읽기라고 하여도 음성 언어로 익힌 표현이어야 하며 그림이나 도표 등 시각적 자료를 함께 제공하면 읽기에 대한 부담을 줄이고 읽기의 즐거움을 느낄 수 있다.

(교육부, 2015, pp. 17-18)

| 3~4학년군 읽기 영역 성취기준 및 핵심 개념 | 초등학교 3~4학년군 읽기 영역의 성취기준은 '철자', '어휘 및 문장'의 두 가지 핵심 개념을 다루고 있으며, '세부 정보', '중심 내용', '맥락', '함축적 의미'는 다루고 있지 않다. [4영03-01]부터 [4영03-03]까지의 성취기준은 핵심 개념 중 '철자'에 해당하는 성취기준이고, [4영03-04]와 [4영03-05]는 '어휘 및 문장'에 해당하는 성취기준이다. 3~4학년군 읽기 영역의 성취기준은 '읽을 수 있다' 또는 '따라 읽을 수 있다'로 끝나는 성취기준이 3개, 의미 이해를 포함하는 '읽고 의미를 이해할 수 있다'로 끝나는 성취기준이 2개로 구성되어 있다. |

[4영03-01] 설명

[4영03-01] 알파벳 대소문자를 식별하여 읽을 수 있다.

[4영03-01]은 알파벳의 대문자와 소문자를 구별하여 읽는 것을 목표로 하는 성취기준이다. 영어에서는 대체로 알파벳 소문자가 사용되나, 문장의 첫 글자나 고유명사의 첫 글자에서는 대문자가 사용되므로, 알파벳 대소문자를 식별하는 일은 읽기 및 쓰기를 위해 기본적으로 갖추어야 할 능력이다. 영어의 알파벳에는 대문자 C와 소문자 c처럼 모양이 동일한 것도 있지만, 대문자 A와 소문자 a처럼 모양이 달라지는 것도 있으므로 다양한 학습 활동을 통해 학생들이 알파벳의 대문자와 소문자를 구별하여 인지할 수 있도록 지도한다. 교과서 단원의 제목은 대소문자가 사용되는 좋은 예시이다. 학생들이 단원의 제목을 읽을 때 대문자와 소문자를 식별할 수 있도록 지도하도록 한다. [4영03-01]은 '[4영04-01] 알파벳 대소문자를 구별하여 쓸 수 있다'와 연계되는 성취기준이다.

[4영03-02] 설명

'[4영03-02] 소리와 철자의 관계를 이해하여 낱말을 읽을 수 있다.'는 낱말을 구성하고 있는 철자가 낱말 안에서 어떤 음가를 갖고 있는지 이해하고 이를 바탕으로 낱말을 스스로 읽을 수 있는 것을 말한다. 학습자들은 여러 낱말들을 접하면서 각 철자가 어떤 소리를 내며, 같은 철자라도 낱말에 따라 달라진다는 것을 인식하게 된다. 처음에는 낱말의 첫 글자를 나타내는 소리만 인식하다가 점차 낱말의 끝 글자를 나타내는 소리도 인식하게 된다. 나아가 낱말이 자음과 모음으로 구성된다는 것을 알고 모음의 소리까지도 인식하게 된다. 모음의 소리를 인식하게 되면 낱말의 음절을 구분할 수 있게 되어 소리와 철자와의 규칙을 적용하여 낱말을 스스로 읽을 수 있게 되며, 점차 독자적인 읽기의 기초가 되어 문장이나 글을 읽을 수 있는 수준으로 발전하게 된다. 소리와 철자와의 관계는 여러 낱말들을 접하면서 어느 정도 자연스럽게 인지하게 되지만 간단한 낱말 중에서 비슷한 철자 구조를 가지고 있는 낱말을 통해 좀 더 명확하게 인식하도록 한다.

[4영03-02]는 듣기, 말하기 활동을 통해 익힌 낱말에 대해, 소리와 철자의 관계를 이해하며 학생 스스로 읽을 수 있는 것을 목표로 하는 성취기준이다. '[6영04-01] 소리와 철자의 관계를 바탕으로 쉽고 간단한 낱말이나 어구를 듣고 쓸 수 있다'와 연계된 성취기준이다. 26개의 영어 알파벳은 모음 5개(a, e, i, o, u)와 모음을 뺀 나머지 21개의 자음으로 구성되어 있는데, 이들의 조합을 통해 다양한 소리를 만들어 낼 수 있다. 소리와 철자의 관계를 지도할 때 모음보다는 규칙성이 강한 자음을 먼저 지도하는 것이 좋으며, 한국 학생들이 비슷하게 인식하는 자음인 f와 p, b와 v 등에 주의를 기울여 지도할 필요가 있다. 모음을 지도할 때에도 단모음, 장모음, 이중모음으로 점차적으로 그 난도를 높여서 지도할 필요가 있으며, 학생들이 다양한 활동을 통해서 소리와 철자의 관계의 규칙성을 이해할 수 있도록 지도한다.

파닉스/음철법	문자와 소리의 관련성을 바탕으로 낱말을 읽는 방법을 파닉스(음철법, phonics)라고 한다. 영어에서는 문자와 소리가 정확히 대응되지 않는 경우가 많지만, 문자의 배열에 따라 특정 소리가 나는 경향성이 발견된다. 이러한 경향성을 바탕으로 규칙을 찾아내고 새로운 낱말을 읽는 데 적용하여 처음 접하는 낱말도 소리 내어 읽을 수 있게 하는 것이 바로 파닉스의 핵심이다. 예를 들어 h는 /h/로, a는 /æ/로, t은 /t/로 소리가 난다는 경향성을 바탕으로, hat란 낱말을 /hæt/로 읽게 되는 것이다. 철자와 소리의 일치 정도는 자음이 모음보다 더 높다. 이를 고려하여 파닉스를 지도할 때, 자음을 먼저 지도하고 익숙해진 이후 모음을 지도하는 것이 효과적일 수 있다.

| [4영03-03] 설명 | '[4영03-03] 쉽고 간단한 낱말이나 어구, 문장을 따라 읽을 수 있다.'는 교사나 교과서에서 제공하는 원어민 음성을 따라서 소리 내어 읽는 것을 말한다. 소리 내어 읽는 과정을 통해 영어의 발음, 강세, 리듬, 억양을 자연스럽게 익히게 된다. 이때 소리 내어 읽는 것이 의미를 이해하는 수준을 요구하는 것이 아님을 유의해야 한다. |

[4영03-03]은 교사가 읽어 주거나 듣기 자료를 통해 들려 주는 낱말, 어구, 문장을 보면서 듣고 따라 읽는 것을 목표로 하는 성취기준이다. [4영03-03]은 '[4영02-02] 영어의 강세, 리듬, 억양에 맞게 따라 말할 수 있다.'와 '[6영03-01] 쉽고 간단한 문장을 강세, 리듬, 억양에 맞게 소리 내어 읽을 수 있다.'와 연관된 성취기준이다. [4영02-02]와의 차이점이 있다면 [4영03-03]은 문자로 제시되어 있는 것을 따라 읽는다는 점이다. [6영03-01]과의 차이점은 [4영03-03]은 혼자 주도적으로 읽는 것이 아니라 따라 읽기 활동을 다룬다는 점이다.

일견어휘 모든 낱말을 파닉스로 가르칠 수는 없을 것이다. 파닉스와 더불어 읽기 지도에서 고려해야 하는 것은 일견어휘(sight word)인데, 이러한 일견어휘는 일상생활에서 자주 쓰이는 어휘들로, 의도적으로 이해하려고 노력하지 않아도 어휘를 보는 순간 읽을 수 있고 의미를 이해할 수 있는 것을 말한다. 이러한 일견어휘 방식을 통해 학생들이 해당 어휘들을 바로 인식할 수 있도록 지도하는 것이 필요하다.

소리 내어 읽기와 소리 없이 읽기 소리 내어 읽기(reading aloud)는 낭독으로도 불리며 초등학교 교실에서 많이 이루어지는 활동이다. 이는 분절음의 발음과 초분절음인 강세, 리듬, 억양을 익히면서 소리와 문자를 연결 짓는 훈련 과정에 해당한다. 3~4학년군에서 소리 내어 읽기는 의미를 이해하는 것보다는 소리와 문자를 연결 짓는 훈련 과정에 초점을 두면서 지도한다. 낭독이 소리와 문자를 연결 짓는 데 효과적이라면 소리 없이 읽기(묵독, silent reading)는 의미를 이해하는 데 초점을 둔 읽기 방식이다. 교실 밖에서 학생들이 개인적으로 읽기 자료를 읽을 경우 대개는 묵독의 방식을 사용한다.

[4영03-04]
설명

> [4영03-04] 쉽고 간단한 낱말이나 어구를 읽고 의미를 이해할 수 있다.

[4영03-04]는 문자로 제시된 낱말이나 어구를 읽고 의미를 이해하는 것을 목표로 하는 성취기준이다. 3~4학년군에서 이전 세 개의 성취기준([4영03-01], [4영03-02], [4영03-03])이 소리 내어 읽는 데 초점을 두었다면 [4영03-04]와 [4영03-05]는 읽고 의미를 이해하는 것에 초점을 두고 있다. 어린 학생들은 한 가지 단서만을 가지고 의미를 이해하려고 하는 경향이 있다. 예를 들어 pin이라는 단어를 bin으로 읽고서 '휴지통'이라는 의미로 이해하는 경우도 있다. 이는 학생이 잘못된 소리와 문자 단서(graphophonic cue)만을 이용해서 의미를 이해한 경우인데, 이런 경우를 방지하기 위해서 학생들이 발음과 철자에 관한 소리와 문자 단서(graphophonic cue), 단어가 지니는 의미에 관한 의미적 단서(semantic cue), 문장 내에서 단어의 품사와 같은 통사적 단서(syntactic cue)등 여러 단서를 종합적으로 이용할 수 있도록 교사의 도움이 필요하다. 의미를 이해하기 위해 여러 단서를 이용하는 전략을 배우는 한편, 여러 번 보았던 단어에 대해서는 바로 의미를 이해할 수 있는 일견어휘(sight word)를 동시에 늘려 가도록 해야 할 것이다.

[4영03-05]
설명

> '[4영03-05] 쉽고 간단한 문장을 읽고 의미를 이해할 수 있다.'는 읽기의 범위가 낱말과 어구에서 문장으로 확대되는 단계로 스스로 문장을 읽고 그 의미를 이해하는 수준을 말한다. 문장 수준의 읽기라고 하여도 음성 언어로 익힌 표현이어야 하며 그림이나 도표 등 시각적 자료를 함께 제공하면 읽기에 대한 부담을 줄이고 읽기의 즐거움을 느낄 수 있다.

[4영03-05]는 문자로 제시된 문장을 읽고, 의미를 이해하는 것을 목표로 하는 성취기준이다. [4영03-05]를 지도할 때는 음성 언어로 익힌 문장을 활용하며, '문장과 일치하는 그림 찾기'와 같은 활동을 통해 지도할 수 있다. [4영03-05]는 [4영03-04]가 문장으로 확장된 성취기준이다.

(2) 교수·학습 방법 및 유의 사항

	• 대소문자의 모양이 차이가 나는 알파벳은 특별히 유의하여 지도한다. 모양이 비슷한 알파벳은 서로 짝을 지어 제시하여 그 차이점을 분명하게 알도록 한다. 알파벳 대소문자 짝짓기, 해당하는 알파벳 찾기, 알파벳 모형을 활용한 활동, 알파벳 노래 부르기 등 다양한 활동을 활용하여 재미를 느끼면서 익힐 수 있도록 한다.
	• 소리와 철자의 관계를 지도할 때에는 여러 낱말을 예시로 제시하여 소리와 철자 관계의 규칙을 스스로 찾아 보도록 하며 대응 관계가 규칙적인 낱말, 철자 패턴이 같은 낱말 등을 우선 적용하여 지도한다. 그러나 소리와 철자 관계의 규칙성을 지나치게 강조하면 오히려 역효과가 날 수도 있으므로 여러 가지 활동 속에서 자연스럽게 인식하도록 한다. 낱말을 듣고 첫소리나 끝소리가 같은 낱말 찾기, 소집단 활동으로 첫소리나 끝소리가 같은 낱말 사전 만들기, 첫소리가 같은 낱말 릴레이 등의 다양한 활동을 활용할 수 있다.
	• 소리 내어 읽기를 단순하게 반복하게 되면 지루할 수 있으므로 혼자 읽기, 짝과 교대로 읽기, 목소리 바꾸어서 읽기 등 다양한 방법을 활용하도록 한다. 찬트를 활용하여 소리 내어 읽기를 하는 것도 효과적이다. 다른 학습 활동 속에서 연계하여 기계적이고 반복적인 읽기에만 그치지 않도록 한다.
	• 어구를 읽을 때에는 개별 낱말보다 어구 전체의 의미를 이해하는 데 중점을 둔다. 낱말이나 어구를 읽기로 제시할 때에는 개별로 제시하는 것 외에도 다양한 의사소통 상황 속에서 제시하는 것이 효과적이다. 읽기 활동을 말하기나 쓰기 등 다른 언어 기능과 연계하면 자연스럽게 다른 언어 기능과 통합이 될 수 있다. 낱말이나 어구 카드 놀이나 게임, 컴퓨터 자료 등을 활용하여 재미있으면서도 유의미한 읽기 학습이 되도록 한다.
내용어와 기능어	• 문장 읽기를 지도할 때 유의할 점은 문장 내에 있는 내용어 외에도 be 동사, 인칭대명사, 전치사, 의문사 등의 기능어가 포함되어 있다는 것을 고려하여 학습자들에게 부담이 되지 않도록 한다. 문장 수준의 읽기는 구체적인 상황과 연결 지어 학습자들의 흥미를 높이도록 한다. 문장과 알맞은 그림 찾기, 컴퓨터를 활용한 읽기 게임, 모둠 협력 활동 등을 활용할 수 있다.
읽기 전 활동 읽기 중 활동 읽기 후 활동	• 놀이나 게임은 학습 참여를 높이고 흥미를 지속시키는 긍정적인 효과가 있으므로 카드, 컴퓨터를 이용한 게임 등 다양한 활동을 활용하도록 한다. 다만, 지나치게 경쟁적인 게임은 오히려 역효과가 날 수 있으므로 유의하여야 하며 경쟁적인 게임이나 놀이보다는 협동할 수 있는 활동이 될 수 있도록 한다.

(교육부, 2015, pp. 18-19)

내용어와 기능어

내용어(content word)는 의미가 있는 단어로 명사, 동사, 형용사, 부사 등을 포함한다. 기능어(function word)는 문장 속에서 낱말 사이를 연결하여 문장을 구성하는 기능을 한다. 기능어는 관사, 전치사, 대명사, 접속사, 조동사 등을 포함한다. 일반적으로 내용어에 문장 강세가 오며, 기능어에는 문장 강세가 오지 않는다.

문장 강세에서 내용어와 기능어의 역할과 관련해서는 p. 75을 참고하세요.

읽기 전 활동

효과적인 읽기 지도를 위해 읽기 전, 중, 후 단계(pre-, while-, post-reading stages)로 지도한다(Brown & Lee, 2015).

읽기 전에는 읽을 글의 내용과 연관된 정보를 제시한다. 교사는 학습자가 가지고 있는 배경 지식인 스키마(schema)를 활성화하여 학습자가 글의 내용을 잘 이해하도록 도울 뿐만 아니라 읽기 자료에 대한 흥미와 동기를 유발할 필요가 있다. 또한 글의 내용을 이해하는 데 필요한 어휘 등 언어적 정보와 글의 주제와 관련한 정보를 제시한다. 다음은 읽기 전 활동(pre-reading activity)의 예시이다.

- 읽을 내용의 주제나 소재에 대해 이야기하기
- 읽을 내용과 관련된 어휘 및 표현 익히기
- 그림, 사진, 표, 제목, 소제목 등을 보고 읽을 내용에 대해 예측하기

읽기 중 활동

읽기 중 활동(while-reading activity)은 읽은 내용에 대해 학습자들이 이해하는 단계이다. 읽기 자료의 주제는 학습자에게 친숙하거나 흥미 있는 내용으로 선정하는 것이 좋다. 다음은 읽기 중 활동의 예시이다. 예시 활동 외에도, 목표로 하는 성취기준에 따라 다양한 활동으로 구성할 수 있다.

- 소리 내어 읽기(낭독, reading aloud), 소리 없이 읽기(묵독, silent reading)
- 읽은 내용에 해당하는 그림 찾기
- 읽은 내용 순서대로 그림 배열하기
- 읽은 내용에 해당하는 도표/그림 완성하기
- 읽은 내용의 세부 정보 및 중심 내용 파악하기

읽기 후 활동　읽기 후 활동(post-reading activity)은 글에 포함된 언어를 활용 및 확장하거나 다른 언어 기능 활동과 연계하는 단계이다. 다음은 읽기 후 활동의 예시이다.

- 노래, 찬트, 게임하기
- 이야기 변형하기
- 극화 활동 하기
- 읽은 내용에 대해 토론하기 또는 글 쓰기

(3) 평가 방법 및 유의 사항

성취기준에 적합한 평가	• 3~4학년군 읽기 평가의 내용과 수준은 3~4학년군 읽기 영역 성취기준을 근거로 선정한다. • 교수·학습 활동과 평가가 연계되도록 하여 학습의 결과만을 평가하지 않도록 한다.
알파벳을 식별하여 읽는 능력 평가	• 알파벳을 식별하여 읽는 평가는 실제로 알파벳을 소리 내어 읽는 평가, 알파벳 대소문자를 연결하기, 흩어진 알파벳을 찾아 맞추기 등 실제 수행과 지필평가를 병행하여 실시할 수 있다.
소리와 철자와의 관계 평가	• 소리와 철자와의 관계를 평가할 때에는 학년 수준을 고려하여 규칙적인 관계가 있는 낱말을 선정하도록 한다. 첫소리가 같은 낱말 찾기, 첫소리 알파벳 채우기, 같은 소리로 시작하는 낱말끼리 묶기, 그림과 알파벳 첫소리나 끝소리 연결하기 등 학습 활동의 결과를 평가할 수 있다.
낱말이나 어구 읽기 평가	• 낱말이나 어구 읽기를 평가할 때에는 시각적인 보조 자료 없이 문자 언어를 제시할 수 있으나 구두로 익힌 쉽고 간단한 낱말이나 어구를 선정하도록 한다. 평가 방법으로는 낱말 또는 어구와 그림을 연결하기, 낱말 또는 어구를 읽고 분류하기, 상황에 어울리는 낱말 또는 어구 카드 찾기 등을 활용 할 수 있다.
문장 읽기 평가	• 문장 읽기를 평가할 때에는 지필평가와 병행하여 다양한 활동 과정을 수행평가로 할 수 있다. 문장을 읽고 행동하기, 문장을 읽고 일치하는 그림 찾기, 문장을 읽고 전달하기 등 단순히 읽고 의미를 해석하는 것을 넘어 과업 수행 과정을 평가 할 수 있다. • 평가의 방법을 지필평가, 교사평가, 학생 상호평가, 자기평가, 포트폴리오 등 다양하게 적용하도록 한다.

(교육부, 2015, pp. 19-20)

성취기준에 적합한 평가

3~4학년군 읽기 영역을 평가할 때, 그 내용과 수준은 3~4학년군 읽기 영역의 성취기준을 근거로 선정한다. 3~4학년군 읽기 영역의 성취기준에 근거하여 평가한다면, 알파벳 대소문자를 식별하여 읽거나, 소리와 철자의 관계를 이해하여 낱말을 읽을 수 있는지 또한 쉽고 간단한 낱말, 어구, 문장을 읽고 의미를 이해할 수 있는지를 평가해야 한다. 예를 들어 '[4영03-05] 쉽고 간단한 문장을 읽고 의미를 이해할 수 있다.'는 성취기준에 대한 도달 여부를 평가하기 위해서는, 쉽고 간단한 문장을 제시하고 그 의미를 이해할 수 있는지를 평가하는 문항이 적절하며, 짧은 글을 읽고 세부 정보를 파악하는 것을 평가하는 문항은 3~4학년군의 읽기 영역에 대한 평가로는 적절하지 않다.

알파벳을 식별하여 읽는 능력 평가

알파벳을 식별하여 읽을 수 있는지를 평가하는 것은 3~4학년군 읽기 영역 성취기준 중 '[4영03-01] 알파벳 대소문자를 식별하여 읽을 수 있다.'에 대해 평가하는 것으로, 서로 다른 알파벳을 식별할 뿐만 아니라 알파벳 대문자와 소문자를 식별하여 읽을 수 있는지를 평가한다. 수행평가나 지필평가 등 다양한 방법으로 평가할 수 있으며, 서로 다른 알파벳을 식별하여 읽는 능력은 서로 다른 알파벳을 소리 내어 읽게 하거나 흩어진 알파벳 중에서 특정 알파벳을 찾아 보는 활동 등을 통해 평가할 수 있다. 알파벳 대문자와 소문자를 식별하여 읽는 능력은 동일한 알파벳의 대문자와 소문자를 찾아 연결하게 하는 활동 등을 통해 평가할 수 있다.

소리와 철자와의 관계 평가

소리와 철자와의 관계에 대해 평가하는 것은 3~4학년군 읽기 영역 성취기준 중 '[4영03-02] 소리와 철자의 관계를 이해하여 낱말을 읽을 수 있다.'에 대해 평가하는 것으로, 낱말을 읽을 때 소리와 철자의 관계를 이해하여 읽을 수 있는지를 평가한다. 영어의 경우에도 특정 철자와 그 철자를 읽는 소리 사이에는 규칙적인 관계가 있는 경우들이 있으며, 이와 같은 관계를 바탕으로 읽는 방법을 파닉스(음철법, phonics)라고 한다. 특정 철자는 특정 소리로 발음된다는 관계를 이해하여 낱말을 읽을 수 있는지에 대해서는 낱말들을 제시하고 첫소리가 같은 낱말을 찾게 하기, 그림과 그림에 해당하는 낱말의 일부를 제시하고 첫소리에 해당하는 철자 찾아 넣기, 같은 소리로 시작하는 낱말끼리 묶기 등의 활동을 통해 평가할 수 있다.

낱말이나 어구 읽기 평가

낱말이나 어구를 읽을 수 있는지를 평가하는 것은 3~4학년군 읽기 영역 성취기준 중 '[4영03-04] 쉽고 간단한 낱말이나 어구를 읽고 의미를 이해할 수 있다.'에 대해 평가하는 것으로, 초등학교급에서 사용하도록 권장하는 낱말을 활용하여 평가하도록 한다. 낱말이나 어구를 읽고 의미를 이해할 수 있는지에 대해서는 낱말이나 어구와 그림을 제시하고, 그림에 해당하는 낱말이나 어구 찾기, 낱말이나 어구에 해당하는 그림 찾기, 그림과 낱말이나 어구가 바르게 연결되었는지 찾기(다음 예시 문항 참조), 우리말 의미에 해당하는 낱말이나 어구 찾기 등의 활동을 통해 평가할 수 있다.

출처: 2012년 국가수준 학업성취도 평가 초등학교 영어

문장 읽기 평가

문장을 읽을 수 있는지를 평가하는 것은 3~4학년군 읽기 영역 성취기준 중 '[4영03-05] 쉽고 간단한 문장을 읽고 의미를 이해할 수 있다.'에 대해 평가하는 것으로, 초등학교급에서 사용하도록 권장하는 의사소통 기능 예시문과 언어 형식을 활용하여 평가하도록 한다. 문장을 읽고 의미를 이해할 수 있는지에 대해서는 문장을 읽고 행동하기, 문장을 읽고 일치하는 그림을 찾거나 문장을 읽고 그림에 일치하지 않는 문장 찾기(다음 예시 문항 참조), 문장을 읽고 전달하기 등의 활동을 통해 평가할 수 있다.

22. 그림을 보고, 내용과 일치하는 것을 고르시오.
   ① The bird is dancing.
   ② The lion is sleeping.
   ③ The bear is running.
   ④ The monkey is jumping.

출처: 2012년 국가수준 학업성취도 평가 초등학교 영어

1.2. 5~6학년군

(1) 성취기준

5~6학년군 읽기 영역 성취기준 및 핵심 개념	초등학교 5~6학년군의 읽기 영역 성취기준은 문장을 읽고 이해하는 것을 기반으로 짧고 간단한 글을 읽고 의미를 이해하는 수준에 도달하도록 설정되었다. 따라서 학습자들은 그림이나 도표와 같은 시각적 보조 자료가 있는 짧은 글, 일상생활과 관련된 친숙한 주제에 대한 쉽고 짧은 글 등을 읽고 그에 대한 사실적 정보를 파악할 수 있으며, 더 나아가 쉽고 짧은 글을 읽고 줄거리나 목적을 파악할 수 있다. 학습자들이 5~6학년 읽기 영역 성취기준을 달성함으로써 3~4학년군에서 익힌 읽기 기초 의사소통능력을 계속 발전시키고, 영어에 대한 흥미와 관심을 지속시키며, 스스로 영어 학습을 할 수 있는 방법을 습득하여 영어 학습에 대한 자신감을 가질 수 있도록 한다. 또한 여러 가지 매체를 통하여 다른 언어에 대한 다양성을 이해하고, 다른 문화와 언어를 이해하며 포용하는 태도를 기를 수 있도록 한다.
[6영03-01] 설명 [6영03-02] 설명 [6영03-03] 설명 [6영03-04] 설명	[6영03-01] 쉽고 간단한 문장을 강세, 리듬, 억양에 맞게 소리 내어 읽을 수 있다. [6영03-02] 그림이나 도표에 대한 쉽고 짧은 글을 읽고 세부 정보를 파악할 수 있다. [6영03-03] 일상생활 속의 친숙한 주제에 관한 쉽고 짧은 글을 읽고 세부 정보를 파악할 수 있다. [6영03-04] 쉽고 짧은 글을 읽고 줄거리나 목적 등 중심 내용을 파악할 수 있다.

(가) 학습 요소

- 알파벳 대소문자, 낱말의 소리, 철자
- 강세, 리듬, 억양
- 낱말, 어구, 문장
- 그림, 도표, 일상생활 관련 주제
- 줄거리, 목적

(나) 성취기준 해설

- '[6영03-01] 쉽고 간단한 문장을 강세, 리듬, 억양에 맞게 소리 내어 읽을 수 있다.'는 문장을 소리 내어 읽음으로써 영어의 발음, 강세, 리듬, 억양을 자연스럽게 익힐 수 있게 되는 것을 의미한다. 특히 이 성취기준에서는 문장을 읽고 그 의미를 이해하는 것을 요구하는 것이 아니라는 것에 유의해야 한다.
- '[6영03-03] 일상생활 속의 친숙한 주제에 관한 쉽고 짧은 글을 읽고 세부 정보를 파악할 수 있다.'는 '[6영03-02]'보다 글의 주제가 좀 더 다양하며 시각적 자료의 도움 정도가 약화된 성취기준이다. 글의 수준은 몇 개의 문장으로 구성된 쉽고 짧은 글이며 주제는 학습자가 일상생활 속에서 쉽게 접할 수 있는 것으로 선정한다. 주변에서 쉽게 접할 수 있으며 사실적 정보가 명확한 광고, 안내문, 메모, 감사 카드 등이 제재가 될 수 있다.
- '[6영03-04] 쉽고 짧은 글을 읽고 줄거리나 목적 등 중심 내용을 파악할 수 있다.'는

> 사실적 문자 정보에 대해 그 줄거리나 목적을 파악하는 수준을 말한다. 이 성취기준에서 다루는 글의 수준은 '[6영03-03]'보다 장르가 확대되어 다양하지만 초등학교 5~6학년 수준에 적절한 쉽고 짧은 글에 한정하며 소재는 학습자들에게 친숙한 것으로 줄거리가 명료하고 목적을 파악하기 쉬운 것으로 한다.
>
> (교육부, 2015, pp. 26-27)

5~6학년군 읽기 영역 성취기준 및 핵심 개념

초등학교 5~6학년군 읽기 영역의 성취기준은 '철자', '세부 정보', '중심 내용'의 세 가지 핵심 개념을 주로 다루고 있으며, '맥락'와 '함축적 의미'는 다루고 있지 않다. [6영03-01]은 핵심 개념 중 '철자'에 해당하는 성취기준이고, [6영03-02]와 [6영03-03]은 '세부 정보'에 해당하는 성취기준이며, [6영03-04]는 '중심 내용'에 해당하는 성취기준이다. 5~6학년군 읽기 영역의 성취기준은 '읽을 수 있다'로 끝나는 성취기준이 1개, '파악할 수 있다'로 끝나는 성취기준이 3개로 구성되어 있다. 교육과정 문서에서 '읽을 수 있다'의 어미로 끝나는 성취기준은 읽고 의미를 이해한다기보다는 소리 내어 읽는 것을 의미함을 알 수 있다. 또한 '이해할 수 있다'와 '파악할 수 있다'의 경우에도 내용의 차이를 알 수 있는데, 핵심 개념 중 '어휘 및 문장'에 해당하는 성취기준은 '이해할 수 있다'로 제시된 반면에, '세부 정보'나 '중심 내용'에 해당하는 성취기준은 '파악할 수 있다'로 제시되었다. 초등학교에서 쓰인 '읽을 수 있다'나 '이해할 수 있다'는 중학교에서는 사용되지 않으며, 중학교 읽기 영역의 성취기준은 '파악할 수 있다'나 '추론할 수 있다'로 제시된 것을 통해 읽기 능력이 위계화되어 있음을 알 수 있다.

[6영03-01] 설명

> '[6영03-01] 쉽고 간단한 문장을 강세, 리듬, 억양에 맞게 소리 내어 읽을 수 있다.'는 문장을 소리 내어 읽음으로써 영어의 발음, 강세, 리듬, 억양을 자연스럽게 익힐 수 있게 되는 것을 의미한다. 특히 이 성취기준에서는 문장을 읽고 그 의미를 이해하는 것을 요구하는 것이 아니라는 것에 유의해야 한다.

[6영03-01]은 쉽고 간단한 문장을 강세, 리듬, 억양에 맞게 소리 내어 읽을 수 있는 것을 목표로 하는 성취기준으로, 3~4학년군 듣기 영역의 '[4영01-02] 낱말, 어구, 문장을 듣고 강세, 리듬, 억양을 식별할 수 있다', 말하기 영역의 '[4영02-02] 영어의 강세, 리듬, 억양에 맞게 따라 말할 수 있다', 읽기 영역의 '[4영03-03] 쉽고 간단한 낱말이나 어구, 문장을 따라 읽을 수

있다.'와 연관된 성취기준이다. 3~4학년군의 [4영01-02]이 낱말, 어구, 문장을 듣고 강세, 리듬, 억양을 식별하는 것에 중점을 두고 있고, [4영02-02]는 영어의 낱말 내 강세와 문장 내 강세를 인지하고 자연스러운 발음을 구사하는 것에 중점을 두고 있으며, [4영03-03]은 따라 읽는 것에 중점을 두고 있다. [6영03-01]은 학생이 스스로 강세, 리듬, 억양에 맞게 소리 내어 읽는 것에 중점을 두고 있다. 여기서 주목할 점은, 리듬, 강세, 억양과 관련된 성취기준이 듣기나 말하기와 같은 음성 언어에서는 3~4학년군에 제시된 반면에, 읽기에서는 3~4학년과 5~6학년군 모두 제시되었다는 점이다. 이는 어린 학습자들에게는 음성 언어보다 읽기와 같은 문자 언어가 조금 더 언어적 부담감을 주기 때문인 것으로 해석할 수 있다.

[6영03-02] 설명	[6영03-02] 그림이나 도표에 대한 쉽고 짧은 글을 읽고 세부 정보를 파악할 수 있다.

[6영03-02]는 수업 시간표, 한 주간의 일기예보 그림, 좋아하는 음식이나 운동에 대한 설문 조사 결과표 등과 같은 그림이나 도표에 대한 짧은 글을 읽고 세부 정보를 파악하는 것을 목표로 하는 성취기준이다. [6영03-02]는 '[6영01-03] 그림이나 도표에 대한 쉽고 간단한 말이나 대화를 듣고 세부 정보를 파악할 수 있다', '[6영02-05] 간단한 그림이나 도표의 세부 정보에 대해 묻거나 답할 수 있다'와 연관된 성취기준으로 핵심 개념 중 '세부 정보'에 해당하는 성취기준이다. 그림이나 도표와 관련한 성취기준은 '[12영회02-05] 일상생활이나 친숙한 일반적 주제에 관해 그림, 도표 등을 활용하여 의사소통할 수 있다.'로 이어져서 고등학교까지 확장된다. 그림이나 도표를 활용하는 것은 텍스트로만 구성된 읽기 자료가 아닌 다양한 시각 자료를 포함한 읽기를 말하는 것인데, 고등학교 성취기준이 '일상생활이나 친숙한 일반적 주제에 관한 그림과 도표'로 확장되었다면, 초등학교급에서는 일반적 주제보다는 초등학생들의 일상생활과 관련된 그림이나 도표를 활용하여 세부 정보를 파악하도록 지도하는 것이 필요하다.

[6영03-03] 설명

'[6영03-03] 일상생활 속의 친숙한 주제에 관한 쉽고 짧은 글을 읽고 세부 정보를 파악할 수 있다.'는 '[6영03-02]'보다 글의 주제가 좀 더 다양하며 시각적 자료의 도움 정도가 약화된 성취기준이다. 글의 수준은 몇 개의 문장으로 구성된 쉽고 짧은 글이며 주제는 학습자가 일상생활 속에서 쉽게 접할 수 있는 것으로 선정한다. 주변에서 쉽게 접할 수 있으며 사실적 정보가 명확한 광고, 안내문, 메모, 감사 카드 등이 제재가 될 수 있다.

[6영03-03]은 개인 생활, 학교 생활, 취미, 운동 등 일상생활 속의 친숙한 주제에 관한 쉽고 짧은 글을 읽고 세부 정보를 파악하는 것을 목표로 하는 성취기준이다. [6영03-03]은 중학교의 '[9영03-02] 일상생활이나 친숙한 일반적 대상이나 주제에 관한 글을 읽고 세부 정보를 파악할 수 있다.'와 연관된 성취기준이다. 초등학교급에서는 '일상생활 속의 친숙한 주제'와 '쉽고 짧은 글'에 한정된다면, 중학교급에서는 '일상생활이나 친숙한 일반적 주제'와 '글'로 읽기 자료가 확장된다.

[6영03-04] 설명

'[6영03-04] 쉽고 짧은 글을 읽고 줄거리나 목적 등 중심 내용을 파악할 수 있다.'는 사실적 문자 정보에 대해 그 줄거리나 목적을 파악하는 수준을 말한다. 이 성취기준에서 다루는 글의 수준은 '[6영03-03]'보다 장르가 확대되어 다양하지만 초등학교 5~6학년 수준에 적절한 쉽고 짧은 글에 한정하며 소재는 학습자들에게 친숙한 것으로 줄거리가 명료하고 목적을 파악하기 쉬운 것으로 한다.

[6영03-04]는 초등학교 영어 읽기 영역의 성취기준 9개 중에서 유일하게 '핵심 개념'이 '중심 내용'인 성취기준이다. 관련 성취기준으로 '[6영01-05] 쉽고 간단한 말이나 대화를 듣고 줄거리를 파악할 수 있다.'가 있다. 줄거리 파악에 대한 성취기준은 중학교급에서도 찾아 볼 수 있는데, 중학교급에서는 '[9영01-04] 일상생활이나 친숙한 일반적 주제에 관한 말이나 대화를 듣고 줄거리, 주제, 요지를 파악할 수 있다.', '[9영03-04] 일상생활이나 친숙한 일반적 주제의 글을 읽고 줄거리, 주제, 요지를 파악할 수 있다.'와 연관된다. 고등학교급에서도 듣기와 읽기의 학습 요소로 '줄거리'가 포함되어 있다. 초등학교급에서 파악하는 줄거리는 중요한 사건, 중요한 내용에 초점을 맞추었다면 중학교와 고등학교급에서의 줄거리 파악은 주제나 요지와 연계된 개념이다.

(2) 교수·학습 방법 및 유의 사항

- 다양한 자료를 활용하여 읽기의 즐거움을 느낄 수 있도록 지도하고 읽기 전 활동, 읽기 중 활동, 읽기 후 활동으로 나누어 단계별로 지도한다.
- 소리 내어 읽는 과정이 기계적이고 반복적인 연습만이 되지 않도록 다른 언어 기능과 통합하여 의미 있는 활동이 되도록 한다.
- 쉽고 짧은 글을 읽을 때에는 세부 정보를 파악하기 위해 사실적 이해를 바탕으로 수행할 수 있는 참과 거짓 문장 가리기, 퀴즈, 읽고 과제 완성하기 등의 활동을 적용할 수 있다. 초등학교 고학년 학습자의 인지적 특성을 고려하여 단순하게 사실적 정보를 확인하는 수준을 넘어 이해한 것을 바탕으로 인지 능력을 활용할 수 있는 창의적이고 흥미 있는 과제를 제시하여 흥미를 유발시키도록 한다.
- 글 수준의 읽기 단계에서 초등학생 수준에 알맞은 학습 전략을 활용하도록 지도하면 학습자들 스스로 읽기 능력을 향상시키는 데 효과적이다.
- 줄거리나 목적을 파악하기 위한 읽기는 쉽고 짧은 글을 읽고 대강의 줄거리 파악하기, 친숙한 이야기를 읽고 문장을 순서대로 배열하기, 글을 읽고 간단한 메모 작성하기 등의 다양한 학습 활동으로 구안하여 학습자들에게 흥미 있고 유의미한 활동이 되도록 한다.
- **게임** 학습자들 수준에 적합한 놀이나 게임을 활용하여 학습 효과를 높이되 지나치게 경쟁적인 게임은 오히려 역효과가 날 수 있으며 영어에 자신감이 부족한 학습자들이 소외될 수 있으므로 협동 활동을 다양하게 활용하도록 한다. 게임을 활용할 때에는 불예측성 및 불확실성을 적절히 활용하여 흥미와 학습 효과를 함께 거두도록 한다.
- 읽기 활동을 다른 언어 영역과 자연스럽게 통합이 되도록 구성하여 언어 습득에 긍정적인 효과를 거두도록 한다.

(교육부, 2015, pp. 27-28)

게임 흥미 제고 및 학습 효과를 위해 게임(game)을 적극적으로 활용할 수 있다. 게임을 활용할 때 고려해야 할 점은 다음과 같다(박약우 외, 2016).

- 게임의 운영 방식이 짝이나 소그룹, 대그룹, 혹은 전체인가?
- 학생들의 감정을 고조시키는 게임(rouser)인가, 진정시키는 게임(settler)인가?
- 능력(skill)과 행운(luck) 중에서 어떤 부분이 부각되는 게임인가?
- 경쟁(competition)과 협동(cooperation) 중 어떤 부분이 부각되는 게임인가?

 능력 위주의 게임을 수행할 경우 영어 수준이 낮은 학생은 오히려 흥미를 잃을 수도 있어요. 반면 행운에 의존하는 게임을 수행할 경우 게임을 잘하고 싶은 동기가 약해질 가능성도 있어요.

 모둠 간 경쟁을 유도하는 게임은 모둠 간에는 경쟁이 필요하지만, 모둠 내에서는 협동이 필요한 게임이랍니다.

 게임의 규칙에 대한 설명은 영어로 해야 할까요, 아니면 우리말로 해야 할까요? 기본적으로는 영어 수업에서 영어를 사용하는 것이 바람직하지만, 학생들이 게임의 규칙을 이해하는 것을 어려워한다면 우리말을 적절히 쓸 수 있어요.

(3) 평가 방법 및 유의 사항

	• 5~6학년군 읽기 평가의 내용과 수준은 5~6학년군 읽기 영역 성취기준을 근거로 선정한다. • 읽기 평가는 평가 목적, 대상 및 방법에 따라 문자, 낱말, 어구, 문장, 문단 등 적절한 수준의 문자 언어 재료를 사용한다. • 교수·학습 활동과 평가가 연계 되도록 하여 학습의 결과만이 평가 되지 않도록 한다. • 사실적 이해 능력을 평가하는 문항을 주로 하되 학습자의 수준에 따라 추론적 이해 문항도 포함시킨다.
그림이나 도표에 대한 짧은 글을 읽고 세부 정보를 파악하는 능력 평가	• 그림이나 도표에 대한 짧은 글을 읽고 세부 정보를 파악하는 평가는 사실적 내용을 파악하는 것에 중점을 둔다. 평가 방법으로는 지필평가 외에도 글을 읽고 퀴즈에 답하기, 참과 거짓 문장 가리기, 글과 관련된 과제 완성하기 등으로 학습 활동 결과를 평가에 활용할 수 있다.
쉽고 짧은 글을 읽고 줄거리나 목적을 파악하는 능력 평가	• 쉽고 짧은 글을 읽고 줄거리나 목적을 파악하는 평가는 글을 읽고 한두 문장으로 말하기, 글을 읽고 메모 작성하기 등 말하기와 쓰기 언어 영역과 통합적으로 실시할 수 있다. • 의사소통상황 속에서 여러 언어 기능을 활용하는 통합적인 지도 과정을 반영하여 평가도 통합형 과제로 실시할 수 있다. • 평가의 방법을 지필평가, 교사평가, 상호평가, 자기평가, 포트폴리오 등 다양하게 적용하도록 한다.

(교육부, 2015, pp. 28)

그림이나 도표에 대한 짧은 글을 읽고 세부 정보를 파악하는 능력 평가	그림이나 도표에 대한 짧은 글을 읽고 세부 정보를 파악할 수 있는지를 평가하는 것은 5~6학년군 읽기 영역 성취기준 중 '[6영03-02] 그림이나 도표에 대한 쉽고 짧은 글을 읽고 세부 정보를 파악할 수 있다.'에 대해 평가하는 것이다. 그림이나 도표에 대한 짧은 글은 그림이나 도표의 내용을 설명하는 글로, 초등학교급에서는 그림이나 도표에 대한 내용에 대한 추론적 이해 능력보다는 사실적 이해 능력에 중점을 두어 평가하도록 한다. 평가 과제로는 글을 읽고 사실적 내용을 파악하는 질문으로 된 퀴즈에 답하기, 글의 내용에 대한 문장에 대해 참과 거짓 판단하기, 글과 관련된 과제 완성하기 등을 활용할 수 있다.
쉽고 짧은 글을 읽고 줄거리나 목적을 파악하는 능력 평가	쉽고 짧은 글을 읽고 줄거리나 목적을 파악할 수 있는지를 평가하는 것은 5~6학년군 읽기 영역 성취기준 중 '[6영03-04] 쉽고 짧은 글을 읽고 줄거리나 목적 등 중심 내용을 파악할 수 있다.'에 대해 평가하는 것이다. 줄거리나 목적 등 중심 내용을 파악하는 것은 글의 내용에 대한 사실적 이해뿐만 아니라 추론적 이해까지 관련될 수 있다. 줄거리나 목적을 파악하는 능력에 대해서는 쉽고 짧은 글을 읽고 줄거리를 한두 문장으로 말하기, 글의 주요 내용에 대한 그림들을 제시하고 줄거리에 맞게 그림의 순서를 배열하기, 등장인물이나 내용의 전개 등 줄거리를 보여 주는 도식 완성하기 등 말하기와 쓰기 영역과 통합 활동을 통해 평가할 수 있다.

② 심화 학습

(1) 읽기의 유형

읽기에는 다양한 유형이 있다. 여기에서는 이러한 읽기의 다양한 유형을 살펴본다(박약우 외, 2016; Day & Bamford, 1998).

정독과 다독 읽기의 대표적인 유형에는 정독(intensive reading)과 다독(extensive reading)이 있다. 정독은 자세하고 정확하게 읽으며 내용을 파악하는 것을 목적으로 하는 읽기 활동이다. 일반적으로 수업 중에 교과서에 제시된 읽기 자료를 읽는 활동은 정독에 해당된다. 반면 다독은 글의 전체적이고 대략적인 내용을 파악하는 것을 목적으로 하며 여러 다양한 내용을 읽는 활동에 해당한다. 다독을 통해 다양한 자료를 읽으면서 영어 문자 언어에 익숙해지고 다양한 정보를 얻을 수 있다. 또한 맥락이 풍부한 상황에서 문자 언어에 노출되면서 영어 능력이 크게 향상될 수 있다. 그러나 다양한 자료를 읽는다 하더라도 학습자 수준에 비해 지나치게 어렵거나 학습자가 배경 지식이 부족한 읽기 자료일 경우 흥미가 떨어지고 내용을 잘 이해하지 못하는 상황이 지속될 수 있다. 학습자의 수준, 영어 교수·학습의 목적 및 맥락에 따라 정독과 다독을 상호보완적으로 활용할 수 있다. 수업 시간에는 교과서나 교수·학습 자료를 중심으로 정독을 지도하고, 과제를 부여할 때에는 다독을 활용할 수 있다. 혹은 학습자가 교과서 및 수업 중에 제시된 교수·학습 자료를 잘 이해한 경우 다독을 활용하여 다양한 자료를 읽을 수 있도록 한다. 수업 시간에 정독을 위주로 하고, 일부 시간을 다독에 할애하는 방법도 있다.

다독을 할 때 중요한 것 중 하나는 학습자가 흥미로워하는 내용의 글을 찾는 것이랍니다. 학습자 스스로 재미가 있어야 많이 읽을 수 있겠지요.

찾아 읽기와 훑어 읽기 읽기의 유형에는 찾아 읽기(scanning)와 훑어 읽기(skimming)도 있다. 찾아 읽기는 읽는 사람이 원하는 정보를 찾아서 읽는 방식이다. 예를 들어, 두꺼운 백과사전에서 특정한 주제(예: 다람쥐)를 찾는 것을 떠올려 볼 수 있다. 훑어 읽기는 읽기 자료를 빠르게 훑어 읽어 내려가면서 전체적인 내용을 파악하는 방식이다. 따라서 글자 하나하나의 의미를 정확하게 이해하며 읽기보다는 목차, 표제, 주요 내용어들을 빠르게 읽어 내려가며 내용을 개략적으로 파악하게 된다.

(2) 읽기 지도 기법

다음은 읽기를 지도할 때 활용할 수 있는 교수·학습 활동의 예시이다(김진석, 2016; 박약우 외, 2016; Hess, 2001; Read, 2007).

알파벳 읽기

알파벳 맞추기 짝 활동으로 수행하며, 학생 1이 알파벳 하나를 친구의 등에 쓰고 학생 2가 알아맞힌다. 이 과정을 반복한다.

대소문자 맞추기 대문자와 소문자 알파벳 카드를 섞고 책상 위에 펼쳐 놓는다. 짝 활동으로 학생 1이 알파벳 카드 하나를 선택한다. 학생 1이 해당 글자의 대문자를 선택했다면 학생 2가 해당 글자의 소문자를 찾는다. 학생 1이 소문자를 선택했다면 학생 2가 대문자를 선택한다.

낱말 알파벳 배열하기 알파벳 카드를 준비한다. 교사가 낱말을 읽으면, 학생들은 그 낱말에 해당하는 알파벳을 찾아 배열한다.

낱말, 어구, 문장 읽고 이해하기

읽은 낱말 찾기 해당 시간이나 단원에서 배운 낱말을 보드에 붙인다. 각 모둠에서 1명씩 나오면 교사가 단어 하나를 읽어 준다. 뿅망치로 가장 먼저 그 단어를 때리는 학생이 이기며, 이긴 학생의 모둠에 점수를 부여한다. 점수가 가장 많은 모둠이 이긴다.

그림에 해당하는 단어를 소리내어 읽기 문장에서 사물을 의미하는 단어를 그림으로 제시하거나 문자와 함께 제시하여 학생들이 읽게 한다. 개별 활동, 짝 활동, 모둠 활동으로 활용할 수 있다.

어구 배열하여 문장 완성하기	4~5개 문장을 의미군이 되는 어구를 잘라서 섞는다. 의미군 어구들을 적절히 배열하여 흐름에 맞도록 4~5개 문장을 배열한 후 소리 내어 읽는다. 짝 활동, 모둠 활동으로 활용할 수 있다.
단어/어구/문장과 그림 연결하기	해당 차시 및 단원에 나온 낱말 4~5개를 각각 제시하여 그림과 연결하도록 한다. 단계별로 어구 4~5개, 문장 4~5개도 각각 제시하여 그림과 연결하도록 한다.
그림에 해당하는 단어/어구/문장 찾기	해당 차시 및 단원에 나오는 낱말에 해당하는 그림을 제시하고, 그에 해당하는 낱말을 찾는다. 마찬가지로 그림을 제시하고 이에 해당하는 어구나 문장을 찾아 보도록 한다.

이야기 읽고 이해하기

그림 이야기책 읽어 주기 (스토리텔링)	교사가 그림 이야기책을 준비하여 학생들에게 읽어 준다. 읽기 전에 표지와 그림, 제목을 보여 주고 학습자들이 이야기의 내용에 대해 추측해 보도록 한다. 소재나 주제에 대해 학생들의 이전 경험과 관련지어 이야기를 나눈다. 상황이나 등장인물에 따라 다양한 목소리로 읽고 속도도 적절히 조정한다. 읽은 후 내용을 점검하고 후속 활동을 한다.
모둠으로 이야기 읽기	4명 혹은 5명을 1모둠으로 정하여 그림책이나 글을 읽는다. 등장인물이 나오는 경우 등장인물과 해설자를 정한다. 개별적으로 읽는 부분과 함께 읽을 수 있는 부분을 정하여 읽도록 한다.

정보 찾기

지시문 읽고 만들기	학생들이 좋아하거나 흥미를 느끼는 물건을 고른 다음, 해당 물건을 만드는 과정을 단계적으로 제시한다. 각 과정은 쉽고 짧은 문장으로 표현하며, 필요한 도구(예: 필기구, 가위, 자, 종이 등)도 제시한다. 각 문장을 읽고 학생들이 지시하는 대로 물건을 만들어 보도록 한다.

| 읽고 세부 정보나 전체 내용 찾기 | 학생들에게 친숙한 글 혹은 관심이 있을 만한 정보를 담은 글을 제시하고 전체적인 내용을 묻는 질문과 세부적인 정보를 찾는 질문을 던진다. 학생들은 글을 읽고 전체 내용 및 세부 정보에 대한 질문에 해당하는 답을 찾는다. 개별 활동, 짝 활동, 모둠 활동으로 활용할 수 있다. |

해석 및 추론하기

문장 배열하기	글을 문장별로 잘라 제시한다. 글의 흐름에 맞게 문장을 배열한다. 먼저 문장을 배열한 학생이나 모둠이 이긴다. 문장을 읽고 이해하는 것을 어려워하는 학생들에게는 그림도 함께 제시해 준다. 영어 능력 수준이 높은 학생들에게는 난도가 높은 글을 제시한다.
읽고 순서에 따라 그림 배열하기	일 혹은 사건의 순서에 따라 구성된 글이나 개별적인 일을 그림으로 표현한 카드를 제시한다. 글을 읽고 그 순서에 따라 그림을 배열한다. 가령, 하루 일과가 제시된 글을 읽고, 일과에 따라 그림카드를 배열한다.
읽고 도식화하기	교사는 정보 텍스트를 제공하고 학생들은 정보 텍스트를 읽고 도표나 벤 다이어그램 등으로 정리한다. 가령, 두 학생이 좋아하는 색깔, 음식, 운동 등에 대한 글을 제시하고, 벤 다이어그램을 통해 공통점과 차이점을 정리하도록 하는 방식이다.

3 교과서 사례

 [4영03-01] 알파벳 대소문자를 식별하여 읽을 수 있다.

대교 3학년 3단원 교과서 37쪽

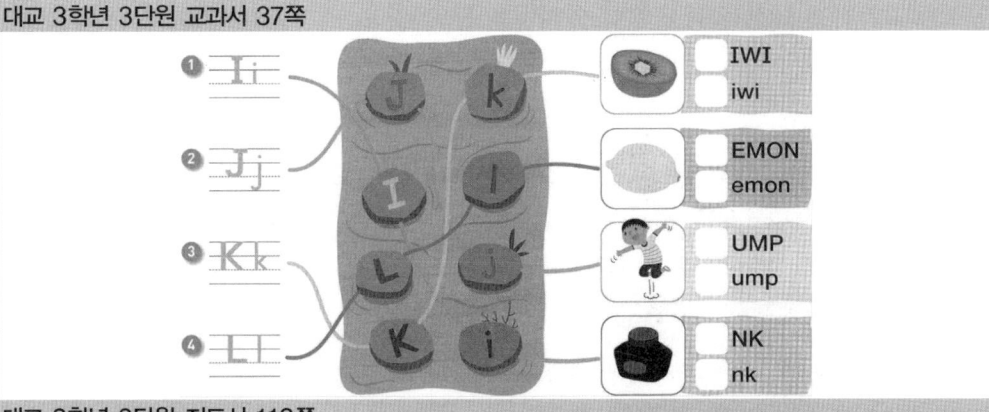

대교 3학년 3단원 지도서 119쪽

 알파벳을 듣고 따라 쓴 후, 선을 따라가 그림에 알맞은 낱말을 완성해 봅시다.

[Script]

❶ I i ❷ J j ❸ K k ❹ L l

1. Listen and Trace
▶ 알파벳 듣고 따라 쓰기
　T You will hear the letters Ii, Jj, Kk, and Ll. Listen carefully and trace the upper case and lower case letters Ii, Jj, Kk, and Ll in your textbook.
　S (알파벳을 듣고 대·소문자를 사선 위에 따라 쓴다.)

2. Do and Write
▶ 선을 따라가 그림에 알맞은 낱말 완성하기
　T Follow the upper case and lower case letters Ii, Jj, Kk and Ll in your textbook. You can see pictures of a kiwi, a lemon, someone jumping, and ink. Let's start with the kiwi. Do you see the word next to the kiwi?
　S 낱말이 있는데, 첫 글자가 없어요.
　T Right. Let's write the missing letters of the words.
　S (빈칸에 대·소문자를 써넣어 각 낱말을 완성한다.)

▶ 정답 확인하기
　T Are you done? What is the missing letter for the kiwi?
　S Kk.
　T Good. Let's check the answers on the CD-ROM.
　S (CD-ROM을 보며 정답을 확인한다.)

위에 제시한 3학년 교과서 사례는 알파벳 대소문자를 식별하는 활동과 함께 읽기 및 쓰기 활동을 포함하고 있다. 네 개의 알파벳 대소문자가 각각 제시되어 있으며, 선을 따라가는 활동을 통해 학생들이 흥미롭게 각 알파벳의 대소문자를 식별하여 읽을 수 있도록 고안되었다. 본 활동을 통해 알파벳을 듣고, 읽고, 쓰게 되며, 이는 기능 통합적인 활동에 해당한다.

 [4영03-02] 소리와 철자의 관계를 이해하여 낱말을 읽을 수 있다.

대교 3학년 7단원 교과서 83쪽

Sounds and Letters   **Phonics Chant**

m — mom, milk   n — net, nose

대교 3학년 7단원 지도서 235쪽

1. Listen and Read

[Script]

m, /m/, mom   m, /m/, milk   n, /n/, net   n, /n/, nose

▶ CD-ROM으로 m/m/과 n/n/으로 시작하는 낱말 듣기
  T Let's look at the screen. Listen to the /m/ sound carefully.
  S (CD-ROM을 들으며 /m/ 소리에 집중한다.)
  T What did you hear?
  S Mom, milk.
  T Good! What's the first sound of each word?
  S /m/.
  T Correct! The letter m makes a /m/ sound. Listen to the /m/ sound one more time.
  S (/m/ 소리에 집중하며 다시 듣는다.)
  T This time, listen to the /n/ sound.
  S (CD-ROM을 들으며 /n/ 소리에 집중한다.)
  T What did you hear?
  S Net, nose.
  T Good. What's the first sound of each word?
  S /n/.
  T Great! The letter n makes a /n/ sound. Listen to the /n/ sound one more time.
  S (/n/ 소리에 집중하며 다시 듣는다.)

▶ m/m/과 n/n/ 소리에 유의하여 낱말 따라 읽기
  T Listen carefully and repeat the words. Please pronounce each word correctly.
  S (/m/, /n/ 소리에 유념하여 낱말을 잘 듣고 따라 읽는다.)

위에 제시한 3학년 교과서 사례에서는 알파벳 m와 n으로 시작되는 어휘(예: mom, milk, net, nose)를 제시하여, 학생들이 소리와 철자의 관계를 이해하여 낱말을 읽을 수 있도록 하고 있다. 학생들은 m과 n으로 시작되는 해당 어휘를 듣고 해당 소리를 식별한 후 이를 따라 읽는다.

 [4영03-03] 쉽고 간단한 낱말이나 어구, 문장을 따라 읽을 수 있다.

YBM김 4학년 3단원 교과서 36쪽

YBM김 4학년 3단원 지도서 121쪽

Ⓐ Listen and Read 10min.
잘 듣고, 따라 읽어 봅시다.

1. **Look and Listen** 그림 보고 듣기
   ▶ 교과서 그림을 보며 어구의 의미를 추측하고, 전자 저작물로 어구를 듣는다.
   ⓣ Look at the picture in the book. What do you see?
   ⓢ 농구, 배드민턴, 축구, 야구를 하는 아이들요.
   ⓣ That's right. Do you see the phrases? Can you guess their meanings?
   ⓢ 각 운동을 한다는 뜻인 것 같아요.
   ⓣ Let's listen to the phrases. (어구를 들은 후) What did you hear?
   ⓢ Play basketball, play badminton, play soccer, play baseball.

2. **Listen and Read** 듣고 따라 읽기
   ▶ 전자 저작물로 어구를 듣고, 따라 읽는다.
   ⓣ Let's listen and read the phrases aloud.

3. **Read and Understand** 읽고 이해하기
   ▶ 어구를 바르게 읽으며 그 뜻을 이해한다.
   ⓣ Read the phrases and understand their meanings.

위에 제시한 4학년 교과서 사례는 운동 경기 상황에서 사용할 수 있는 어구(예: play badminton, play basketball)를 따라 읽을 수 있도록 고안한 활동이다. 학생들은 들려 주는 어구를 잘 듣고, 해당 어구의 철자를 보며 큰 소리로 따라 읽는다.

 [4영03-04] 쉽고 간단한 낱말이나 어구를 읽고 의미를 이해할 수 있다.

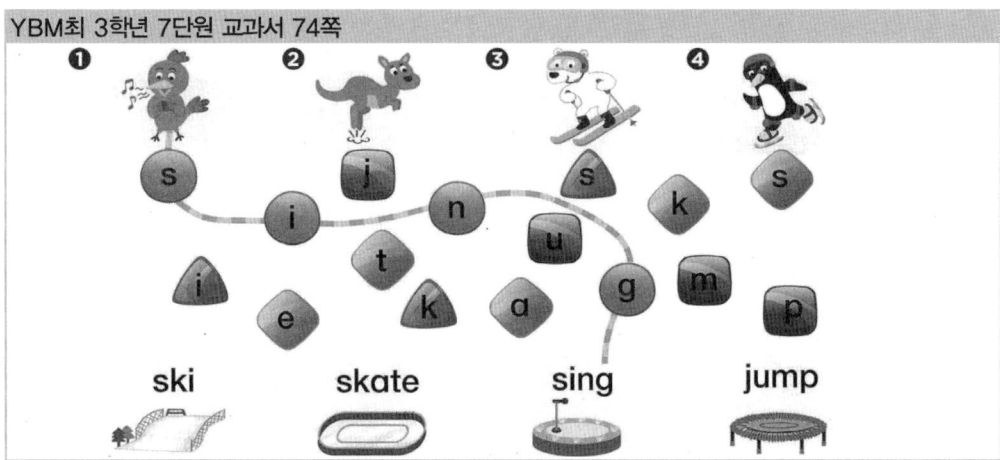

▶ 각 동물이 무엇을 하는지 살펴보고, 알맞은 낱말을 찾게 한다.

T Look at the pictures in Number 2. What do you see?
S 여러 가지 동작을 하는 동물들요.
T Right. Can you see the animal which is singing?
S 네, 찾았어요.
T Okay. Connect the letters in the same shape to make the word "sing."
S (각각의 알파벳 s, i, n, g를 따라가 낱말 sing까지 서로 연결한다.)
T Now, find the next word and connect the letters.
S (문제를 푼다.)

▶ CD-ROM으로 정답을 확인하고, 낱말을 소리 내어 읽게 한다.

T Now, check the answers together. (정답을 확인한 후에) Let's read the words aloud.

짝 활동 짝과 번갈아 낱말을 큰 소리로 읽으며, 알맞은 동작을 해 봅시다.

▶ 짝과 번갈아 낱말을 읽으면서 활동하게 한다.

T Now, you're ready to work with your partner. Take turns reading and acting out the words.

위에 제시한 3학년 교과서 사례에는 다양한 동작에 관한 낱말을 읽고 의미를 이해하는 활동이 제시되어 있다. 학생들은 제시된 낱말을 따라 읽는 데 그치지 않고 '뜻을 생각하면서' 읽어야 한다. 해당 낱말의 의미는 그림을 통해 파악할 수 있으며, 학생들은 의미를 이해하면서 낱말을 읽게 된다. 다음으로 동물의 동작에 알맞은 낱말을 찾아 글자를 따라가 보는 활동을 통해 이해한 내용을 한 번 더 확인하게 된다.

[4영03-05] 쉽고 간단한 문장을 읽고 의미를 이해할 수 있다.

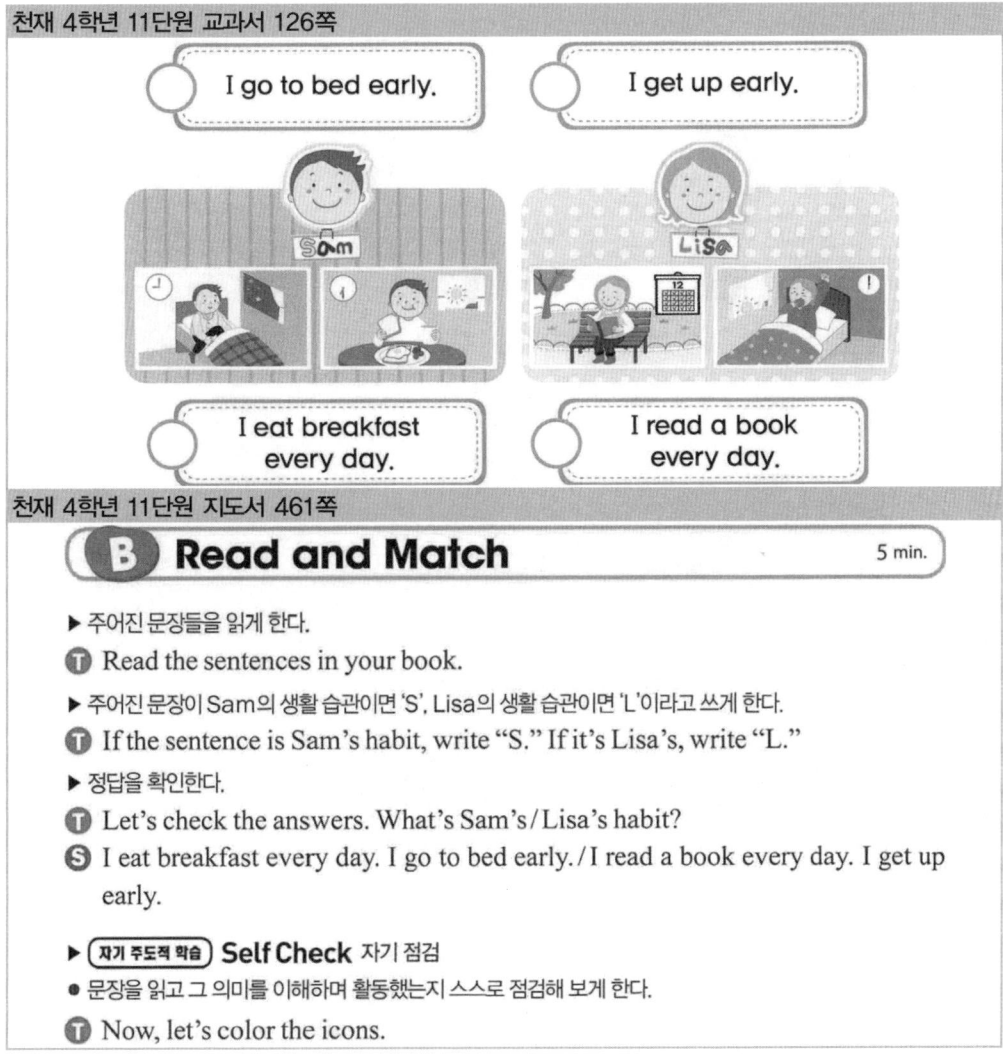

위에 제시한 4학년 교과서 활동 사례에서는 'I go to bed early.'와 같이 쉽고 간단한 문장을 읽고 학생들이 해당 의미를 이해하는 데 초점을 두고 있다. 학생들은 생활 습관에 관한 문장을 읽고 자신이 이해한 것을 바탕으로, 그 문장이 Sam의 습관에 대한 것이면 S를, Lisa의 생활 습관에 대한 것이면 L을 써 보는 활동을 하게 된다.

[6영03-01] 쉽고 간단한 문장을 강세, 리듬, 억양에 맞게 소리 내어 읽을 수 있다.

위의 6학년 교과서 활동 사례에는 그림과 함께 제시된 대화를 소리 내어 읽어 보는 활동이 제시되어 있다. 교과서에서는 강세, 리듬, 억양에 맞게 읽도록 안내하기 위해 이를 명시적으로 표기하고 있다. 또한 전자 저작물(예: CD-ROM)을 듣고 강세, 리듬, 억양에 맞게 문장을 따라 읽도록 유도하고 있다.

[6영03-02] 그림이나 도표에 대한 쉽고 짧은 글을 읽고 세부 정보를 파악할 수 있다.

동아 6학년 12단원 교과서 168~169쪽

What do you want to be?

9 students want to be a scientist.
2 students want to be an astronaut.
4 students want to be an announcer.
3 students want to be a painter.
6 students want to be a soccer player.
1 student wants to be a pianist.
What do you want to be?
Let's dream big!

Ⓐ 글의 내용과 일치하도록 알맞은 낱말을 골라 ✔ 표를 해 봅시다.

① The graph is about students' ☐ health.
　　　　　　　　　　　　　　　 ☐ dreams.
② The students are all in the ☐ fifth grade.
　　　　　　　　　　　　　　　☐ sixth grade.
③ Nine students want to be ☐ a scientist.
　　　　　　　　　　　　　　☐ a soccer player.
④ Three students want to be ☐ a painter.
　　　　　　　　　　　　　　 ☐ an astronaut.

동아 6학년 12단원 지도서 430쪽

3. Read and Comprehend
▶ 글을 다시 읽고, 세부 내용을 파악하게 한다.
Ⓣ Read the text again and answer the questions.
Ⓣ How many students did Gloria survey?
Ⓢ 25명요.
Ⓣ What grade were they in?
Ⓢ 6학년요.
Ⓣ What did she ask them about?
Ⓢ 장래 희망요.
Ⓣ Can you guess what Gloria's question was?
Ⓢ What do you want to be?
Ⓣ What was the most popular job?
Ⓢ A scientist.
Ⓣ How many students want to be scientists?
Ⓢ 9명요.
Ⓣ You're right. How many students want to be a painter?
Ⓢ 3명요.
Ⓣ Six students want to be this. What's this?
Ⓢ A soccer player.

위의 6학년 교과서 활동 사례에서는 도표에 대한 쉽고 짧은 글을 읽고 세부 정보를 파악하는 활동을 제시하고 있다. 교과서에서는 미래의 희망 직업에 대한 설문 조사를 하여 희망 직업별로 도표를 만들고 이를 글로 제시하고 있다. 이에 대해 학생들이 이해했는지를 점검하기 위해 세부적인 사항에 대해 묻고 각각의 문항에 대한 답을 고르도록 하고 있다. 지도서에서는 교사가 질문을 통해 학생들이 세부 정보를 파악하였는지를 점검하는 활동을 보여 주고 있다.

[6영03-03] 일상생활 속의 친숙한 주제에 관한 쉽고 짧은 글을 읽고 세부 정보를 파악할 수 있다.

대교 5학년 3단원 지도서 146쪽
T First, let's listen to the text and read it silently. S (CD-ROM으로 글을 들으며 눈으로 읽는다.) T Now, how about reading it all together? Let's read it slowly. S (다 같이 큰 소리로 문장을 천천히 읽는다.) T Great job! What's the name of this pizza? S 4 in1 pizza. T Can you tell me the four toppings that are on this pizza? S Sweet potatoes, *gimchi*, lemon, and bacon. T Right. How does it taste? S It's sweet and sour. It's spicy and salty, too.

위의 5학년 교과서 사례는 쉽고 짧은 글을 읽고 세부 정보를 파악해 보는 활동에 해당한다. 일상생활에서 학생들에게 친숙한 음식인 피자를 소재로 한 글을 읽고 재료, 맛 등과 관련된 세부 정보를 파악하는 활동을 할 수 있다. 지도서에서는 교사가 질문을 통해 학생들이 이 글에서 세부적인 정보를 파악하고 있는지를 점검하는 활동을 보여 주고 있다.

[6영03-04] 쉽고 짧은 글을 읽고 줄거리나 목적 등 중심 내용을 파악할 수 있다.

동아 5학년 9단원 교과서 128쪽

동아 5학년 9단원 지도서 339쪽

1. Look and Guess
▶ 글을 읽기 전, 그림을 보며 글의 내용을 추측하게 한다.
- Ⓣ Look at the pictures. What do you see?
- Ⓢ 양말과 케이크요.
- Ⓣ What are the boy and woman doing?
- Ⓢ 인터넷 쇼핑을 하는 것 같아요.

> **Q** 글의 목적이 무엇인지 말해 봅시다.
> - Ⓣ What's the purpose of this text?
> - Ⓢ 물건을 팔기 위한 광고 같아요.

▶ CD-ROM으로 본문의 주요 어휘를 확인하게 한다.
- Ⓣ Before reading, let's learn some key words from the text.
- Ⓣ Can you read these words? Look at the pictures and guess what they mean.
- Ⓣ Listen and repeat the words. Then let's check their meanings.
- Ⓣ Now let's answer the quiz about the words.

2. Listen and Read
▶ CD-ROM으로 글을 듣고 따라 읽으며 중심 내용을 파악하게 한다.
- Ⓣ Listen to the text and read along silently.
- Ⓣ What's the text about?
- Ⓢ 스마트맨 양말과 레드마스크맨 케이크를 광고하고 있어요.
- Ⓣ Listen again and repeat the sentences line by line.
- Ⓢ (한 문장씩 따라 읽는다.)

위의 5학년 교과서 사례는 쉽고 짧은 글을 읽고 글의 목적이 무엇인지 파악해 보는 활동이다. 지도서에서는 글을 읽기 전에 그림을 보며 글의 내용을 추측하게 하고, 글의 목적이 무엇인지 말하도록 하고 있다. 이어서 주요 어휘를 확인하고 **CD-ROM**으로 글을 듣고 따라 읽으며 중심 내용을 파악하는 활동을 제시하고 있다.

① 다음 글을 읽고, 밑줄 친 "Skill in reading depends on the efficient interaction between linguistic knowledge and knowledge of the world."가 의미하는 바를 설명하시오.

> How do readers construct meaning? How do they decide what to hold on to, and having made that decision, how do they infer a writer's message? These are the sorts of questions addressed by what has come to be known as **schema** theory, the hallmark of which is that a text does not by itself carry meaning. The reader brings information, knowledge, emotion, experience, and culture — that is, **schemata** (plural) — to the printed word. Mark Clarke and Sandra Silberstein (1977: 136-137) capture the essence of schema theory: Research has shown that reading is only incidentally visual. More information is contributed by the reader than by the print on the page. That is, readers understand what they read because they are able to take the stimulus beyond its graphic representation and assign it membership to an appropriate group of concepts already stored in their memories. … <u>Skill in reading depends on the efficient interaction between linguistic knowledge and knowledge of the world.</u>
>
> (Brown, 2001, pp. 299-300)

2 다음은 5학년 교과서 활동 사례이다. 이 활동을 통해 구현할 수 있는 읽기 영역의 성취기준 1가지를 쓰고, 해당 활동을 지도하기 위한 수업 계획을 작성하시오(수업 활동을 위한 교실영어 표현도 포함하시오).

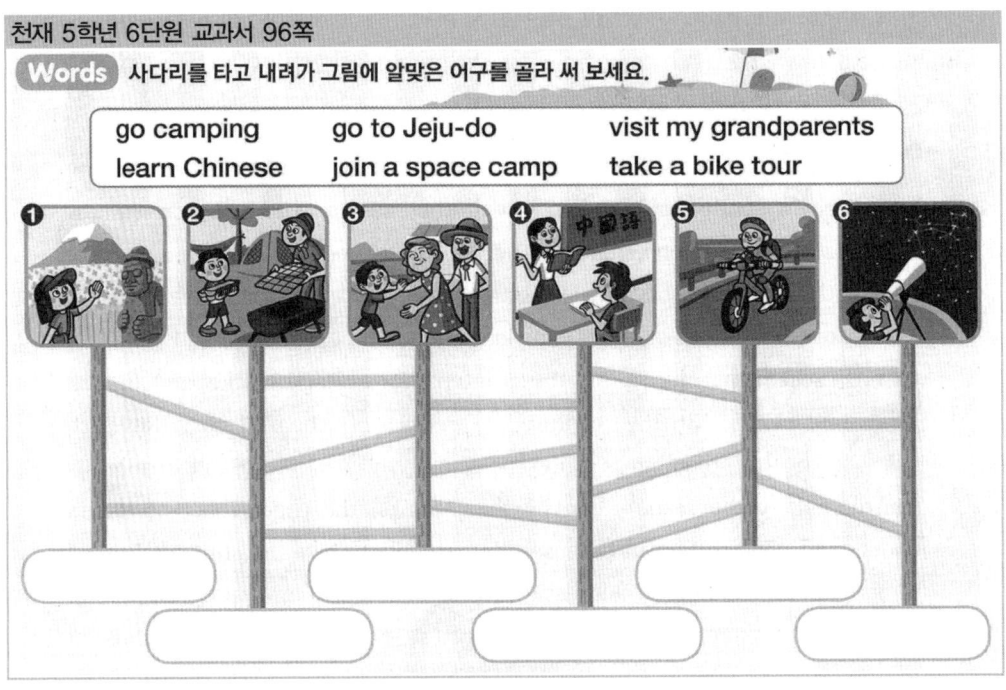

제6장
쓰기

1. 교육과정 해설
　1.1. 3~4학년군
　　(1) 성취기준
　　(2) 교수·학습 방법 및 유의 사항
　　(3) 평가 방법 및 유의 사항

　1.2. 5~6학년군
　　(1) 성취기준
　　(2) 교수·학습 방법 및 유의 사항
　　(3) 평가 방법 및 유의 사항

2. 심화 학습
　(1) 쓰기 지도 기법
　(2) 받아쓰기 활동 유형

3. 교과서 사례

4. 과제

❶ 교육과정 해설

1.1. 3~4학년군

(1) 성취기준

3~4학년군 쓰기 영역 성취기준 및 핵심 개념	초등학교 3~4학년군의 쓰기 영역 성취기준은 학습자들이 영어 알파벳 대소문자를 구별하여 쓰고, 구두로 익힌 낱말과 어구를 따라 쓰거나 보고 쓰며 쉽고 간단한 낱말이나 어구를 쓸 수 있도록 설정되었다. 학습자들이 3~4학년군의 쓰기 영역 성취기준을 달성함으로써 영어 쓰기 의사소통능력의 기초를 다지고, 영어에 대한 흥미와 자신감을 가지며, 다른 문화와 언어의 다양성을 이해할 수 있도록 한다.
[4영04-01] 설명 [4영04-02] 설명 [4영04-03] 설명	[4영04-01] 알파벳 대소문자를 구별하여 쓸 수 있다. [4영04-02] 구두로 익힌 낱말이나 어구를 따라 쓰거나 보고 쓸 수 있다. [4영04-03] 실물이나 그림을 보고 쉽고 간단한 낱말이나 어구를 쓸 수 있다. (가) 학습 요소 ● 알파벳 대소문자 ● 구두로 익힌 낱말, 어구, 실물, 그림 (나) 성취기준 해설 ● '[4영04-01] 알파벳 대소문자를 구별하여 쓸 수 있다.'는 읽기의 '[4영03-01] 알파벳 대소문자를 식별하여 읽을 수 있다.'와 연계되는 성취기준으로 개별 철자의 모양과 특징에 대한 구체적인 인식을 바탕으로 쓸 수 있는 수준을 말한다. ● '[4영04-03] 실물이나 그림을 보고 쉽고 간단한 낱말이나 어구를 쓸 수 있다.'는 구두로 익힌 것을 쓰는 것에서 발전된 수준으로 학습자들이 실물이나 그림이 나타내는 의미를 이해하고 그 의미를 담고 있는 낱말이나 어구를 스스로 쓸 수 있는 단계까지 포함한다. <div align="right">(교육부, 2015, p. 20)</div>
3~4학년군 쓰기 영역 성취기준 및 핵심 개념	초등학교 3~4학년군 쓰기 영역의 성취기준은 '철자', '어휘 및 문장'의 두 가지 핵심 개념을 다루고 있으며, '문장'과 '작문'은 다루고 있지 않다. [4영04-01] 성취기준은 핵심 개념 중 '철자'에 해당하는 성취기준이고, [4영04-02]와 [4영04-03]은 '어휘 및 문장'에 해당하는 성취기준이다. 3~4학년군 쓰기 영역의 성취기준은 '구별하여 쓸 수 있다'로 끝나는 성취기준이 1개, '따라 쓰거나 보고 쓸 수 있다'로 끝나는 성취기준이 1개, '낱말이나 어구를 쓸 수 있다'로 끝나는 성취기준이 1개로 구성되어 있다. 3~4학년군 쓰기 영역의 성취기준은 본격적인 쓰기에 앞서 먼저 알파벳 대문자와 소문자를 구별하여

쓸 수 있고, 음성 언어로 익힌 낱말이나 어구를 따라 쓰거나 보고 쓸 수 있으며, 실물이나 그림을 보고 쉽고 간단한 낱말이나 어구를 쓸 수 있는 것을 목표로 한다. 즉 쓰기 영역은 '구두로 익힌' 또는 '실물이나 그림을 보고'와 같은 단서를 함께 제시하여, 학생이 쓰기에 대한 부담을 줄이도록 도움을 받아서 쓰기를 할 수 있게 하였다.

[4영04-01] 설명

'[4영04-01] 알파벳 대소문자를 구별하여 쓸 수 있다.'는 읽기의 '[4영03-01] 알파벳 대소문자를 식별하여 읽을 수 있다.'와 연계되는 성취기준으로 개별 철자의 모양과 특징에 대한 구체적인 인식을 바탕으로 쓸 수 있는 수준을 말한다.

[4영04-01]은 알파벳을 대문자와 소문자로 구별하여 쓸 수 있는 것을 목표로 하는 성취기준이다. 즉 알파벳을 쓸 때, 각 철자의 모양, 획의 방향 등 철자의 특징을 이해하고 쓸 수 있도록 하고, 특히 같은 철자에 대해 대문자와 소문자의 형태가 서로 다르다는 것을 이해하고 쓸 수 있도록 지도한다. 기계적으로 반복하여 쓰게 하기보다는 '알파벳 대소문자 중 한 글자 보고 다른 글자 쓰기', '알파벳 릴레이(게임)' 등과 같은 활동을 통해 학생들이 재미있게 학습할 수 있도록 한다. [4영04-01]은 '[4영03-01] 알파벳 대소문자를 식별하여 읽을 수 있다.'와 연관된 성취기준으로 교과서에는 두 성취기준이 한 활동으로 구현된 경우가 많다.

[4영04-02] 설명

[4영04-02] 구두로 익힌 낱말이나 어구를 따라 쓰거나 보고 쓸 수 있다.

[4영04-02]는 낱말이나 어구 쓰기를 배우는 데 있어서 '구두로 익힌' 낱말이나 어구에 한정하였는데, 이는 초등학교의 교과서가 1~2차시와 같은 앞 차시 부분에서는 음성 언어에 초점을 두어 지도하고, 3~4차시와 같이 뒤 차시로 갈수록 읽기나 쓰기와 같은 활동을 제시하는 것과 관련이 있다. 예를 들어 학생들이 'It's Monday.'라는 단원에서 요일을 칭하는 낱말을 배울 때 먼저 그러한 낱말을 구두로 익힌 이후에 문자로 쓰도록 지도해야 한다는 것이다. 이와 같이 구두 활동을 통해 이미 익힌 친숙한 낱말이나 어구를 쓰게 함으로써, 소리와 철자와의 관계도 익히면서 구두로 익힌 낱말이나 어구도 강화시킬 수 있게 된다. 구두로 익힌 것을 문자로 쓰도록 지도할 때도

[4영04-02]는 따라 쓰거나 보고 쓰는 활동으로 제한을 두었는데, 이는 학생이 이러한 도움 없이 낱말을 쓰는 것은 3~4학년군의 범위를 넘어선 것이라고 보고 있음을 의미한다. 5~6학년군에서는 [6영04-01]에서 학생들이 간단한 낱말이나 어구를 듣고 쓰는 범위까지 확장되며, [6영04-03]에서는 구두로 익힌 문장을 쓰는 것으로 확장된다.

[4영04-03] 설명	'[4영04-03] 실물이나 그림을 보고 쉽고 간단한 낱말이나 어구를 쓸 수 있다.'는 구두로 익힌 것을 쓰는 것에서 발전된 수준으로 학습자들이 실물이나 그림이 나타내는 의미를 이해하고 그 의미를 담고 있는 낱말이나 어구를 스스로 쓸 수 있는 단계까지 포함한다.

[4영04-03]은 [4영04-01]의 알파벳을 쓰는 것과 [4영04-02] 낱말이나 어구를 따라 쓰거나 보고 쓰는 것에서 나아가, 실물이나 그림을 보고 그 의미에 해당하는 낱말이나 어구를 쓸 수 있는 것을 목표로 하는 성취기준이다. 실물이나 그림 등의 시각적 자료를 활용하여 학생들의 이해와 흥미를 도울 수 있다. 또한 여기서 주목할 점은 '쉽고 간단한 낱말이나 어구'로 한정하였으며, '문장'은 포함되지 않는다는 것이다. 즉 듣기, 말하기, 읽기에서는 문장 수준으로 듣고, 말하고, 읽을 수 있는 것이 3~4학년군의 성취기준에 포함되었다면, 쓰기에서는 '낱말이나 어구'로만 한정하고 있다. 이는 다른 기능에 비해 쓰기의 난도가 높다는 것을 고려한 것이다.

(2) 교수·학습 방법 및 유의 사항

4선 공책 에서의 글자 위치 **흥미로운 알파벳 쓰기 활동** **쓰기 활동 유형**	• 다양한 활동을 통해 알파벳 대소문자를 바르게 쓰도록 지도한다. 철자의 모양을 식별하고 그 특징을 인식할 수 있도록 철자의 크기, 획의 방향, 쓰는 순서, 4선 공책에서의 글자 위치 등 다양한 특징을 이해하도록 지도한다. 알파벳 모양 안에 색칠하기, 알파벳 베껴 쓰기, 몸으로 알파벳 쓰기, 짝을 이루는 대문자 또는 소문자 쓰기 등의 활동을 할 수 있다. • 구두로 익힌 낱말이나 어구를 쓰는 활동을 할 때는 학습자들의 음성 언어와 문자 언어가 연계될 수 있도록 도와주도록 한다. 이때 주의할 사항은 학습자들에게 낱말을 쓰도록 시킨 후 그대로 내버려 두지 말고 교사가 학습자들과 함께 단어를 읽고 칠판에 쓰는 활동을 통해 그 과정에서 학습자들이 소리와 철자의 관계를 내면화하는 데 도움을 받도록 한다. 학습 활동으로는 단어 읽는 소리를 들으면서 베껴 쓰기, 점선 연결하여 낱말 만들기, 일부만 제시된 단어의 나머지 철자 채우기, 여러 사람이 돌려가면서 낱말 따라 쓰기 등의 활동이 가능하다. • 쓰기는 듣기, 말하기, 읽기와 연계하여 지도하되, 쓰기 활동의 수준은 음성 언어 및 읽기 활동 수준보다 약간 낮추어 지도할 수 있다. • 듣고 쓰기 활동을 할 경우에는 소리와 철자 관계를 생각하며 써 보도록 유도한다. • 초기에는 반복적인 따라 쓰기 등의 통제 쓰기를 통해 쓰기에 대한 자신감을 증진하도록 하며, 점진적으로 통제를 줄여가면서 쓸 수 있도록 지도한다. • 쓰기에 대한 흥미와 관심을 잃지 않도록 알파벳과 일상생활에서 자주 접할 수 있는 쉬운 낱말 위주로 쓰게 하며, 쓰기 결과물은 가능한 한 학습자 수준에 맞추어 개별적으로 교정해 주도록 한다. • 3~4학년은 우리말을 쓸 때에도 시간이 많이 필요한 시기임을 감안하여, 쓰기 활동을 할 때는 시간을 넉넉히 주도록 한다. (교육부, 2015, pp. 20-21)

4선 공책에서의 글자 위치 알파벳 대소문자를 바르게 쓰기 위해 4선 공책을 활용할 수 있다. 예를 들어 알파벳 p의 경우 대문자와 소문자의 모양이 비슷하지만, 단어나 문장의 중간에 p가 오는 경우 bP와 같이 대문자를 쓰면 안 되고, bp와 같이 소문자로 써야 한다. 4선 공책에 알파벳을 쓰는 연습을 통해, 이와 같이 대문자와 소문자를 구분하여 바르게 쓰는 데 도움이 된다. 다음은 4선 공책 위에 알파벳을 표시한 것이다.

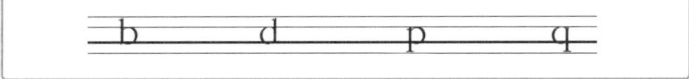

| 흥미로운 알파벳 쓰기 활동 | 4선 공책에서 알파벳 쓰기를 반복하는 것은 학생들의 영어 학습에 대한 흥미를 떨어뜨릴 수 있다. 따라서 학생들이 흥미 있게 알파벳을 쓸 수 있는 활동을 마련할 필요가 있다. 초등학생들이 몸으로 하는 활동을 흥미로워한다는 점에서 몸으로 알파벳 쓰기와 같은 활동을 고려할 수 있다.

쓰기 활동 유형
(통제 작문/
유도 작문/
자유 작문)

쓰기 활동은 써야 할 내용이나 형식에 대해 교사가 엄격하게 통제하여 제공하는 형태의 통제 작문(통제된 글쓰기), 써야 할 내용이나 형식에 대해 일정 부분 통제를 하고 일정 부분은 학생이 자유롭게 쓰도록 허용하는 유도 작문(유도된 글쓰기), 그리고 학습자의 완전한 선택을 바탕으로 이루어지는 자유 작문(자유로운 글쓰기)으로 구분된다.

- 통제 작문/통제 쓰기(controlled writing): 쓰기를 시작하는 초기 단계의 학습자에게 주로 활용하며, 학습자가 자신의 생각을 표현하여 쓰기보다는 간단하고 기계적으로 글을 쓰도록 한다. (예: 베껴 쓰기, 연결하기, 양식에 맞게 옮겨 쓰기, 받아쓰기, 달리면서 받아쓰기(running dictation))
- 유도 작문/유도 쓰기(guided writing): 교사가 글 쓰는 틀이나 내용 등을 안내하고 학습자가 이를 바탕으로 글을 쓰도록 한다. (예: 빈칸 채우기, 받아쓰기, 편지/카드/초대장 쓰기)
- 자유 작문/자유 쓰기(free writing): 교사의 도움을 받지 않고 학습자가 자유롭게 내용을 구성하여 쓴다.

 통제 작문/유도 작문/자유 작문에 대한 구체적인 쓰기 지도 기법은 p. 222의 심화 학습을 참조하세요.

(3) 평가 방법 및 유의 사항

성취기준에 적합한 평가	• 3~4학년군 쓰기 평가의 내용과 수준은 3~4학년군 쓰기 영역 성취기준을 근거로 선정한다. • 교수·학습 활동과 평가가 연계 되도록 하여 학습의 결과뿐만 아니라 과정도 평가 되도록 한다. • 쓰기 능력을 발현시키고 측정할 수 있는 다양한 쓰기 평가기법을 사용한다. • 평가 과제의 수준, 난이도 및 내용을 학습자 수준에 맞게 재구성하여 활용하도록 한다.
채점 척도 ◦ 총괄적/총체적 채점 척도 ◦ 분석적 채점 척도	• 쓰기 평가를 위한 채점 척도는 일반 쓰기 평가 원리에 의한 척도를 응용하거나, 해당 평가 과제에 최적화된 척도를 별도로 만들어 사용할 수 있다. • 3~4학년군에서는 쓰기 평가와 관련하여 학습 부담이 되지 않도록 특히 유의하며, 쓰기 평가를 위해 준비할 시간을 충분히 갖도록 한다.

(교육부, 2015, p. 21)

성취기준에 적합한 평가

3~4학년군 쓰기 영역을 평가할 때, 그 내용과 수준은 3~4학년군 쓰기 영역의 성취기준을 근거로 선정한다. 예를 들어 '[4영04-02] 구두로 익힌 낱말이나 어구를 따라 쓰거나 보고 쓸 수 있다.'는 성취기준에 대한 도달 여부를 평가하기 위해서는, 구두로 익힌 낱말이나 어구로 한정하여 평가하고, 따라 쓰거나 보고 쓰는 문항으로 평가해야 한다. 즉 학생들이 구두로 익히지 않은 생소한 낱말이나 어구에 대해서 평가하는 것은 평가의 내용 측면에서 적절하지 않으며, 낱말을 들려 주고 쓰게 하는 유형으로 평가하는 것은 평가의 수준 측면에서 적절하지 않다.

채점 척도
◦ 총괄적/총체적 채점 척도
◦ 분석적 채점 척도

채점 척도는 크게 총괄적/총체적 채점 척도(holistic rating scale)와 분석적 채점 척도(analytic rating scale)가 있으며, 평가의 목적, 맥락, 학습자 수준 등을 고려하여 총체적 채점과 분석적 채점 방식을 상호보완적으로 활용하거나 둘 중에서 더 효과적인 채점 방식을 활용할 필요가 있다.

총체적 채점 척도는 학생들이 전체적으로 과제를 어떻게 수행했는지 종합적으로 판단을 내리는 채점 방법으로, 수험자의 과제 수행에 대해 채점자의 전반적인 인상을 바탕으로 일정한 등급에 의거하여 하나의 점수를 부여하는 방식이다. 채점 과정이 비교적 간단하고 시간이 절약된다는 장점이 있는 반면, 학생 능력에 대한 세부 정보를 제공하지 못한다는 단점이 있다.

분석적 채점 척도는 영어 능력을 세부 영역으로 구분히여 각 영역에 대한 척도 기술(scale description)에 따라 각 점수를 부여하고, 영역별 점수를 합하여 총점을 부여하는 방식이다. 예를 들어 쓰기 능력은 정확성, 적절성, 범위, 복잡성 등의 세부 영역으로 구분하여 채점할 수 있고, 말하기 능력은 문법이나 발음의 정확성, 유창성, 내용의 적절성 등의 세부 영역으로 구분하여 채점할 수 있다. 장점으로는 세부 영역별로 응답의 강점과 약점을 파악하여 학습자의 언어 능력에 대해 유용한 진단적 정보를 제공할 수 있고, 채점 경험이 부족한 채점자도 접근하기에 용이하여 인지적·심리적 부담이 경감된다는 점이다. 또한 세부 영역에 따라 배점을 다르게 하여 채점할 수도 있다. 예를 들어 '내용의 적절성'은 3점, '표현의 정확성'은 1점을 배점함으로써 '내용의 적절성'의 배점을 더 높게 할 수 있다. 반면, 단점으로는 채점에 시간이나 노력이 많이 소요된다는 점을 들 수 있다.

1.2. 5~6학년군

(1) 성취기준

5~6학년군 쓰기 영역 성취기준 및 핵심 개념	
[6영04-01] 설명 [6영04-02] 설명 [6영04-03] 설명 [6영04-04] 설명 [6영04-05] 설명	초등학교 5~6학년군의 쓰기 영역 성취기준은 학습자들이 쉽고 간단한 낱말과 어구를 듣고 쓰며, 알파벳 대소문자와 문장 부호를 쓰고, 구두로 익힌 문장이나 예시문을 참고하여 간단한 글을 쓰며, 일상생활에 관한 짧고 간단한 글을 쓸 수 있도록 설정되었다. 학습자들이 5~6학년 쓰기 영역 성취기준을 달성함으로써 3~4학년군에서 익힌 쓰기 기초 의사소통능력을 계속 발전시키고, 영어에 대한 흥미와 관심을 지속시키며, 스스로 영어 학습을 할 수 있는 방법을 습득하여 영어 학습에 대한 자신감을 가질 수 있도록 한다. 또한 여러 가지 매체를 통하여 다른 언어에 대한 다양성을 이해하고, 다른 문화와 언어를 이해하며 포용하는 태도를 기를 수 있도록 한다. [6영04-01] 소리와 철자의 관계를 바탕으로 쉽고 간단한 낱말이나 어구를 듣고 쓸 수 있다. [6영04-02] 알파벳 대소문자와 문장 부호를 문장에서 바르게 사용할 수 있다. [6영04-03] 구두로 익힌 문장을 쓸 수 있다. [6영04-04] 실물이나 그림을 보고 한두 문장으로 표현할 수 있다. [6영04-05] 예시문을 참고하여 간단한 초대, 감사, 축하 등의 글을 쓸 수 있다. (가) 학습 요소 ● 알파벳 대소문자 ● 구두로 익힌 낱말, 어구, 실물, 그림 ● 문장 부호, 구두로 익힌 문장 ● 초대, 감사, 축하 글 (나) 성취기준 해설 ● '[6영04-01] 소리와 철자의 관계를 바탕으로 쉽고 간단한 낱말이나 어구를 듣고 쓸 수 있다.'는 알파벳 쓰기 수준보다 한 단계 높은 단어를 듣고 쓰는 단계이며 학습자들이 낱말이나 어구의 철자를 기계적으로 외우지 않고 소리와 철자의 관계를 바탕으로 유추해서 쓸 수 있는 단계를 의미한다. ● '[6영04-02] 알파벳 대소문자와 문장 부호를 문장에서 바르게 사용할 수 있다.'는 영어의 표기법을 익히며, 문장 안에서 그 처음과 끝을 알파벳 대소문자와 문장 부호를 통해서 바르게 표기할 수 있다는 것을 의미한다. 표정, 말의 억양, 강세 등을 사용하여 의사 전달을 명확하게 할 수 있지만 글에서는 의문이나 감탄의 표현 등을 기호를 사용하여 나타내므로 문장을 쓸 때에는 기호를 적절하게 쓰는 것이 중요하다는 것을 이해하고 바르게 사용할 수 있는 수준을 의미한다. ● '[6영04-05] 예시문을 참고하여 간단한 초대, 감사, 축하 등의 글을 쓸 수 있다.'는 학습자들이 예시문을 보면서 그대로 혹은 응용하여 실제 초대, 감사, 축하의 글을 써 볼 수 있는 단계이며 학습자들의 생활과 밀접한 연관이 있는 초대, 감사, 축하의 내용을 영어로 써 보게 함으로써 영어로 글 쓰는 것에 흥미를 붙일 수 있는 단계이다. (교육부, 2015, pp. 28-29)

5~6학년군 쓰기 영역 성취기준 및 핵심 개념	초등학교 5~6학년군 쓰기 영역의 성취기준은 '철자', '어휘 및 이구', '문장', '작문'의 네 가지 핵심 개념을 다루고 있다. [6영04-01]은 핵심 개념 중 '어휘 및 어구'에 해당하는 성취기준이고, [6영04-02]는 '철자'에 해당하는 성취기준이다. [6영04-03]과 [6영04-04]는 '문장'에 해당하는 성취기준이며, [6영04-05]는 '작문'에 해당하는 성취기준이다. 5~6학년군 쓰기 영역의 성취기준은 '듣고 쓸 수 있다.'로 표현된 성취기준이 1개, '문장에서 바르게 사용할 수 있다.'는 성취기준이 1개, '문장을 쓸 수 있다.' 또는 '한두 문장으로 표현할 수 있다.'와 같이 문장을 쓰는 성취기준이 2개, '글을 쓸 수 있다.'에서처럼 글을 쓰도록 하는 성취기준이 1개로 구성되어 있다. [6영04-01], [6영04-02], [6영04-03]은 3~4학년군과 연계되는 성취기준이고, [6영04-04], [6영04-05]는 중학교급과 연계되는 성취기준이다. [6영04-01], [6영04-02], [6영04-03]과 관련된 성취기준은 중학교급에서는 제시되지 않으므로 초등학교급에서 모든 학생들이 성취할 수 있도록 교사가 특별히 관심을 기울여야 할 것이다. 3~4학년군 쓰기 영역의 성취기준은 알파벳 대문자와 소문자를 구별하여 쓰는 것을 목표로 하였으나, 5~6학년군에서는 문장에서 문장부호와 함께 알파벳 대소문자를 구별하여 쓰는 것을 목표로 하고 있다. 또한 3~4학년군에서는 구두로 익힌 낱말이나 어구를 쓰는 것을 목표로 하였으나, 5~6학년군에서는 구두로 익힌 문장을 쓰고, 예시문을 참고하여 초대, 감사, 축하 등의 글을 쓰도록 하는 것을 목표로 한다.
[6영04-01] 설명	'[6영04-01] 소리와 철자의 관계를 바탕으로 쉽고 간단한 낱말이나 어구를 듣고 쓸 수 있다.'는 알파벳 쓰기 수준보다 한 단계 높은 단어를 듣고 쓰는 단계이며 학습자들이 낱말이나 어구의 철자를 기계적으로 외우지 않고 소리와 철자의 관계를 바탕으로 유추해서 쓸 수 있는 단계를 의미한다.

[6영04-01]은 쉽고 간단한 낱말이나 어구를 듣고 쓸 수 있는 것을 목표로 하는 성취기준이다. 즉 구두로 익힌 낱말이나 어구에 대해 소리와 철자와의 관계를 이해하며, 낱말이나 어구를 듣고 쓸 수 있는 것이다. [6영04-01]은 '[4영03-02] 소리와 철자의 관계를 이해하여 낱말을 읽을 수 있다.'와 관련된 성취기준으로 3~4학년군에서는 소리와 철자의 관계를 읽기 수준에서 지도를 하였다면 5~6학년군에서는 쓰기 영역까지 확장하여 지도한다. 소리와

철자의 관계를 바탕으로 쓰기 활동을 할 때는 학생들이 구두로 이미 알고 있는 낱말부터 시작하도록 하며, 학생들의 수준을 고려하여 개별 활동뿐만 아니라 짝 활동이나 모둠 활동으로 계획해 보도록 한다.

[6영04-02] 설명

'[6영04-02] 알파벳 대소문자와 문장 부호를 문장에서 바르게 사용할 수 있다.'는 영어의 표기법을 익히며, 문장 안에서 그 처음과 끝을 알파벳 대소문자와 문장 부호를 통해서 바르게 표기할 수 있다는 것을 의미한다. 표정, 말의 억양, 강세 등을 사용하여 의사 전달을 명확하게 할 수 있지만 글에서는 의문이나 감탄의 표현 등을 기호를 사용하여 나타내므로 문장을 쓸 때에는 기호를 적절하게 쓰는 것이 중요하다는 것을 이해하고 바르게 사용할 수 있는 수준을 의미한다.

[6영04-02]는 문장 쓰기에 대한 것으로, 문장은 대문자로 시작하고 마침표, 느낌표, 물음표 등의 구두점으로 끝난다는 것을 이해하고 문장을 쓰는 것을 목표로 하는 성취기준이다. 또한 문장에서 낱말과 낱말 사이는 띄어 쓴다는 점, 문장의 시작 부분을 제외하고는 소문자로 쓰지만 문장의 중간이더라도 고유명사는 대문자로 시작하여 쓴다는 점, 쉼표, 물음표, 느낌표 등의 다양한 구두점의 기능이 다르다는 점 등을 이해하고 쓸 수 있어야 한다. 나아가 문장 부호가 의미에 영향을 줄 수 있다는 것을 학생들에게 알려 줄 필요도 있다. 예를 들어 'Let's eat, grandma.'라는 표현에서 쉼표를 빼면 의미가 완전히 달라질 수 있다는 것을 보여 줌으로써, 문장 부호에 따라 문장의 의미가 달라질 수 있으므로 구두점을 정확하게 사용하도록 지도할 필요가 있다.

[6영04-03] 설명

[6영04-03] 구두로 익힌 문장을 쓸 수 있다.

[6영04-03]은 3~4학년군의 '[4영04-02] 구두로 익힌 낱말이나 어구를 따라 쓰거나 보고 쓸 수 있다.'에서 구두로 익힌 '낱말이나 어구'를 쓰는 것에서 '문장'을 쓰는 것으로 확장된 것이다. 구두로 익힌 문장을 쓸 수 있다는 말은 이미 구두로 알고 있는 문장을 써 본다는 것을 의미한다. 새로운 문장을 쓰는 것보다는 음성 언어를 통해 이미 익힌 문장을 써 보는 것이 학생들의 부담을 낮출 수 있을 것이다.

[6영04-04] 설명

> [6영04-04] 실물이니 그림을 보고 한두 문장으로 표현할 수 있다.

[6영04-04]는 실물이나 그림에 대해 한 문장 또는 두 문장으로 표현하여 쓸 수 있는 것을 목표로 하는 성취기준이다. 학습자가 실물이나 그림의 내용을 한두 문장으로 표현하는 것을 어려워할 수 있으므로, 예시문을 함께 제시하여 이를 활용하여 쓰는 활동, 문장에 들어갈 일부 낱말이나 어구를 제시해 주고 실물이나 그림에 맞게 쓰는 활동 등을 통해 지도할 수 있다. [6영04-04]와 관련하여 중학교급에서는 '[9영04-03] 일상생활에 관한 그림, 사진, 또는 도표 등을 설명하는 문장을 쓸 수 있다.'로, '실물이나 그림'뿐만 아니라 '일상생활에 관한 그림, 사진, 또는 도표 등'으로 범위가 확장된다.

[6영04-05] 설명

> '[6영04-05] 예시문을 참고하여 간단한 초대, 감사, 축하 등의 글을 쓸 수 있다.'는 학습자들이 예시문을 보면서 그대로 혹은 응용하여 실제 초대, 감사, 축하의 글을 써 볼 수 있는 단계이며 학습자들의 생활과 밀접한 연관이 있는 초대, 감사, 축하의 내용을 영어로 써 보게 함으로써 영어로 글 쓰는 것에 흥미를 붙일 수 있는 단계이다.

[6영04-05]는 8개의 성취기준 중에서 유일하게 '글'의 단계에 해당하는 성취기준이다. 그러나 어린 학습자에게 주는 부담을 고려하여 '예시문을 참고하여'라는 단서를 달아 두었고, 또한 '초대', '감사', '축하'와 같이 일상생활의 친숙한 소재를 활용하게 하였다. 이를 통해 어린 학생들이 글을 쓸 경우에도 크게 부담을 느끼지 않고 자신감을 유지하며 글을 쓸 수 있도록 하였다. '초대', '감사', '축하'에 대한 글을 통해서 초등학생들은 사회적 목적과 상황에 맞는 글쓰기에 처음 접하게 된다. 그런 만큼 초등학생들이 일상에서 흔히 접할 수 있는 소재로 글쓰기를 할 수 있도록 지도하는 것이 필요하다. 예를 들어 초대에 대한 사회적 상황으로 학생들이 일상생활에서 흔히 접할 수 있는 생일 파티를 생각해 볼 수 있다. 사회적 글쓰기와 관련된 성취기준은 중학교급에서도 [9영04-06]으로 제시되고 있다. 중학교급에서는 '위로'의 상황을 포함하는 등 좀 더 다양한 상황으로 확장된다. 학생들은 사회적 글쓰기를 통해서 다른 사람과 원만하게 어울려 살아갈 수 있는 공동체 역량을 함양할 수 있을 것으로 기대된다. 또한 [6영04-05]를 통해서 카드 문화가 잘 정착된 영어권의 문화를 학습하는 기회도 될 것이다.

(2) 교수·학습 방법 및 유의 사항

쓰기 오류 수정/ 교정적 피드백	• 쓰기는 듣기, 말하기, 읽기와 연계하여 지도하되, 쓰기 활동의 수준은 음성 언어 및 읽기 활동 수준보다 약간 낮게 구성할 수 있다. 이와 관련하여, 쓰기 활동에 사용되는 어휘 및 언어 형식 수준이 교육과정에서 요구되는 수준보다 높아지지 않도록 주의한다. • 초기에는 반복적인 따라 쓰기, 통제 쓰기 등을 통해 쓰기에 대한 자신감을 증진하고, 점차 유의미한 쓰기 활동을 통해 쓰기의 가치와 즐거움을 알 수 있도록 지도한다. • 듣고 쓰기에서는 소리와 철자 관계를 생각하며 써 보도록 유도하고, 학습자 스스로 철자 오류를 발견하고 수정할 수 있도록 다양한 교정적 피드백을 제공한다. • 구두로 익힌 문장을 지도할 때 짧고 쉬운 문장부터 쓰게 하고, 표현이 쉬워도 단어의 구조가 어려운 것은 나중에 지도한다. 학습자들의 쓰기 능력이 신장되는 시기이므로 다양한 쓰기 활동을 활용하되 따라 쓰기, 보고 쓰기, 완성하여 쓰기, 듣고 쓰기의 순으로 점진적으로 수준이 높아지도록 한다. 특히 실물이나 그림과 같은 시각적 도움을 제공함으로써 학습자들이 영어로 문장을 쓰는 데 있어서 인지적 부담감을 줄여 쓰기에 지속적으로 흥미를 가질 수 있도록 유도한다.
협력적 글쓰기	• 다양한 쓰기 과제와 협력적 글쓰기 활동을 통해 쓰기에 대한 흥미와 관심 및 학습자 상호간의 협력을 유도하되 결과물로서 쓰기와 과정으로서의 쓰기를 모두 즐길 수 있도록 유도한다.
동료 교정, 자기 교정	• 교사의 교정 및 학습자 상호간의 교정을 통해 알파벳 대소문자와 문장 부호 등 영어 표기법을 이해하고 바르게 쓸 수 있도록 지도할 수 있다. 예를 들면 단어와 단어 사이를 띄어 쓰는 것, 단어, 구, 문장에서 대문자와 소문자를 구별하여 쓰는 것 등을 익힐 수 있도록 지도하고, 문장의 첫 글자와 나(I)는 항상 대문자로 시작한다는 것을 지도한다. 또한 쉼표, 물음표, 따옴표 등 구두점의 사용을 바르게 할 수 있도록 지도 한다. 학습 활동으로는 소문자로 된 문장을 고쳐 쓰기, 문장의 종류에 맞는 구두점 골라 쓰기, 각자 쓴 문장이나 글을 교환하여 대소문자, 문장 부호, 띄어쓰기를 서로 고쳐 주기 등이 가능하다.
영어 표기법과 국어 표기법	• 영어의 표기법을 익히는 활동을 할 때 국어의 표기법과 공통점, 차이점을 비교하면서 학습하는 것도 효과적일 수 있다. • 감사 카드나 생일 초대 카드는 생활 주변에서 익숙하게 접하는 쓰기 자료들이다. 학습자들의 수준에 맞는 카드를 양식에 맞게 써 보도록 한다. 학습 활동으로는 생일 카드 만들기, 스승의 날, 어버이날, 크리스마스 등 특별 행사에 맞는 카드를 만들고 영어로 적절한 말 쓰기 등, 학습자들의 수준에서 실생활과 관련된 쓰기 활동이 가능하다. 예시문을 제시하되 단순히 베끼거나 따라 쓰는 것을 넘어, 각자 쓰고 싶은 내용을 써 보는 단계로까지 확장하고 필요 시 교사가 적절하게 도움을 주며 활동을 마무리 할 수 있도록 유도한다.
쓰기의 과정 쓰기 전, 중, 후 활동	• 학습자가 쓰기의 과정을 충분히 즐길 수 있도록 계획 단계, 쓰기 단계, 수정 단계 혹은 쓰기 전 활동, 쓰기 중 활동, 쓰기 후 활동으로 구성하여 단계적으로 지도할 수 있다.

(교육부, 2015, p. 30)

쓰기 오류 수정/ 교정적 피드백 학습자가 철자나 어법과 관련하여 오류기 없이 정확한 표현으로 쓸 수 있도록 지도하기 위해, 교정적 피드백(corrective feedback)을 제시한다. 학습자의 쓰기에 나타난 오류에 대해 직접 피드백(direct feedback)이나 간접 피드백(indirect feedback)을 줄 수 있다(Ellis, 2009).

직접 피드백은 학습자의 오류에 대해 교사가 정확한 표현으로 고쳐 주는 것이다. 불필요한 단어나 구 삭제, 오탈자 수정, 정확한 형태 제공 등의 방법이 있다.

```
                  a        a
A dog stole⟋bone from⟋butcher. He escaped with having⟋bone. When the dog
         over    a          a         saw a
was going through⟋bridge over the river he found dog in the river.
                                                    (Ellis, 2009, p. 99)
```

간접 피드백은 오류가 있는 부분이나 어떤 오류가 있는지 등을 교사가 알려 주고 오류를 수정하는 것은 학습자가 스스로 하도록 한다. 즉, 올바른 형태를 제공하지 않고 기호(밑줄, 동그라미 등)를 사용하여 학습자가 오류를 범한 곳을 표시하거나 문법적 설명을 통해 스스로 교정하도록 하는 것이다.

간접 피드백 중 비상위언어적 피드백은 밑줄, 동그라미 등 기호로 틀린 부분을 표시하는 것으로, 이를 통해 학습자는 자신의 오류를 파악하여 고치는 기회를 가질 수 있다.

```
A dog stole X bone from X butcher. He escaped with XhavingX X bone. When the dog
was going XthroughX X bridge over XtheX river he found X dog in the river.
X   = missing word
X_X = wrong word
                                                    (Ellis, 2009, p. 100)
```

간접 피드백 중 상위언어적 피드백은 학습자의 오류를 직접적으로 수정하지 않고 문법적 설명을 제공하는 것이다.

```
       (1)       (2)                    (3)
A dog stole bone from butcher. He escaped with having bone. When the dog was
      (4)       (5)                (6)
going through bridge over the river he found dog in the river.
(1), (2), (5), and (6) —you need 'a' before the noun when a person or thing is mentioned for the first time.
```

> (3) —you need 'the' before the noun when the person or thing has been mentioned previously.
> (4) —you need 'over' when you go across the surface of someting; you use 'through' when you go inside something (e.g. 'go through the forest').
>
> (Ellis, 2009, p. 102)

혹은 다양한 종류의 오류에 대한 축약형 표기인 오류 코드를 오류의 위치 혹은 그 부근에 제시하기도 한다.

>   art.   art.   WW art.
> A dog stole bone from butcher. He escaped with having bone. When the dog was
>   Prep.   art.   art.
> going through bridge over the river he found dog in the river.
>
> (Ellis, 2009, p. 101)

> Art. x 3; WW   A dog stole bone from butcher. He escaped with having bone.
> Prep.; art.   When the dog was going through bridge over the river he
> Art.   found dog in the river.
>
> (Ellis, 2009, p. 101)

학습자들의 수준, 교수·학습 맥락에 따라 적절한 교정 피드백을 제공해야 한다. 학습 목표로 하는 표현을 제시하는 단계나 정확성에 중점을 두고 연습하는 단계에서는 교사가 직접적으로 오류를 수정하는 것이 효과가 있으며, 학습자가 자유롭게 쓰기를 하는 단계에서는 학습자 스스로 오류를 발견하고 수정할 수 있도록 간접 피드백을 제공하는 것이 적절하다. 직접적 피드백은 오류와 이를 바르게 표현하는 것을 학습자가 바로 알아 볼 수 있다. 그러나 학습자의 노력 없이 교사의 일방적 수정을 통해 알게 된 내용이기에 쉽게 잊어버릴 수 있고, 형태에 집중하여 의미 중심의 학습을 저해할 수 있다. 한편, 교사의 간접적 피드백은 학생들이 직접 수정하면서 스스로 문제 해결 과정에 참여하므로 장기 기억 습득에 도움을 줄 수 있다.

협력적 글쓰기   작문은 개별 작문(개별적 글쓰기, individual writing)과 협동 작문(협력적 글쓰기, collaborative writing)으로 나눌 수 있다. 개별 작문은 혼자서 하나의 글을 쓰는 방식을 말하고, 협동 작문은 두 명 이상이 모둠을 구성하여 함께 협의하며 하나의 글을 쓰는 방식을 말한다. 협동 작문은 학습자들이 상호협력하며 쓰기를 할 수 있으므로, 혼자서 글쓰기를 어려워하는 수준의 학습자에게 적절한 지도 방식이 된다. 또한 협동 작문을 통한 상호작용은 쓰기뿐만 아니라 외국어 교육 전반적으로도 중요한 역할을 한다. 이러한 협력적 글쓰기는 학습자들이 책임을 공유하고 협력하여 글을 씀으로써, 학습자 간 상호작용이 증가하고 학습자들의 인지적, 정의적, 사회적 상호작용 측면에서 효과가 높다. 그러나 일부 학생들의 무관심과 무임승차, 정보 비공유, 오류 교정의 기회 부족으로 오류 화석화 등의 문제가 발생할 수 있다.

동료 교정, 자기 교정

쓰기 지도에서는 교사가 모든 학생들에게 교정 피드백을 제공하기도 하지만, 시간상의 제약이 따르므로, 학생들 간에 교정 피드백을 주거나 스스로 교정하는 방식을 활용하기도 한다. 동료 교정(peer review)은 학생들 간에 피드백을 제공하는 것으로 모둠 활동으로 실시하는 경우가 많다. 자기 교정(self-editing)은 자신이 쓴 글을 스스로 교정하는 것이다. 이러한 동료 교정과 자기 교정이 효과적으로 이루어지기 위해서는 그 방식에 대해 미리 숙지하고 교정 피드백 제공 방식에 대해 연습하도록 지도할 필요가 있다.

영어 표기법과 국어 표기법

영어의 표기법과 국어의 표기법은 서로 유사한 점도 있고 다른 점도 있다. 예를 들어, 영어와 국어에서 공통되는 점으로는 문장이 끝날 때는 마침표, 물음표, 느낌표 등의 구두점을 찍는다는 것이다. 반면 국어와 달리 영어에서는 괄호 앞에는 한 칸을 띄고 쓴다(예: second language (L2)). 국어에서는 '3~4시'와 같이 물결표로 표현하는 반면, 영어에서는 '3-4 pm'과 같이 N 대시(en dash)로 표현한다. 따라서 올바른 영어 표기법을 지도하여 학생들의 혼동을 줄여 줄 필요가 있다.

쓰기의 과정
◦ 계획
◦ 쓰기
◦ 수정

쓰기의 과정을 중시하는 것은 과정 중심 글쓰기(process-based writing; Hedgcock, 2005; Hinkel, 2011)에 기반을 두고 있다. 이는 글쓰기의 결과물에 초점을 두는 결과 중심 글쓰기(product-based writing)과 대비되는 개념이다. 쓰기의 과정의 단계(Brown & Lee, 2015; Calkins, 1994; Cooper, 1993; Linse, 2006)에 대해서는 다양한 의견이 있으나 크게 다음과 같은 3단계로 진행된다.

1) 계획(planning) 단계: 쓰기 전에 주제 선정, 쓸 내용에 대한 브레인스토밍(brainstorming) 및 정보 수집, 개요 작성(outlining) 등 쓸 내용을 계획하는 단계
2) 쓰기(drafting) 단계: 계획을 바탕으로 초안을 쓰는 단계
3) 수정(revising) 단계: 초안에 대해 교사나 동료의 피드백을 받거나 스스로 검토하여 초안의 내용이나 표현을 수정하는 단계

위의 3단계를 4단계(계획, 쓰기, 수정, 편집) 혹은 5단계(계획, 쓰기, 수정, 편집, 출판)로 구분하기도 한다. 수정(revising) 단계는 글의 내용과 구성 측면을 중심으로 수정하는 반면, 편집(editing) 단계는 최종적으로 오탈자를 중심으로 점검 및 수정하는 단계이다. 출판(publishing) 단계는 완성한 글을 전시 또는 공유하는 단계이다.

쓰기 수업에서는 효과적인 쓰기 지도를 위해 쓰기 전, 중, 후 활동(pre-, while-, post-writing activity)으로 나누어 지도한다.

쓰기 전 활동 교사는 쓰기 전 활동(pre-writing activity)에서 학생들이 글을 쓸 때 필요한 낱말과 언어 형식을 지도하고, 쓰기 소재나 주제와 연관된 사전 경험을 활성화하여 글쓰기에 친숙해지고 동기를 유발하도록 한다. 나아가 읽기 자료나 글쓰기 샘플을 제공한다.

쓰기 중 활동 교사는 쓰기 중 활동(while-writing activity)에서 주제나 서식을 제시하고 쓰기 과정에 따라 학생들은 글 쓰기, 피드백 주고 받기, 수정하기, 출판하기 및 발표하기 단계를 진행한다.

쓰기 후 활동 쓰기 후 활동(post-writing activity)에서는 학생들의 글쓰기 성과 및 소감을 공유하고 장점과 개선점을 공유한다. 오류 교정이 필요한 경우 전체적 혹은 개인적으로 실시한다.

(3) 평가 방법 및 유의 사항

포트폴리오 평가	• 5~6학년군 쓰기 평가의 내용과 수준은 5~6학년군 쓰기 영역 성취기준을 근거로 선정한다. • 쓰기 능력을 발현시키고 측정할 수 있는 다양한 쓰기 기법을 사용한다. • 쓰기 평가를 위한 채점 척도는 일반 쓰기 평가 원리에 의한 척도를 응용하거나, 과업에 고유한 척도를 별도로 만들어 사용할 수 있다. • 결과물로서의 쓰기뿐만 아니라 쓰기 과정에 대한 평가를 할 수 있도록 한다.
평가 결과 활용: 학생에게 피드백 및 교사의 교수·학습 개선	• 쓰기 평가의 과정에서 학습자가 자신의 쓰기 실력 향상을 위한 실질적인 도움을 받을 수 있도록 한다. • 평가 과정 및 결과는 다음 수업의 교수 학습 개선을 위해 활용한다. • 교사에 의한 관찰, 지필, 포트폴리오 등의 수행평가 외에 자기평가, 학생 상호평가 등 학습자들에 의한 평가를 부분적으로 반영하는 것도 고려할 수 있다.

(교육부, 2015, p. 31)

포트폴리오 평가 포트폴리오 평가(portfolio assessment)는 쓰기 평가 특히 과정 중심의 평가에 적절히 활용될 수 있다. 글쓰기를 한 학기 동안 지속적으로 실시할 경우, 한 학기에 걸쳐 작성된 쓰기 산출물을 수집하여 주제, 작성 시간 순으로 정리한다. 교사 교정, 동료 교정, 자기 교정 등의 산물도 포함시키고, 글 쓰는 과정 및 최종 산출물에 대해 기술하도록 한다. 또한 포트폴리오 작성 목적, 한 학기 동안 학생들의 글쓰기 능력 신장 등에 대해 성찰하도록 한다. 이러한 자료는 다음 학기나 학년에서 글쓰기 지도를 할 때 참고 자료로도 활용할 수 있다. 포트폴리오는 단순히 학습 결과물을 모아 놓은 것이 아니다. 학생들은 포트폴리오를 만들기 위해서 자신의 학습 활동에 대해 반성적인 사고를 하는 능력이 필요하다. 포트폴리오는 교사의 평가를 대체하는 것이 아니고 학생들이 자신의 학습에 대해 반성적 사고를 통해 스스로 평가할 수 있는 능력을 길러 주기 위한 것이다(Cameron & McKay, 2010). 포트폴리오 평가가 효과적으로 이루어지기 위해서는 학생들이 자신의 학습에 대해 스스로 평가할 수 있는 능력을 키우도록 교사가 도와줄 필요가 있다. Cameron과 McKay는 교사가 학생들에게 평가 기준을 제시하는 것이 도움이 되며, 어린 학생들에게는 간단한 평가 기준을 제시하고 학년이 올라가면 좀 더 자세한 평가 기준을 가지고 학생들이 자기평가를 할 수 있도록 도와줄 필요가 있다고 언급하였다.

| 평가 결과 활용: 학생에게 피드백 및 교사의 교수·학습 개선 | 쓰기 평가의 과정 및 결과를 통해 얻은 정보를 바탕으로 학습자에게 피드백을 제공하여 학습자의 쓰기 능력을 향상시킬 수 있도록 한다. 교사도 이러한 정보를 바탕으로 학습자가 흥미 있어 하는 주제나 활동, 어려워하는 활동 등을 분석하여 교수·학습 개선을 위한 자료로 활용하도록 한다. |

2 심화 학습

(1) 쓰기 지도 기법

다음은 쓰기를 지도할 때 활용할 수 있는 교수·학습 활동의 예시이다(김진석, 2016; 박약우 외, 2016; Hess, 2001; Read, 2007).

🌀 알파벳 쓰기

| 그림에 해당하는 낱말의 철자 완성하기 | 그림을 제시하고 그에 맞는 낱말의 철자 중 일부에 빈칸을 둔다. 그 빈칸을 알파벳으로 채우도록 한다. 그림과 낱말을 여러 개 제시하고, 각 낱말의 빈칸에 들어가는 철자를 순서대로 배열했을 때 나타나는 새로운 낱말을 찾아 보는 방법도 활용할 수 있다. |

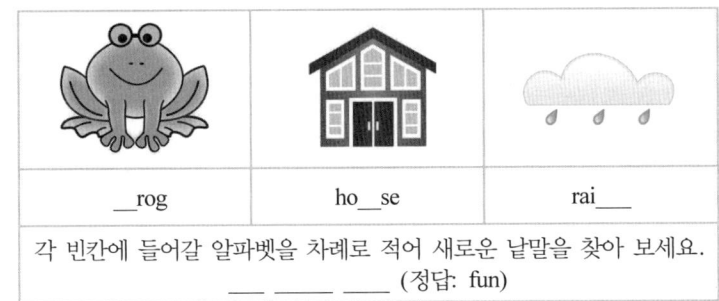

| 그림에 해당하는 단어의 철자 쓰기 | 그림을 제시하고 그에 해당하는 낱말의 철자를 써 보도록 한다. 어려움을 느낄 경우 낱말을 여러 개 제시하여 고를 수 있도록 한다. |

🌀 낱말 쓰기

| 낱말 분류하여 쓰기 | 2~3개 범주로 묶을 수 있는 낱말들을 10개 내외로 제시한다. 제시된 범주에 따라 낱말을 분류하고 그 낱말을 써 보도록 한다. 하 수준의 학생의 경우 각 범주에 해당되는 낱말들의 예시를 제공한다. 상 수준의 학생의 경우 범주도 학생들이 찾아내어 쓰고, 그 범주에 맞게 낱말을 분류하여 쓰도록 한다. |
| 그림이나 표에 이름표 붙이기 | 그림을 제시하고 해당되는 이름표가 될 만한 낱말을 써서 붙이도록 한다. 가령, 화원에서 꽃 이름표 붙이기, 식물원에서 식물 이름표 붙이기, 동물원에서 동물 이름표 붙이기, 식당에서 음식 이름표 붙이기를 할 수 있다. |

| 낱말 퍼즐 채우기 | 그림에 맞는 낱말을 찾아 빈칸에 쓰도록 한다. 낱말을 제시하고 그 낱말이 들어갈 부분을 그림으로 제시해 준다. 수준에 따라 그림을 제공하지 않아도 된다. 상 수준 학생들은 제시된 어구나 문장을 참고하여 퍼즐에 들어갈 낱말을 찾아 채우도록 한다. |

문장 쓰기

그림에 해당하는 문장 쓰기	그림을 제시하고 단어와 어구를 제시한다. 그림에 맞게 단어와 어구를 배열하고 완성된 문장을 쓴다.
그림에 해당하는 문장 배열하고 쓰고 제목 붙이기	3~4컷의 그림으로 연속되는 사건을 제시한다. 그림을 순서에 맞게 배열하도록 한다. 제시된 문장 중에 각 그림에 해당하는 문장을 찾아 그림 아래에 쓰도록 한다. 순서가 배열된 사건이나 일의 제목을 붙여 쓰도록 한다.

통제 쓰기/통제 작문

알파벳, 낱말, 어구, 문장 베껴 쓰기	알파벳, 낱말, 어구, 문장을 베껴 쓰도록 한다. 그림을 제시하고 해당하는 알파벳, 낱말, 어구, 문장을 보여 주고 학생들은 이를 베껴 쓴다. 그림별로 복수의 알파벳, 낱말, 어구, 문장을 제시하고 해당하는 그림에 맞는 것을 찾아 베껴 쓰도록 할 수도 있다.
낱말, 어구, 문장 빈칸 채우기	그림을 제시하고, 그림에 대한 낱말, 어구, 문장의 일부를 빈칸으로 제시한다. 그림에 맞게 빈칸을 채워 쓰고 완성된 낱말, 어구, 문장을 써 보도록 한다.
재생하여 쓰기	학생들의 수준에 맞는 간단한 문장을 칠판에 쓰고 잠시 주의 깊게 살펴보게 한 후 문장을 지운다. 그 문장을 다시 떠올리며 쓰도록 한다.
그림에 맞는 문장 쓰기	그림과 여러 개의 문장을 제시한다. 제시된 문장 중에서 그림과 일치하는 문장을 골라 그림 아래에 문장을 써 보도록 한다.
빈칸 채워 쓰기	글을 제시하고 빈칸을 제시하여 이에 맞는 낱말을 채우도록 한다. 학생들의 수준에 따라 빈칸에 들어갈 낱말들을 보기에 제시하여, 보기 중에서 골라 쓰게 할 수도 있다.

| 서식에 맞게 낱말, 어구, 문장을 골라 채워 쓰기 | 편지, 카드, 초대장 등을 제시하고 빈칸에 들어갈 낱말, 어구, 문장을 제시된 낱말, 어구, 문장 중에 골라 쓰도록 한다. |

유도 쓰기/유도 작문

문장 나머지 부분 완성하여 쓰기	문장의 첫 부분에 의미군을 이루는 2~3개 단어를 교사가 불러 주어 쓰도록 하고 나머지 부분을 스스로 채우도록 한다.
그림에 맞는 문장 채워 쓰기	그림을 제시하고, 그림에 대한 문장의 일부를 빈칸으로 제시한 다음, 빈칸을 채워 문장을 완성하게 한다.
도표, 그림에 맞는 글 완성하기	도표나 그림에 맞는 글을 빈칸과 함께 제시한다. 도표나 그림에 맞게 빈칸의 낱말이나 어구를 채워 쓰도록 한다. 빈칸에 들어갈 낱말이나 어구를 제시하여 골라 쓰도록 할 수도 있다.
서식에 맞게 낱말, 어구, 문장을 골라 채워 쓰기	편지, 카드, 초대장을 제시하고 빈칸에 들어갈 낱말, 어구, 문장을 맥락에 맞게 혹은 본인의 관심에 맞게 채워 쓰도록 한다.

자유쓰기/자유 작문

| 주제에 대해 자유롭게 쓰기 | 해당 차시나 주제에 맞게 교사가 쓰기 주제를 제시하고, 이에 대해 자유롭게 쓰게 한다. 혹은 주어진 큰 범위 안에서 학생들이 주제를 선정하여 쓰도록 할 수도 있다. |
| 제시된 어휘에 맞는 자유로운 글쓰기 | 일정한 범주의 어휘를 제시하고 이를 기반으로 자유롭게 글을 쓰도록 한다. 어휘들은 어휘망이나 그래픽 오거나이저 형태로 제시할 수도 있다. |

협력적 글쓰기

교사가 주제 및 소재를 제시하거나 글 전체 혹은 각 문단의 첫 문장을 제시하고 나머지는 모둠원들이 돌아가며 채우도록 한다. 완성된 글을 모둠별로 발표하도록 한다.

(2) 받아쓰기 활동 유형

받아쓰기는 다양한 방식으로 수행될 수 있다. 다음은 받아쓰기의 다양한 활동 예시이다(Nation & Newport, 2009).

받아쓰기 받아쓰기(dictation)는 전통적 교수 방법과 연관되어 활용되며 교수법보다는 시험의 한 방법으로 종종 이용된다. 일반적인 받아쓰기 방식은 다음과 같다. 먼저 교사는 글의 전체 내용을 학생들에게 들려 준다. 다시 처음부터 글의 내용을 들려 주는데, 이번에는 절 단위 혹은 문장 단위로 읽어 주고 멈춘다. 그동안 학생들은 들은 내용을 받아쓴다. 받아쓰기 이후 학생들은 들은 내용을 올바르게 썼는지 확인하며, 이를 통해 정확성을 높일 수 있다. 그러나 이러한 받아쓰기 활동은 학생들에게 흥미로운 활동으로 인식되기 어렵다.

빈칸 채우며 받아쓰기 빈칸 채우며 받아쓰기(completion dictation)에서 학생들은 들려 주는 영어 문장들이 적혀 있는 여러 장의 학습지를 받는다. 첫 번째 학습지에는 영어 문장들 중 일부 단어가 빈칸으로 되어 있다. 그 다음 학습지에는 더 많은 단어가 빈칸으로 되어 있고, 세 번째 학습지에는 훨씬 많은 단어가 빈칸으로 되어 있다. 교사가 첫 번째로 들려 줄 때는 첫 번째 학습지를 활용하여 받아쓰기를 한다. 교사가 두 번째로 들려 줄 때는 두 번째 학습지를 활용하며, 세 번째 들려 줄 때는 세 번째 학습지를 활용한다.

달리면서 받아쓰기 달리면서 받아쓰기(running dictation)는 몸으로 활동하기를 좋아하는 초등학생들에게 흥미로운 받아쓰기 활동이다. 교사는 받아쓰기를 위한 짧은 문구를 교실 뒤 또는 교실 밖의 벽에 붙인다. 학생들은 모둠을 구성하는데, 한 명은 달리는 사람(runner)이 되어 벽에 붙은 받아쓰기 문구를 보고 외운 뒤 쓰는 사람(writer)을 맡은 모둠원에게 문구를 말해 주면 모둠원이 그것을 쓴다. 모둠원들이 순서를 정해 번갈아가면서 달리는 사람과 쓰는 사람의 역할을 할 수 있다. 교사가 교실 밖에 있다가 달리는 사람에게 문구를 말해 주고, 달리는 사람이 이를 다른 학생에게 들려 준 다음, 들은 학생이 이에 대해 문장을 쓰거나 그림을 그리는 것으로 변형할 수 있다.

딕토글로스 딕토글로스(dictogloss)는 받아쓰기의 변이형으로, 학생들은 짧은 텍스트를 두 번 들은 후, 들은 내용을 모둠별로 의논하여 재구성하는 활동이다. 처음 들을 때는 메모를 하지 않고 전체적인 내용을 파악하면서 듣고, 두 번째 들을 때는 들리는 단어를 각자 메모를 한다. 그런 다음 모둠별로 모여서, 메모 내용을 참고하여 함께 들은 내용을 다시 재구성해 본다. 딕토글로스는 일반적으로 다음과 같이 다섯 가지 단계로 진행한다(Nation & Newton, 2009, p. 68).

① 준비(preparation): 모둠 구성, 단어 학습 및 특정 주제에 대해 토론한다.
② 의미 파악을 위해 듣기(listening for meaning): 학생들은 들으면서 의미를 파악한다.
③ 메모하기(listening and note-taking): 주요 내용(key word)을 메모하면서 듣는다.
④ 이야기 재구성(text reconstruction in groups): 학생들은 모둠원들과 함께 이야기 내용을 재구성한다.
⑤ 다른 모둠과 비교(text comparison between groups): 모둠이 재구성한 이야기를 발표하고 다른 모둠이 재구성한 내용과 비교한다.

들은 내용 작문하기 들은 내용 작문하기(dicto-comp)는 받아쓰기(dictation)와 작문(composition)에서 온 표현이다. 받아쓰기(dictation)가 들은 내용을 정확하게 쓰는 것에 초점을 둔다면, 이 활동은 들은 내용(idea)을 잘 기억하여 자신의 언어로 쓰는 것에 초점을 둔다. 따라서 교사가 들려 준 어휘 대신 다른 어휘로 내용을 표현해도 무방하다. 듣기 전 준비 단계에서는 학생들이 잘 들을 수 있도록 내용 정보, 어휘 등을 제공한다.

(3) 쓰기의 유형

쓰기에는 다양한 유형이 있다. 여기서는 쓰기의 다양한 유형을 살펴본다.

글의 유형 글의 유형은 크게 다음 6가지로 세분할 수 있으며(Hedge, 1988), 초등학교 수준에서는 개인적 쓰기, 사회적 쓰기 유형이 대부분을 차지한다. 학습자의 수준 및 교수·학습 맥락을 고려하여 적절한 장르를 활용하여 글쓰기를 지도할 수 있다.

- 개인적 쓰기(personal writing): 일기, 조리법, 메모, 쇼핑/정리 목록
- 공적 쓰기(public writing): 공적인 편지(문의, 요청, 불만 등), 신청서 등 서식
- 창조적 쓰기(creative writing): 시, 노래, 이야기, 자서전
- 사회적 쓰기(social writing): 편지(안부, 감사, 축하, 위로), 초대장
- 학문적 쓰기(academic writing): 보고서(수업, 실험, 견학), 요약문
- 기관 업무 쓰기(institutional writing): 보고서(업무), 실무 편지, 공지사항, 회의록, 지시문

글의 장르 글의 장르(genre)는 다음과 같으며(Cooper, 1993), 학습자들의 수준 및 교수·학습 맥락을 고려하여 적절한 장르를 활용하여 글쓰기를 지도할 수 있다.

- 서술체(descriptive): 사람이나 사물 묘사 등에 관한 글쓰기
- 서사체/이야기체(narrative): 일어난 일이나 사건에 대한 글쓰기
- 설명체(expository): 설명, 분석, 설득 등에 대한 글쓰기

3 교과서 사례

 [4영04-01] 알파벳 대소문자를 구별하여 쓸 수 있다.

YBM김 3학년 2단원 교과서 20쪽

YBM김 3학년 2단원 지도서 85쪽

ⓐ Hello, ABC! 9min.
알파벳을 소리 내어 읽고, 따라 써 봅시다.

| Script | Dd | doll | Ee | egg | Ff | fork |

1. Listen and Read 알파벳 듣고 읽기
- ▶ 전자 저작물로 알파벳 대·소문자 D, E, F를 보고, 소리를 듣는다.
- T Look at the letters "D, E, and F." Listen carefully.
- ▶ 교과서의 알파벳을 따라 읽으며, 해당 알파벳을 손으로 짚는다.
- T Point to the letters and read them aloud.
- S (알파벳을 손가락으로 짚으며 큰 소리로 읽는다.)
- ▶ 알파벳을 보며 스스로 소리 내어 읽는다.
- T Look at the letters and read them by yourselves.

🎤 ABC Song

Lyrics	Dd, Dd, Dd, Dd	Dd, Ee, Ff
	Ee, Ee, Ee, Ee	Dd, Ee, Ff
	Ff, Ff, Ff, Ff	Dd, Ee, Ff Wow!

- ▶ ABC Song의 가사에 맞춰 해당 알파벳을 가리키며 부른다.
- T It's time to sing the ABC Song. Let's listen and repeat the song. Then, we will sing by ourselves.
- S (D부터 F까지 알파벳 노래를 부른다.)

> **2. Read and Write** 알파벳을 읽으면서 따라 쓰기
> - ▶ 전자 저작물로 알파벳 D, E, F 대·소문자의 쓰는 순서를 보여 준다. 이때, 알파벳을 읽으며 손가락으로 공중에 따라 쓴다.
> - **T** Look at the screen. Let's learn to write the letters, "D, E, and F." Write the letters in the air with your finger.
> - ▶ 알파벳을 사선 위에 획순에 맞게 따라 쓴다.
> - **T** Let's read aloud and trace the letters in order.
> - ▶ 다양한 방법으로 학습한 알파벳을 읽고 쓰며 연습한다.
> - **T** Write the big and small letter "D" on your partner's palm.
> - **S** (짝의 손바닥에 D와 d를 쓴다.)

위 사례는 3학년 교과서의 첫 단원에 제시된 활동으로, 알파벳 대소문자를 소리 내어 읽고 따라 쓰는 활동이다. 4선 공책 장면을 활용하고 알파벳을 쓰는 순서를 표시하여, 학생들이 바르고 정확하게 알파벳 대소문자를 쓸 수 있도록 구현하고 있다. 아울러, 학생들의 흥미 제고를 위해 교사는 ABC song을 들려 줄 수 있다(ABC song이라고 적힌 마이크 그림 참조). 한편 여기에서는 어휘 학습을 따로 진행하지 않는데, 대신 어휘 학습과 연계될 수 있도록 알파벳 아래 해당 알파벳으로 시작되는 그림(doll, egg, fork)을 제시하고 있다.

[4영04-02] 구두로 익힌 낱말이나 어구를 따라 쓰거나 보고 쓸 수 있다.

대교 3학년 9단원 교과서 105쪽

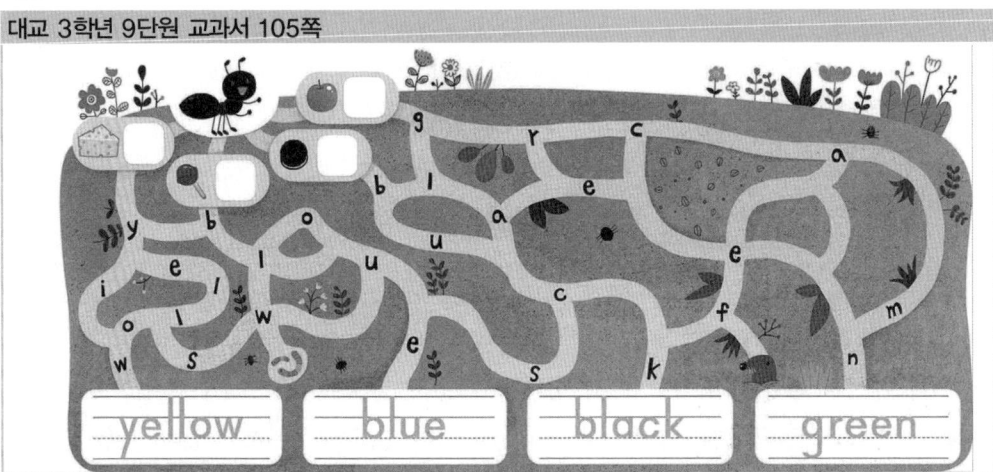

대교 3학년 9단원 지도서 288쪽

🅒 다음을 듣고 알맞은 그림에 번호를 쓴 후, 길을 따라가 낱말을 써 봅시다.

- 🅣 Listen to the words carefully and write the correct number in the blanks. Then, follow the road and trace the words.

▶ 정답 확인하기
- 🅣 Let's check the answers. What's the picture for number 1?
- 🅢 파란색 사탕요.
- 🅣 Right. What is the word?
- 🅢 Blue.
- 🅣 Good job, everyone. How about number 2?
- 🅢 검은색 쿠키요.

위 사례는 3학년 교과서에 제시된 활동으로, 구두로 익힌 낱말을 듣고 해당하는 낱말을 보고 쓰는 활동이다. 학생들은 yellow, blue, black, green 등의 색상에 관한 어휘를 해당 단원의 듣기, 말하기 활동에서 익힌 상태이다. 학생들은 이 활동에서 색상을 나타내는 낱말을 듣고 해당하는 그림에 번호를 쓴 후, 4선 공책에 희미하게 쓰여 있는 해당 낱말을 보고 쓰는 활동을 한다.

[4영04-03] 실물이나 그림을 보고 쉽고 간단한 낱말이나 어구를 쓸 수 있다.

YBM최 3학년 7단원 교과서 75쪽

YBM최 3학년 7단원 지도서 213~214쪽

 **Play Together 2**

Get Ready 그림에 알맞은 낱말을 쓴 후, 내가 할 수 있으면 ☺을, 할 수 없으면 ☹을 그려 봅시다.

▶ 각각의 그림에 알맞은 낱말을 사선 위에 쓰게 한다.

T Let's move on to the next page. Look at the pictures. Think of a word for each picture and write it on the lines. (문제를 푼 후에) What's the right word for the first picture?

S Sing.

T Good. If you can do each action, draw a smiley face(☺). If you can't, draw a frown face(☹).

▶ CD-ROM으로 정답을 확인하고, 낱말을 소리 내어 읽게 한다.

T Now, check the answers together. (정답을 확인한 후에) Look at the words and read them aloud.

위 사례는 3학년 교과서에 제시된 활동으로, 그림을 보고 낱말을 쓰는 활동을 구현하고 있다. 학생들은 그림에 제시된 동작을 보고 이에 해당하는 낱말을 쓴다. 아울러 해당 낱말 쓰기 학습을 학생들의 경험과 연결시켜 얼굴 그림(☺, ☹)을 완성하게 함으로써 학습의 흥미를 높이고, 또한 '할 수 있는지 묻고 답할 수 있다'는 단원의 학습 목표와도 연계시키고 있다.

[6영04-01] 소리와 철자의 관계를 바탕으로 쉽고 간단한 낱말이나 어구를 듣고 쓸 수 있다.

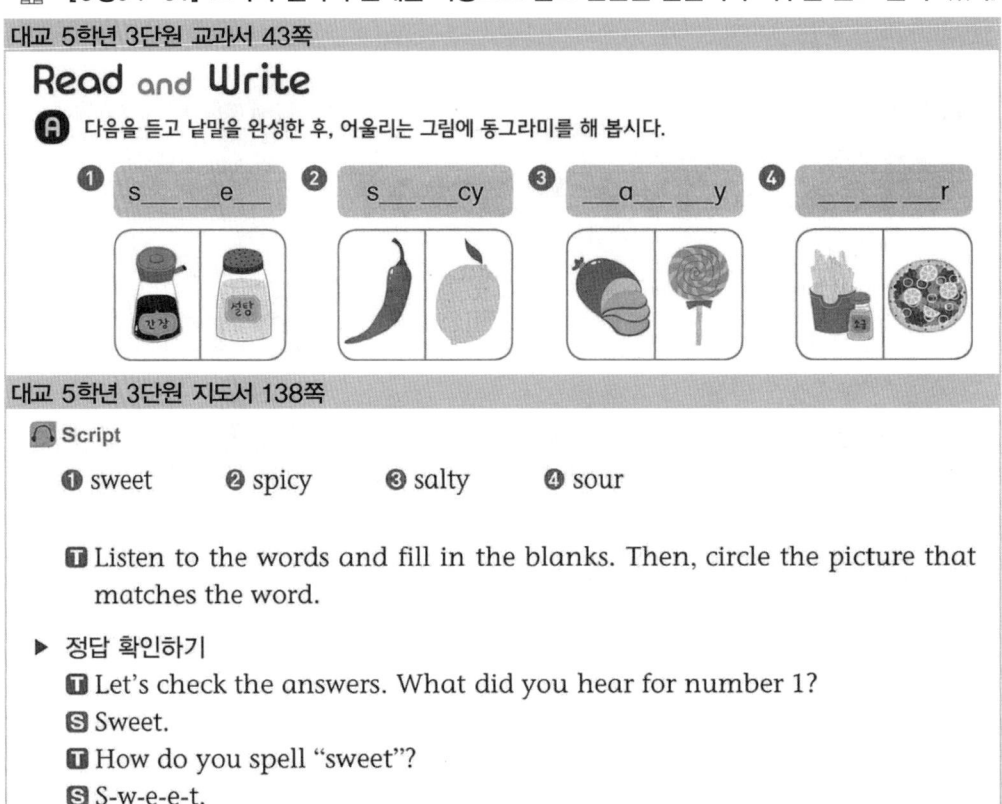

위 사례는 5학년 교과서에 제시된 것으로 음성 언어로 낱말을 듣고 문자 언어로 낱말을 완성하는 활동이다. 즉, 소리와 철자의 관계를 바탕으로 들은 낱말을 문자로 완성하도록 한다. 이어서 낱말의 의미를 파악하고 있는지를 알아 보기 위해 해당하는 그림을 표시하는 활동도 포함되어 있다. 지도서에서는 낱말을 듣고 쓰게 하면서 정답을 확인하는 과정을 통해 학생들이 음성 언어와 문자 언어의 관계를 인지하도록 유도하고 있다.

🏵 **[6영04-02]** 알파벳 대소문자와 문장 부호를 문장에서 바르게 사용할 수 있다.

대교 5학년 3단원 교과서 43쪽

❶ please Trysome. ➡ _____

❷ Its salty ➡ _____

❸ Help Your self. ➡ _____

❹ do you want some more! ➡ _____

대교 5학년 3단원 지도서 139쪽

ⓒ 대·소문자와 문장 부호, 띄어쓰기에 유의하여 문장을 고쳐 써 봅시다.

🅣 Read the sentences and find the errors for example, capital letters, punctuation marks, or spacing errors. Then write them correctly.
🅢 (문장에서 틀린 부분을 찾아 바르게 고쳐 쓴다.)

▶ 정답 확인하기
🅣 Let's check the answers. What's wrong with the first sentence?
🅢 'please'의 'p'를 대문자로 써야 해요. / 'Try'의 'T'를 소문자로 써야 해요. / 'Try'와 'some' 사이에 띄어쓰기를 해야 해요.
(나머지 정답도 같은 방식으로 확인한다.)

위 사례는 5학년 교과서에 제시된 연습 활동으로 각 문장에서 알파벳 대소문자와 문장 부호, 띄어쓰기를 올바르게 고쳐 써 보는 활동이다. 지도서에서는 대소문자, 문장 부호, 띄어쓰기를 적절하게 활용할 것을 학생들에게 주지시키고 이후 정답을 확인하고 있다.

[6영04-03] 구두로 익힌 문장을 쓸 수 있다.

```
동아 5학년 2단원 교과서 33쪽
```

① My favorite subject is _____.

② A: What's your favorite subject?
B: My favorite subject is _____. I like to draw.

```
동아 5학년 2단원 지도서 127쪽
```

D 그림에 맞게 문장을 완성해 봅시다.
T Look at the pictures and complete the sentences.
T Let's check the answers.

Answers ① science ② art

위 사례는 5학년 교과서에 제시된 것으로 구두로 익힌 문장의 일부 낱말을 채워 그림에 맞게 완성하는 활동이다. 학습자의 수준을 고려하여 구두로 익힌 문장 전체를 써 보는 활동도 시도해 볼 수 있다. 이 활동은 음성 언어와 문자 언어를 연결시키는 것으로 학생들의 문자 언어 발달을 돕고 있다.

[6영04-04] 실물이나 그림을 보고 한두 문장으로 표현할 수 있다.

천재 6학년 2단원 교과서 32쪽

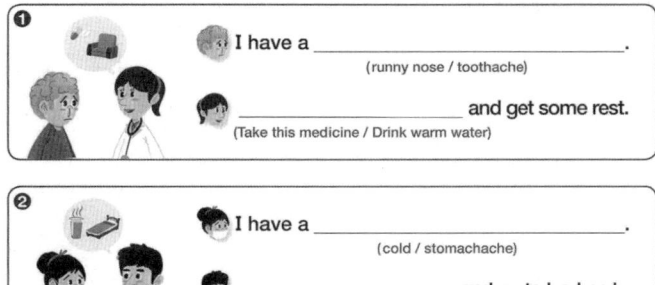

천재 6학년 2단원 지도서 133쪽

2. Expressions 문장 완성하기

▶ 교과서의 그림을 보며 내용을 확인하게 한다.

- **T** Number1. What's wrong with the boy? What do you think he is saying?
- **S** I have a runny nose.
- **T** What do you think the doctor tells him to do?
- **S** Take this medicine and get some rest.
- **T** How about the second picture? What do you think the girl is saying to the doctor?
- **S** I have a cold.
- **T** What's the doctor telling her to do?
- **S** Drink warm water and go to bed early.

▶ 그림에 맞는 낱말이나 어구를 골라 문장을 완성하게 한다.

- **T** Fill in the blanks using the given words or phrases to complete the sentences.
- **S** (그림에 알맞게 낱말이나 어구를 골라 문장을 완성한다.)

▶ 정답을 함께 확인한다.

- **T** What are the correct sentences for Number 1?
- **S** I have a runny nose. Take this medicine and get some rest.
- **T** How about Number 2?
- **S** I have a cold. Drink warm water and go to bed early.

위 사례는 6학년 교과서에 나온 연습 활동으로 그림을 보고 이를 표현한 문장을 완성하는 것이다. 빈칸에 들어갈 내용으로 제시된 2개 표현 중에 1개 표현을 고르도록 안내하고 있다. 아울러 쓰기 지도 맥락과 학생들의 수준에 따라 낱말이나 어구를 골라 문장을 완성하도록 할 수도 있고, 문장 전체를 쓰게 할 수도 있다. 지도서에서는 교과서의 그림을 보며 내용을 추측해 보고 문장을 완성하도록 하고 정답을 확인하는 과정을 보여 주고 있다.

🏭 **[6영04-05]** 예시문을 참고하여 간단한 초대, 감사, 축하 등의 글을 쓸 수 있다.

YBM최 5학년 5단원 교과서 65쪽

○ Brian이 좋아하는 것을 소개하는 글을 읽어 봅시다.

> Hello. My name is Brian.
> My favorite subject is music. I like singing songs.
> My favorite sport is baseball. I like playing baseball.
> My favorite color is blue. I like the blue skies.

몇 번 읽었나요? ① ② ③

Step 1 내가 좋아하는 것을 생각하면서 빈칸을 채워 봅시다.

과목	활동	운동	색깔

Step 2 Step 1의 내용을 사용하여 내가 좋아하는 것을 소개하는 글을 완성해 봅시다.

Hello. My name is _____.
My favorite _____ is _____. I like _____.
My _____ sport is _____. I like _____.
My favorite color is _____. I like _____.

YBM최 5학년 5단원 지도서 192~193쪽

1. Let's Read   Brian이 좋아하는 것을 소개하는 글을 읽어 봅시다.
▶ 교과서에 제시된 글과 사진을 훑어보며 글의 종류를 생각해 보게 한다.
T Look at the passage and the picture on page 65. What's the passage about?
S Brian이 자신이 좋아하는 것을 소개하는 글이에요.
▶ 교과서를 보지 않고, '깜깜히' 기능을 사용하여 글을 들려준다.
T Listen carefully. Try not to look at your book this time. (들려준 후) Tell me any words or sentences that you heard.
S (자신이 들은 낱말이나 문장을 말한다.)
▶ 글을 읽고, 내용을 파악하게 한다.
T What's Brian's favorite subject?
S His favorite subject is music.
▶ 질문을 더 하여 중심 내용을 파악했는지 알아본다.
T What else does he like?
▶ 스스로 글을 여러 번 읽고 읽기 확인표에 체크하게 한다.
T Read the paragraph again by yourself and check how many times you read it.

2. Let's Think – Step 1   내가 좋아하는 것을 생각하면서 빈칸을 채워 봅시다.
▶ 교과서의 표에 자신이 생각한 내용을 쓰게 한다.
T This time, think about your favorite subject, favorite activities, favorite sport and favorite color and fill in the blanks.

3. Let's Write – Step 2   Step 1의 내용을 사용하여 내가 좋아하는 것을 소개하는 글을 완성해 봅시다.
▶ ⟨Step 1⟩에서 완성한 내용을 바탕으로 자신이 좋아하는 것에 관한 글을 쓰게 한다.
T Based on the favorite things you wrote, complete the passage.
▶ 완성한 글을 발표하게 한다.
T Get a partner and read your sentences to each other. Make groups of four and take turns reading your sentences.
S (4명이 한 모둠이 되어 돌아가며 자신의 글을 읽는다.)
T Now, who wants to share what they wrote with the class? Put your sentences on your class board.

위에 제시한 5학년 교과서 사례는 예시문을 참고하여 자신을 소개하는 글을 완성하는 활동이다. 이 활동에서는 학생들의 글쓰기를 단계적으로 도와주고 있는데, 먼저 학생들은 각자 자신을 소개하는 글을 작성하기 전에 Brian이 자신을 소개하는 글을 예시문으로 볼 수 있다. 둘째, 글에 들어갈 내용을 과목, 활동, 운동, 색깔로 구조화하여 생각해 보도록 도움을 주고 있다. 셋째, 예시문을 바탕으로 빈칸에 자신에게 해당하는 내용을 채워 넣어 짧은 글을 완성하도록 하고 있다.

1 다음 글에 제시된 내용을 바탕으로 쓰기(writing)와 말하기(speaking)의 차이에 대해 설명하시오.

> A simplistic view of writing would assume that written language is simply the graphic representation of spoken language, and that written performance is much like oral performance, the only difference lying in graphic instead of auditory signals. Fortunately, no one holds this view today. The process of writing requires an entirely different set of competencies and is fundamentally different from speaking in ways that have already been reviewed in the last chapter. The permanence and distance of writing, coupled with its unique rhetorical conventions, indeed make writing as different from speaking as swimming is from walking.
>
> One major theme in pedagogical research on writing is the nature of the composing process of writing. Written products are often the result of thinking, drafting, and revising procedures that require specialized skills, skills that not every speaker develops naturally. The upshot of the compositional nature of writing has produced writing pedagogy that focuses students on how to generate ideas, how to organize them coherently, how to use discourse markers and rhetorical conventions to put them cohesively into a written text, how to revise text for clearer meaning, how to edit text for appropriate grammar, and how to produce a final product.
>
> (Brown, 2001, p. 335)

2 쓰기 영역에서 3~4학년군과 5~6학년군의 성취기준을 각각 하나씩 고르시오. 해당 성취기준을 구현하기 위한 활동 사례를 교과서에서 찾아 간단히 소개하고, 해당 활동을 선택한 이유를 쓰시오.

성취기준 (3~4학년군): _____		
교과서 활동: ____출판사 ____학년 ____단원 ____쪽		
교과서 장면		활동 소개 및 선택한 이유:

성취기준 (5~6학년군): _____		
교과서 활동: ____출판사 ____학년 ____단원 ____쪽		
교과서 장면		활동 소개 및 선택한 이유:

■ 부록

1. 핵심 개념에 따른 3~4학년군 및 5~6학년군 성취기준

다음은 초등학교 영어 교과의 성취기준에 대해, 핵심 개념과 듣기, 말하기, 읽기, 쓰기 영역 성취기준 간의 연계를 한눈에 파악할 수 있도록 정리한 표이다.

핵심 개념	듣기	말하기	읽기	쓰기
소리	[4영01-01] [4영01-02]	[4영02-01] [4영02-02]		
철자			[4영03-01] [4영03-02]	[4영04-01] [6영04-01]
어휘 및 문장	[4영01-03] [4영01-04] [4영01-05] [6영01-01]	[4영02-03] [6영02-01]	[4영03-03] [4영03-04] [4영03-05] [6영03-01]	[4영04-02] [4영04-03]
문장				[6영04-02] [6영04-03] [6영04-04]
작문				[6영04-05]
세부 정보	[4영01-06] [4영01-07] [6영01-02] [6영01-03] [6영01-04]		[6영03-02] [6영03-03]	
중심 내용	[6영01-05] [6영01-06]		[6영03-04]	
맥락	[6영01-07]			
담화		[4영02-04] [4영02-05] [4영02-06] [4영02-07] [6영02-02] [6영02-03] [6영02-04] [6영02-05] [6영02-06] [6영02-07]		
함축적 의미				

성취기준의 코드는 크게 두 부분으로 구성되어 있다. 먼저 성취기준 코드에서 앞부분은 '[4영01-…]'과 같이 되어 있으며, 이 중에서 제일 앞의 숫자 '4'는 3~4학년군, '영'은 '영어 교과', '01'은 듣기 영역을 의미한다. 5~6학년군의 성취기준은 제일 앞의 숫자가 '6'이며, 듣기 영역은 '01', 말하기 영역은 '02', 읽기 영역은 '03', 쓰기 영역은 '04'로 되어 있다. 예를 들어 '[4영01-…]'은 3~4학년군 영어 듣기 영역의 성취기준을 의미하며, '[6영02-…]'는 5~6학년군 영어 말하기 영역의 성취기준을 의미한다. 다음으로 성취기준 코드에서 뒷부분 '[…-01]'에서 '01'은 각 학년군의 언어 영역별 성취기준의 일련번호이며, '01'은 첫 번째 성취기준을 의미한다. 예를 들어 3~4학년군 듣기 영역의 성취기준은 모두 7개이므로 '[…-01]'부터 '[…-07]'까지 있으며, 5~6학년군 쓰기 영역의 성취기준은 모두 5개이므로 '[…-01]'부터 '[…-05]'까지 있다.

핵심개념	듣기	말하기	읽기	쓰기
소리	[4영01-01] 알파벳과 낱말의 소리를 듣고 식별할 수 있다. [4영01-02] 낱말, 어구, 문장을 듣고 강세, 리듬, 억양을 식별할 수 있다.	[4영02-01] 알파벳과 낱말의 소리를 듣고 따라 말할 수 있다. [4영02-02] 영어의 강세, 리듬, 억양에 맞게 말할 수 있다.		
철자			[4영03-01] 알파벳 대소문자를 식별하여 읽을 수 있다. [4영03-02] 소리와 철자의 관계를 이해하여 낱말을 읽을 수 있다.	[4영04-01] 알파벳 대소문자를 구별하여 쓸 수 있다. [4영04-01] 소리와 철자의 관계를 바탕으로 쉽고 간단한 낱말이나 어구를 듣고 쓸 수 있다.
어휘 및 문장	[4영01-03] 기초적인 낱말, 어구, 문장을 듣고 의미를 이해할 수 있다. [4영01-04] 쉽고 친숙한 표현을 듣고 의미를 이해할 수 있다. [4영01-05] 한두 문장의 쉽고 간단한 지시나 설명을 듣고 이해할 수 있다. [6영01-01] 두세 개의 연속된 지시나 설명을 듣고 이해할 수 있다.	[4영02-03] 그림, 실물, 동작에 관해 쉽고 간단한 낱말이나 어구, 문장으로 표현할 수 있다. [6영02-01] 그림, 실물, 동작에 관해 한두 문장으로 표현할 수 있다.	[4영03-03] 쉽고 간단한 낱말이나 어구, 문장을 따라 읽을 수 있다. [4영03-04] 쉽고 간단한 낱말이나 어구를 읽고 의미를 이해할 수 있다. [4영03-05] 쉽고 간단한 문장을 읽고 의미를 이해할 수 있다. [6영03-01] 쉽고 간단한 문장을 강세, 리듬, 억양에 맞게 읽을 수 있다.	[4영04-02] 구두로 익힌 낱말이나 어구를 보고 쓸 수 있다. [4영04-03] 실물이나 그림을 보고 쉽고 간단한 낱말이나 어구를 쓸 수 있다.
문장				[6영04-02] 알파벳 대소문자와 문장 부호를 바르게 사용할 수 있다. [6영04-03] 구두로 익힌 문장을 쓸 수 있다. [6영04-04] 실물이나 그림을 보고 한두 문장으로 표현할 수 있다.
작문				[6영04-05] 예시문을 참고하여 간단한 초대, 감사, 축하 등의 글을 쓸 수 있다.
세부 정보	[4영01-06] 주변의 사물과 사람에 관한 쉽고 간단한 말이나 대화를 듣고 세부 정보를 파악할 수 있다. [4영01-07] 일상생활 속의 친숙한 주제에 관한 쉽고 간단한 말이나 대화를 듣고 세부 정보를 파악할 수 있다. [6영01-02] 일상생활 속의 친숙한 주제에 관한 쉽고 간단한 말이나 대화를 듣고 세부 정보를 파악할 수 있다. [6영01-03] 그림이나 도표에 대한 쉽고 간단한 말이나 대화를 듣고 세부 정보를 파악할 수 있다. [6영01-04] 대상을 비교하는 쉽고 간단한 말이나 대화를 듣고 세부 정보를 파악할 수 있다.		[6영03-02] 그림이나 도표에 대한 쉽고 짧은 글을 읽고 세부 정보를 파악할 수 있다. [6영03-03] 일상생활 속의 친숙한 주제에 관한 쉽고 짧은 글을 읽고 세부 정보를 파악할 수 있다.	
중심 내용	[6영01-05] 쉽고 간단한 말이나 대화를 듣고 줄거리를 파악할 수 있다. [6영01-06] 쉽고 간단한 말이나 대화를 듣고 목적을 파악할 수 있다.		[6영03-04] 쉽고 짧은 글을 읽고 줄거리나 목적 등 중심 내용을 파악할 수 있다.	
맥락	[6영01-07] 쉽고 간단한 말이나 대화를 듣고 일의 순서를 파악할 수 있다.			

핵심 개념	듣기	말하기	읽기	쓰기
담화		[4영02-04] 한두 문장으로 자기소개를 할 수 있다. [4영02-05] 한두 문장으로 지시하거나 설명할 수 있다. [4영02-06] 쉽고 간단한 인사말을 주고받을 수 있다. [4영02-07] 일상생활 속의 친숙한 주제에 관해 쉽고 간단한 표현으로 묻거나 답할 수 있다. [6영02-02] 주변 사람에 관해 쉽고 간단한 문장으로 소개할 수 있다. [6영02-03] 주변 사람과 사물에 관해 쉽고 간단한 문장으로 묘사할 수 있다. [6영02-04] 주변 위치나 장소에 관해 쉽고 간단한 문장으로 설명할 수 있다. [6영02-05] 간단한 그림이나 도표의 세부 정보에 대해 묻거나 답할 수 있다. [6영02-06] 자신의 경험이나 계획에 대해 간단히 묻거나 답할 수 있다. [6영02-07] 일상생활 속의 친숙한 주제에 관해 간단히 묻거나 답할 수 있다.		
함축적 의미				

2. 의사소통 기능과 예시문: 초등학교급

2015 개정 영어과 교육과정의 [별표 2] '의사소통 기능과 예시문' 중에서, 초등학교급에서 학습하도록 권장하는 예시문만 발췌하여 제시하였다.

1. 정보 전달하기와 요구하기

1.1. (정체) 확인하기와 상술하기
△ That's/It's/They're … .
△ Is this your … ?

1.2. 진술하기와 보고하기
△ My sister is a nurse/… .
△ It's on the right/left.
△ I'm taller than … .
△ I met … (yesterday).
△ They will … .

1.3. 수정하기
△ No, it isn't.
△ (Sorry.) That's/It's not right.
△ (No,) this is MY bag.

1.4. 질문하기
△ Do you have … ?
△ She's a teacher, isn't she?
△ Who is she?
△ What do you like?
△ Where do you live?
△ When is your birthday?
△ How much is it?
△ Whose notebook is this/that?

1.5. 질문에 답하기
△ Yes, I do./No, I don't.
△ Yes, she is./No, she isn't. She's a … .
△ She's my friend.
△ I like ice cream.
△ In Busan.
△ August 15th.
△ It's two dollars.
△ It's Nancy's.

2. 사실에 대한 태도 표현하기

2.1. 동의하기
△ Me, too.
△ Same here.
△ Okay!/Good!/Fine!/Great!

2.2. 이의 제기하기
△ I don't think/believe so.

2.3. 동의나 이의 여부 묻기
△ What do you think?

2.4. 부인하기
△ (No,) I didn't.
△ That isn't true.
△ That's not right/correct.

3. 지식, 기억, 믿음 표현하기

3.1. 알고 있음 표현하기
△ I know (about) … .

3.2. 알고 있는지 묻기
△ Do you know (about) … ?

3.4. 모르고 있음 표현하기
△ I don't know.
△ I have no idea.

3.8. 확실성 정도 표현하기
△ I'm sure.

4. 양상 표현하기

4.6. 허가 여부 묻기
△ May/Can I … ?

4.7. 허가하기
△ (Yes,) you may/can … .
△ Of course.
△ Sure./Okay./All right.

4.8. 불허하기
△ No, you can't.

4.9. 능력 여부 묻기
△ Can you ⋯ ?

4.10. 능력 표현하기
△ (Sure/Yes,) I can ⋯ .

4.11. 능력 부인하기
△ I can't ⋯ .

5. 의지 표현하기

5.1. 바람, 소원, 요망 표현하기
△ I want (to) ⋯ .
△ I'd like ⋯ .

5.2. 바람, 소원, 요망에 대해 묻기
△ Do you want (to) ⋯ ?
△ Would you like ⋯ ?

6. 감정 표현하기

6.1. 기쁨 표현하기
△ That's great!
△ I'm/I feel (very/so) happy/glad.

6.2. 슬픔 표현하기
△ How sad.
△ I'm/I feel (very/so) sad/unhappy.

6.3. 기쁨이나 슬픔에 대해 묻기
△ Are you happy/sad?
△ Are you all right?

6.4. 슬픔, 불만족, 실망의 원인에 대해 묻기
△ What's wrong?

6.5. 낙담 위로하기
△ Don't worry.
△ (Come on!) Cheer up!

6.6. 유감이나 동정 표현하기
△ That's too bad.

6.13. 좋아하는 것 표현하기
△ I like/love (to) ⋯ .

6.14. 싫어하는 것 표현하기
△ I don't like (to) ⋯ .

6.15. 좋아하는 것 또는 싫어하는 것 묻기
△ Do you like ⋯ ?
△ What do you like?

6.18. 만족 표현하기
△ Good!/Fine!/Excellent!

6.22. 화냄 표현하기
△ I'm/I feel angry.

6.27. 놀람 표현하기
△ What a surprise!

7. 도덕적 태도 표현하기

7.2. 승인하기
△ (Very) good.
△ That's fine/excellent.
△ Well done!

7.3. 거부하기
△ That's/It's not (very) good/nice.

7.4. 승인이나 거부 여부 묻기
△ How's this?

7.7. 사과하기
△ (I'm so/very) sorry (about that).

7.8. 사과 수용하기
△ Not at all.
△ (That's/It's) okay.
△ Forget it.
△ It doesn't matter.

8. 설득·권고하기

8.1. 제안·권유하기
△ Let's ⋯ .
△ What/How about ⋯ ?

8.2. 도움 제안하기
△ Can I help you?

8.3. 요청하기
△ (Please,) open the door.

8.4. (도움) 제안, 권유, 요청에 답하기
△ Yes!/Okay!

△ Sure!/All right!
△ No problem.
△ (That) sounds good.
△ Sorry …, but … .
△ No, thank you.

8.7. 경고하기
△ Don't … .
△ Be careful.
△ Watch/Look out (for …)!

8.8. 허락 요청하기
△ May/Can I … (, please)?

8.9. 허락 요청에 답하기
△ Yes./Okay./All right.
△ Sure./Of course.
△ (Yes,) you can.
△ (No,) you can't.

8.10. 금지하기
△ Don't … .

9. 사교 활동 하기

9.1. 주의 끌기
△ Hey!
△ (Oh,) look/listen.

9.2. 만날 때 인사하기
△ Hi!/Hello!
△ Good morning/afternoon/evening.

9.3. 안부 묻기
△ How are you (today)?
△ How's it going?

9.4. 안부 묻기에 답하기
△ (I'm) okay (, thanks/thank you).
△ (I'm) fine/very well (, thanks/thank you).
△ Not (too/so) bad (, thanks/thank you).

9.6. 호칭하기
△ Mr./Miss/Mrs./Ms. …

9.7. 자기소개하기
△ I'm … .
△ My name is … .

9.8. 다른 사람 소개하기
△ X, this is Y.

9.9. 소개에 답하기
△ (It's) nice/good to meet you.

9.11. 환영하기
△ Welcome!

9.12. 음식 권하기
△ (Please) help yourself.
△ Please go ahead.

9.13. 음식 권유에 답하기
△ (Yes,) thanks/thank you.
△ Yes, please.
△ No, thanks/thank you. (I'd rather have some … .)

9.14. 감사하기
△ Thanks (a lot)/Thank you (very/so much).

9.15. 감사에 답하기
△ Sure.
△ You're welcome.
△ No problem.
△ (It was) my pleasure.

9.16. 축하, 칭찬하기
△ Congratulations (on …)!
△ (Very) good!
△ Good (for you)!
△ What a nice … !
△ How … she is!
△ Great!/Excellent!

9.17. 격려하기
△ You can do it!

9.18. 축하, 칭찬, 격려에 답하기
△ Thanks/Thank you (very much).
△ You, too!

9.19. 기원하기
△ Happy birthday/New Year/… !
△ Good luck (with your …/the …)!
△ Have a good/nice … !

9.20. 헤어질 때 인사하기
△ Bye(-bye).
△ Goodbye.
△ Take care.

△ (Have a) nice day/good night.
△ See you (later/again/tomorrow).

10. 담화 구성하기

10.2. 의견 표현하기
△ (Well,) I think/feel/believe … .

10.9. 이해 상태 나타내기
△ I see.
△ I (don't) understand.

10.10 대화에 끼어들기
△ Excuse me.

10.11. 전화를 하거나 받기
△ Hello?

11. 의사소통 개선하기

11.1. 천천히 말해 달라고 요청하기
△ Too fast.
△ Slow down (, please).

11.2. 반복 요청하기
△ (I'm) sorry?
△ What (did you say)?
△ (I beg your) pardon?

11.3. 반복해 주기
△ (I said) X.

11.4. 확인 요청하기
△ Did you say X?
△ Are you sure?

11.5. 설명 요청하기
△ What is X (exactly)?

11.6. 철자·필기 요청하기
△ How do you spell … ?

11.7. 철자 알려 주기
△ B-A-G.

11.8. 표현 요청하기
△ What is X (in English)?

11.9. 표현 제안하기
△ X.

11.10. 이해 점검하기
△ Do you understand?

3. 기본 어휘 목록: 초등학교급

2015 개정 영어과 교육과정의 [별표 3] '기본 어휘 목록' 중에서, 초등학교급에서 학습하도록 권장하는 어휘만 발췌하여 제시하였다.

A

a *
about *
above *
academy *
accent *
accident *
across *
act *
add *
address *
adult *
adventure *
advise *
afraid *
after *
afternoon *
again *
against *
age *
ago *
agree *
ahead *
air *
airplane *
airline *
airport *
all *
almost *
alone *
along *
aloud *
already *
alright *
also *
always *
A.M. / a.m. *
and *
angel *
anger *
animal *
another *
answer *
ant *
any *
apple *
area *
arm *
around *
arrive *
art *
as *
ask *
at *
aunt *
away *

B

baby *
back *
background *
bad *
bake *
ball *
balloon *
band *
bank *
base *
baseball *
basic *
basket *
basketball *
bat *
bath *
bathroom *
battery *
battle *
be *
beach *
bean *
bear *
beauty *
because *
become *
bed *
bedroom *
bee *
beef *
before *
begin *
behind *
believe *
bell *
below *
beside *
between *
bicycle *
big *
bill *
bird *
birth *
birthday *
bite *
black *
block *
blood *
blue *
board *
boat *
body *
bomb *
bone *
book *
boot *
borrow *
boss *
both *
bottle *
bottom *
bowl *
boy *
brain *
brake *
branch *
brand *
brave *
bread *
break *
breakfast *
bridge *
bright *
bring *
brother *
brown *
brush *
bubble *
bug *
build *
burn *
business *
busy *
but *
button *
buy *
by *

C

cage *
calendar *
call *
calm *
can *
candy *
cap *
captain *
car *
care *
carrot *
carry *
cart *
case *
cash *
castle *
cat *
catch *
certain *
chain *

chair *
chance *
change *
cheap *
check / cheque *
child *
choose *
church *
cinema *
circle *
city *
class *
classroom *
clean *
clear *
clerk *
clever *
climb *
clip *
clock *
close *
cloth *
cloud *
club *
coin *
cold *
collect *
college *
color / colour *
come *
comedy *
company *
concert *
condition *
congratulate *
contest *
control *
cook *
cookie / cooky *
cool *
copy *
corner *
cost *
cotton *
could *
country *
countryside *
couple *
cousin *
cover *
cow *
crazy *

cross *
crowd *
crown *
cry *
culture *
curious *
curtain *
customer *
cut *
cute *
cycle *

D

dad *
dance *
danger *

dark *
date *
daughter *
day *
dead *
death *
decide *
deep *
delicious *
dentist *
design *
desk *
dialogue / dialog *
diary *
die *
different *
difficult *
dinner *
dirty *
discuss *
dish *
divide *
do *
doctor *
dog *
doll *
dolphin *
door *
double *
down *
draw *
dream *

drink *
drive *
drop *
dry *
duck *
during *

E

ear *
early *
earth *
east *
easy *
eat *
egg *
elementary *
elephant *
end *
engine *
engineer *
enjoy *
enough *
enter *
eraser *
error *
evening *
every *
exam *
example *
exercise *
exit *
eye *

F

face *
fact *
factory *
fail *
fall *
family *
famous *
fan *
fantastic *
far *
farm *
fast *
fat *

father *
favorite / favourite *
feel *
fever *
field *
fight *
file *
fill *
find *
fine *
finger *
finish *
fire *
fish *
fix *
flag *
floor *
flower *
fly *
focus *
fog *
food *
fool *
foot *
football *
for *
forest *
forever *
forget *
form *
fox *
free *
fresh *
friend *
frog *
from *
front *
fruit *
fry *
full *
fun *
future *

G

garden *
gate *
gentleman *
gesture *
get *

ghost *
giant *
gift *
giraffe *
girl *
give *
glad *
glass *
glove *
glue *
go *
goal *
god *
gold *
good *
goodbye *
grandfather *
grape *
grass *
great *
green *
grey / gray *
ground *
group *
grow *
guess *
guide *
guy *

H

habit *
hair *
hand *
handsome *
hang *
happen
happy *
hard *
hat *
hate *
have *
he *
head *
headache *
heart *
heat *
heaven *
heavy *
helicopter *

hello / hey / hi *
help *
here *
hero *
high *
hill *
history *
hit *
hobby *
hold *
holiday *
home *
homework *
honest *
honey *
hope *
horse *
hospital *
hot *
hour *
house *
how *
however *
human *
humor / humour *
hundred *
hungry *
hunt *
hurry *
husband *

I

I *
ice *
idea *
if *
important *
in *
inside *
into *
introduce *
invite *
it *

J

jeans *
job *

join *
joy *
just *

K

keep *
key *
kick *
kid *
kill *
kind *
king *
kitchen *
knife *
know *

L

lady *
lake *
land *
large *
last *
late *
lazy *
leaf *
learn *
left *
leg *
lesson *
letter *
library *
lie *
light *
like *
line *
lion *
lip *
listen *
little *
live *
livingroom *
long *
look *
love *
low *
luck *
lunch *

M

mad *
mail *
make *
man *
many *
map *
marry *
mathematics / maths / math *
may *
meat *
meet *
memory *
middle *
might *
milk *
mind *
mirror *
miss *
money *
monkey *
month *
moon *
morning *
mother *
mountain *
mouse *
mouth *
move *
movie *
much *
museum *
music *
must *

N

name *
nation *
nature *
near *
neck *
need *
never *
new *
newspaper *
next *

nice *
night *
no / nope / nay *
noon *
north *
nose *
not *
note *
nothing *
now *
number *
nurse *

O

ocean *
of *
off *
office *
often *
oil *
old *
on *
one *
only *
open *
or *
out *
over *

P

paint *
palace *
pants *
paper *
parent *
park *
part *
pass *
pay *
peace *
pear *
pencil *
people *
pick *
picnic *
picture *
pig *

pink *
place *
plan *
play *
please *
P.M. / p.m. *
pocket *
point *
police *
poor *
potato *
power *
present *
pretty *
prince *
print *
prize *
problem *
puppy *
push *
put *
puzzle *

Q

queen *
question *
quick *
quiet *

R

rabbit *
race *
rain *
rainbow *
read *
ready *
red *
remember *
restaurant *
restroom *
return *
rich *
right *
ring *
river *
road *
rock *

roof *
room *
run *

S

sad *
safe *
sale *
salt *
same *
sand *
save *
say *
school *
science *
scissors *
score *
sea *
season *
see *
sell *
send *
she *
ship *
shock *
shoe *
shop *
short *
should *
show *
shy *
sick *
side *
sing *
sister *
sit *
site
size *
skin *
skirt *
sky *
sleep *
slow *
small *
smart *
smell *
smile *
snow *
so *

soccer *
sock *
soft *
some *
son *
song *
sorry *
sound *
sour *
south *
space *
speak *
speed *
spoon *
stand *
start *
stay *
stone *
stop *
store *
story *
strawberry *
street *
stress *
strong *
student *
study *
subway *
sugar *
sun *
supper *
swim *

T

table *
tail *
take *
talk *
tall *
tape *
taste *
teach *
teen *
telephone *
tell *
test *
textbook *
than *
thank *

that *
the *
there *
they *
thing *
think *
thirst *
this *
tiger *
time *
to *
today *
together *
tomorrow *
tonight *
too *
tooth *
top *
touch *
tour *
tower *
town *
toy *
train *
travel *
tree *
triangle *
trip *
true *
try *

turn *
twice *
type *

U

ugly *
umbrella *
uncle *
under *
understand *
up *
use *

V

vegetable *
very *
visit *
voice *

W

wait *
wake *
walk *

wall *
want *
war *
warm *
wash *
watch *
water *
watermelon *
way *
we *
wear *
weather *
wedding *
week *
weekend *
weight *
welcome *
well *
west *
wet *
what *
when *
where *
white *
who *
why *
wife *
will *
win *
wind *

window *
wish *
with *
woman *
wood *
word *
work *
world *
worry *
write *
wrong *

Y

year *
yellow *
yes / yeah / yep *
yesterday *
you *
young *

Z

zebra *
zoo *

4. 의사소통에 필요한 언어 형식: 초등학교급 및 중학교급

2015 개정 영어과 교육과정의 [별표 4] '의사소통에 필요한 언어 형식' 중에서, 초등학교급 및 중학교급에서 사용되도록 권장하는 언어 형식만 발췌하여 제시하였다.

예문	학교급 초	학교급 중
1. **Kate** is from **London**.	●	
A **boy**/The **boy**/The (two) **boys** ran in the park.	●	
Water is very important for life.	●	
The **water** in this river is clean.		●
She lived in the **woods** when she was a kid.		●
A lot of houses are made of **wood**.		●
Thank you for your **kindness**.		●
He does a **kindness** to poor people.		●
Mathematics is my favorite subject.		●
2. **The** store is closed.	●	
This book is very interesting.	●	
That dog is smart.	●	
These/Those books are really large.	●	
You can choose **any** color you like.		●
We didn't buy **much/any** food.	●	
I need a little **more** time to think.		●
Most good comedians tell some bad jokes.		●
Many young people have **no** money.		●
Every monkey likes bananas.	●	
All children love baby animals.	●	
Each boy admires his teacher.		●
A few/few students came late for class.		●
3. **A lion** is brave.		●
The lion is brave.		●
Lions are brave.		●
A German is a good musician.		●
Germans are good musicians.		●
4. Which do you like better, **this** or **that**?	●	
These are apples, and **those** are tomatoes.	●	
I like **your** glasses. What about **mine**?	●	
We are very glad to hear from him.	●	
He will help **her**.	●	
They're really delicious.	●	
She is a teacher, and **he**'s a scientist.	●	
John likes math, but Susan doesn't like **it**.	●	
You should be proud of **yourself**.		●
He praised **himself** in the meeting.		●
They're talking to **each other**.		●
5. I don't like the black **coat**, but I like the brown **one**.		●
These **cups** are dirty. Could I have some clean **ones**?		●
I have **three books. One** is mine. **The others** are yours.		●

예문	초	중
The chocolate cookie is sweet. I'm going to have **another one**.		●
The climate of Seoul is milder than **that** of New York.		●
The ears of rabbits are longer than **those** of squirrels.		●
6. **It**'s cold outside.	●	
It's Wednesday.	●	
It's half past four.	●	
It's windy today.	●	
It's far from here.	●	
7. He **walks** to school every day.	●	
We **(usually) meet** after lunch.	●	
We **played** soccer yesterday.	●	
She **is going to visit** her grandparents next week.	●	
I **will visit** America next year.	●	
8. He **is sleeping** now.	●	
I **was studying** when John called me.		●
I'm **thinking** about the problem.		●
9. The train **has arrived**.		●
Have you ever **been** to Florida?		●
He **has attended** the club meetings regularly.		●
The bakery **has been** open since 1960.		●
I've **been** reading for two hours.		●
He **had** already **left** when we arrived.		●
10. The baby **cried**.	●	
She **stayed in bed**.	●	
He **is a math teacher**.	●	
You **look happy** today.	●	
I **like** *gimbap*.	●	
You can **put the dish on the table**.		●
He **gave me a present**.		●
They **elected him president**.		●
11. Is the room warm **enough**?		●
These bags are **too** expensive.		●
12. She is **as tall as** her mother (is).		●
She is old, but she is **not as old as** he (is).		●
You can run **as fast as** Billy can.		●
13. Mary is **taller than** I/me.	●	
They've got **more/less** money **than** they need.		●
A car is **much more** expensive **than** a motorbike.		●
I prefer tea **to** coffee.		●
The more she thought about it, **the less** she liked it.		●
14. Cindy is **the shortest** of the three.		●
It was **the worst** moment in/of my life.		●
Where is **the world's highest** mountain?		●
It is **the most interesting** speech I've ever heard.		●
15. I **made** him **carry** the box.		●
They **had** me **repeat** the same things.		●
You shouldn't **let** him **go** there again.		●

예문	학교급	
	초	중
Bill **had** the car **cleaned**.		●
My mom **got** me **to clean** the room.		●
I heard the children **sing/singing**.		●
I saw him **lying** on the sofa.		●
16. **To see** is **to believe**.		●
He wanted **to go home**.		●
I hope **to see you again** soon.		●
I have a book **to read**.		●
He came **to see me**.		●
He told me **not to do it again**.		●
The problem is **where to get money (from)**.		●
This new ship is big enough **(to cross the Pacific)**.		●
This story sounds too good **(to be true)**.		●
The turtle moves slowly enough **for us to catch it**.		●
Robin ran too fast **for me to catch him**.		●
Dan wanted Betty **to behave herself**.		●
I asked her **to help me**.		●
I helped my mom **(to) wash the dishes**.		●
Bill promised Jane **to work out with her**.		●
17. Mike is **slow to react**.		●
Chris was **glad to hear the news**.		●
Ray is **hesitant to agree with you**.		●
Ron is **easy to please**.		●
18. **Playing baseball** is fun.	●	
We enjoy **swimming in the pool**.		●
I'm interested in **watching horror movies**.		●
Did you **go fishing** last weekend?	●	
I don't **feel like sleeping** now.		●
I **cannot help doing** things like that.		●
Life **is worth living**.		●
19. John and Mary **are** good friends.	●	
Does Anne work out on weekends?	●	
Open your book.	●	
Let's go to Brian's birthday party.	●	
How beautiful she is!		●
What a wonderful day it is!		●
How sweet!		●
What a player!		●
20. I **am not** tired.	●	
It **isn't** very cold.	●	
I **don't** like snakes.	●	
You **can't** swim here.	●	
We **didn't** enjoy the movie very much.	●	
They **haven't** told him what to do.		●
Tom **won't** be at the meeting tomorrow.		●
Few/No people understand what he's saying.		●
The children **seldom/rarely/hardly/scarcely** like carrots.		●

예문	초	중
21. **Are you** ready?	●	
Is it raining?	●	
Do you like oranges?	●	
Don't you like apples?	●	
Can you write a letter in English?	●	
Won't you have some cookies?		●
Have you finished your homework yet?		●
This is your book, **isn't it**?		●
You **like** oranges, **don't you**?		●
Bob **isn't** here, **is he**?		●
They haven't left, **have they**?		●
Bring me some water, **will you**?		●
Let's go, **shall we**?		●
There are children playing in the park, **aren't there**?		●
When will you come?	●	
Where can we take the bus?	●	
Why did he leave early?	●	
How do you spell your name?	●	
Who can answer that question?	●	
Whose dolls are these?	●	
Which ice cream do you like, vanilla or chocolate?	●	
What size is this shirt?	●	
What kind of job do you want?		●
Which color do you prefer?		●
What time is it?	●	
How old is she?	●	
How big is the house?	●	
How heavy is your computer?	●	
How much is it?	●	
How far did you drive today?		●
How come you were late this morning?		●
How good a dancer is she?		●
22. She said, **"I will help you."**		●
She said **that she would help me**.		●
He said to me, **"I have been busy lately."**		●
He told me **that he had been busy lately**.		●
Emma asked **"Where do you live?"**		●
Emma asked **where I lived**.		●
23. I don't know **where he lives**.		●
Please tell me **what happened**.		●
I wonder **whose bicycle that is**.		●
I don't know **whether he will come (or not)**.		●
Tell me **how to make cookies**.		●
I think **(that) he is a good actor**.		●
24. **If** oil **is** mixed with water, it **floats**.		●
I'll lend Jack the book **if** he **needs** it.		●
If you **feel** seasick, **take** one of these pills.		●

예문	초	중
25. **If** Joe **had** time, he **would** go to Spain.		●
If I **were/was** a bird, I **could** fly home.		●
It's **time** you **were** in bed.		●
I **wish** I **spoke** English well.		●
26. **Can** we sit down in here?	●	
May I borrow your book?	●	
You **may** leave now.	●	
Could we ask you what your opinion is?		●
You **should** do as he says.		●
You **had better** not say anything about this.		●
They **must** do well on the test.		●
Will you do me a favor?		●
Shall we go now?		●
You **don't have to** go to school tomorrow.		●
You **needn't** worry about the test.		●
You **don't need** to pay that fine.		●
Children **may not** use the swimming pool.		●
You **shouldn't** be so impatient.		●
He **may** be sick.		●
That **must** be my daughter.		●
She **can** play the violin.	●	
Could you show me the way to the nearest post office?		●
I **will** be able to help you get to the party tonight.		●
Will you please help me with my English?		●
My father **won't** give me any money.		●
Would you like me to open the window?		●
Are you **going to** take the last train?		●
He **would** take a walk every morning.		●
There **used to** be a lake around here.		●
27. Andy plays the guitar, **and** his sister plays the piano.	●	
They are my neighbors, **but** I don't know them well.	●	
I may stop by tomorrow **or** just phone you.		●
Both the teacher **and** the students enjoyed the class.		●
You can have **either** tea **or** coffee.		●
It is **not only** beautiful **but (also)** useful.		●
The film was **neither** well-made **nor** well-acted.		●
28. **When** we arrived, she was talking on the phone.		●
Since he left this morning, I haven't seen him.		●
He went to bed **because** he was sleepy.	●	
We stayed home, **since** it rained hard.		●
Although/Though it was cold, I went swimming.		●
I hurried **so that** I wouldn't be late.		●
We moved to London **so (that)** we could visit our friends more often.		●
The weather was **so** nice **that** we went hiking.		●
29. The cell phone is thin and light. **Therefore**, it is very convenient to carry around.		●
We believe he is the thief. **However**, we have no evidence against him.		●
I like spending my holidays in the mountains. **On the other hand**, my sister prefers the seaside.		●

예문	학교급 초	학교급 중
30. The girl **who is playing the piano** is called Ann.		●
The pen **which is on the desk** is mine.		●
This is the book **(that) I bought yesterday**.		●
I met the girl **whose father is a musician**.		●
She is the girl **who/whom I told you about**.		●
Mr. Lee, **who teaches English**, has two children.		●
Nobody understood **what she said about that plan**.		●
That's just **how he talks**, always serious about his work.		●
31. Something **strange** happened last night.		●
At the station I met a lady **carrying a large umbrella**.		●
32. **Walking along the street**, I met an old friend.		●
(Being) tired, he went to bed.		●
33. **Personally**, I don't like his paintings.		●
Unfortunately, they couldn't make it.		●
34. My brother was wearing a raincoat and **(he)** didn't get wet.		●
Kevin understands the problem better than Amy **(does)**.		●
Here he comes.		●
Here comes the bus.		●
She was hungry and **so was I**.		●
I enjoyed the play and **so did my friends**.		●
36. **There are** two books on the desk.	●	●
There are some rooms available.		●
There were several men running in the park.		●
There have been three people rescued.		●
I **do** hope you will succeed.		●
It was Justin **who/that** told me the truth.		●
It was by train **that** we traveled to London.		●
38. **It** is important **to protect our environment**.		●
It is difficult **for me to speak French**.		●
It was kind **of you to help us**.		●
It is strange **that you don't know such a thing**.		●
She found **it** exciting **to learn new things**.		●
39. **Ms. Pova, a famous tennis player**, will be visiting us at the gym tomorrow.		●
40. The novel **was written** by Mark Twain.		●
The building **was built** in 1880.		●
A prize **was given** to Jasmin.		●
Stella **was given** a prize.		●
Cooper **will be invited** to today's meeting.		●

※ 35, 37은 고등학교급의 언어 형식만 포함하고 있으므로 제외함.

5. 출판사 별 교과서 단원 제목

3학년

교과서 단원 순서	대교	동아	천재	YBM김	YBM최
1	Hello, I'm Jinu	Hello, I'm Jimin	Hello!	Hello, I'm Tibo	Hi, I'm Sena
2	What's This?	What's This?	Oh, It's a Ball!	What's This?	What's This?
3	Stand Up, Please	Sit Down, Please	Sit Down, Please	Sit Down, Please	Open the Box, Please
4	It's Big	Is It a Bear?	How Many Apples?	Do You Like Pizza?	Do You Like Apples?
5	How Many Carrots?	I Like Pizza	I Have A Pencil	How Are You?	How Many Dogs?
6	I Like Chicken	How Many Carrots?	What Color Is It?	Can You Swim?	Do You Have a Ruler?
7	I Have a Pencil	I Can Swim	I Like Chicken	How Many Lions?	Can You Swim?
8	I'm Ten Years Old	Do You Like a Bike?	It's Very Tall!	What Color Is It?	Don't Run, Please
9	What Color Is It?	I'm Happy	I Can Swim	Let's Jump	Who Is She?
10	Can You Skate?	She's My Mom	She's My Mom	Do you Have Any Crayons?	What Color Is It?
11	It's Snowing	What Color Is It?	Look! It's Snowing	How Old Are You?	How Old Are You?
12		How's the Weather?		Don't Run, Please	How's the Weather?
13				How's the Weather?	

4학년

	대교	동아	천재	YBM김	YBM최
1	How Are You?	My Name is Cindy	My Name Is Eric	What's Your Name?	How Are You?
2	This Is My Sister	How Are You?	Let's Play Soccer	Are You Happy?	This Is Kate
3	What Time Is It?	Don't Push, Please	I'm Happy	Who Is He?	Where Is My Watch?
4	He Is A Firefighter	What Time Is It?	Don't Run!	Let's Play Baseball	Are You Okay?
5	Is This Your Bag?	I'm Cooking	Where Is My Cap?	Is This Your Rocket?	What Time Is It?
6	What Day Is It?	It's On the Desk	What Time Is It?	What Time Is It?	Let's Play Badminton
7	Let's Play Soccer	Let's Play Soccer	Is This Your Watch?	It's Under the Table	What Are You Doing?
8	It's On the Desk	Yes, It's Mine	I'm a Pilot	Do You Want Some Ice Cream?	What Do You Want?
9	Line Up, Please	I Want a T-Shirt	What Are You Doing?	Can I Come In?	What Day Is It Today?
10	How Much Is It?	Can You Help Me?	How Much Is It?	What Are You Doing?	Is This Your Cap?
11	What Are You Doing?	It's Sunday	I Get Up Early	Put On Your Jacket, Please	Touch Your Feet
12		I Clean the Park		How Much Is It?	Do You Like Fishing?
13				What Day Is It?	

5학년

	대교	동아	천재	YBM김	YBM최
1	Where Are You From?	I'm from Canada	Where Are You From?	How's It Going?	I'm from Mexico
2	Whose Drone Is This?	My Favorite Subject Is Math	What Do You Do on Weekends?	I'm in the Kitchen	What Are These?
3	Please Try Some	Can I Borrow Your Scissors?	May I Sit Here?	Whose Balloon Is This?	Can I Take a Picture?
4	What's Your Favorite Subject?	Whose Cap Is This?	Whose Sock Is This?	Let's Go Camping	Whose Shoes Are These?
5	I Get Up at Seven	Let's Go Camping	I'd Like Fried Rice	I Want an Airplane	My Favorite Subject Is Music
6	Can I Take a Picture?	I Want to Go to the Beach	What Will You Do This Summer?	What Does He do?	I Get Up at Five
7	What Did You Do During Your Vacation?	How Was Your Vacation?	I Visited My Uncle In Jeju-do	What Time Do You Get Up?	I Will Join a Book Club
8	She Has Long Curly Hair	I Get Up at 6	How Much Are the Shoes?	Where Are You From?	I Went to the Beach
9	Is Emily There?	How Much Is It?	My Favorite Subject Is Science	I Went to the Museum	Where Is the Ticket Office?
10	Where Is the Market?	Where's the Library?	What a Nice House!	What Does He Look Like?	How Much Are These Gloves?
11	I Want to Be a Photographer	She Has Long Curly Hair	I Want to Be a Movie Director	He's Listening to Music	What's in the Bedroom
12	I Will Join a Ski Camp	He's a Singer		They're Three Dollars	I Want to Climb Hallasan
13				Where Is the Gift Shop?	What Season Do You Like?
14				What Do You Do in Your Free Time?	

6학년

	대교	동아	천재	YBM김	YBM최
1	What Grade Are You In?	I'm in the Sixth Grade	What Grade Are You In?	What Grade Are You In?	I'm in the Sixth Grade
2	Do You Know Anything About Hanbok?	Why Are You Excited?	I Have a Cold	What Would You Like?	I Want to Be a Pilot
3	When Is Earth Day?	I Have a Stomachache	When Is the Club Festival?	My Favorite Subject Is Science	Let's Go Swimming
4	How Much Are These Pants?	Why Are You Excited?	Where Is the Post Office?	How About Turning Off the Light?	When Is Your Birthday?
5	What's Wrong?	When Is Your Birthday?	I'm Going to See a Movie	Go Straight and Turn Left	I'm Going to Plant Trees
6	I'm Going to Go on a Trip	I'll Go on a Trip	He Has Short Curly Hair	Your Car Is Faster Than Mine	Have a Headache
7	You Should Wear a Helmet	It's Next to the Post Office	How Often Do You Eat Breakfast?	What Will You Do This Summer?	What Would You Like to Have?
8	How Can I Get to the Museum?	I'd Like Noodles	I'm Taller Than You	How Was Your Trip?	He Has Short Straight Hair
9	How Often Do You Exercise?	I'm Stronger Than Junho	What Do You Think?	I Exercise Four Times a Week	I'm Stronger Than You
10	Emily Is Faster than Yuna	Do You Know Anything About Romeo and juliet?	Who Wrote the Book?	What Season Do You Like?	I Know About It
11	Why Are You Happy?	We Can Plant Trees	We Should Save the Earth	What Do You Want to Be?	How Can I Get to the Museum?
12	Would You Like to Come to My Graduation?	I Want to Be a Painter		I Have a Headache	What Do You Think?
13				When Is the School Festival?	Why Are You Happy?
14				Congratulations!	

■ 참고문헌

교육부. (2015). *영어과 교육과정 교육부 고시 제2015-74호 [별책 14]*. 세종: 교육부.
교육부. (2016). *2015 개정 교육과정 총론 해설: 초등학교*. 세종: 교육부.
교육부·부산광역시교육청·한국교육과정평가원. (2017). *학생의 성장을 돕는 과정 중심 평가 수행평가 문항 자료집: 초등학교 영어*(한국교육과정평가원 연구자료 ORM 2017-105-6). 서울: 한국교육과정평가원.
김진석. (2016). *초등영어과교육과정의 이해와 적용*(3판). 서울: 한국문화사.
김진석. (2018). *영어과 교육과정 기반 교육평가의 이해*. 서울: 한국문화사.
노경희. (2015). *초등영어교육의 이해*. 서울: 한국문화사.
박약우, 이재희, 김혜련, 박기화, 박선호, 최희경, 심창용, 이동환, 강정진, 김기택, 황필아. (2016). *초등영어교육* (4판). 서울: 경문사.
소경희. (2007). 학교교육의 맥락에서 본 '역량(competency)'의 의미와 교육과정적 함의. *교육과정연구, 25*(3), 1-21.
송민영. (2014). 제2언어 듣기 평가에서 노트의 역할. 권오량 (편). *현대 영어교육학 연구의 지평* (pp. 623-647). 서울: 서울대학교 출판부.
신상근. (2010). *외국어 평가의 이론과 실제*. 서울: 한국문화사.
신상근. (2014). 언어 평가의 준거 설정. 권오량 (편), *현대 영어교육학 연구의 지평* (pp. 545-571). 서울: 서울대학교 출판부.
이완기. (2003). *영어 평가 방법론*. 서울: 문진미디어.
이종승. (2009). *현대교육평가*. 서울: 교육과학사.
임찬빈, 이문복, 이혜원, 김성혜, 주형미, 조보경, 임수연, 박용효, 김소연, 이완기, 이영아, 박한준, 권희주, 권영애, 송민영, 최연희, 윤영애, 강혜정, 조지형, 김진완, 맹은경, 우은정, 김은하, 어도선, 신동광, 박병효, 박정은, 조정민. (2015). *2015 개정 교과 교육과정 시안 개발 연구 II 영어과 교육과정*. 서울: 한국교육과정평가원.
최연희. (2000). *영어과 수행평가의 이론과 실제: 대안적 평가의 제작*. 서울: 한국문화사.
Brooks, N. (1975). The analysis of language and familiar cultures. In R. C. Lafayette (ed.), *The cultural revolution*. Lincolnwood: National Textbook Company.
Brown, H. D. (2001). *Teaching by principles: An interactive approach to language pedagogy*. New York: Pearson.
Brown, H. D. (2014). *Principles of language learning and teaching*. New York: Pearson.
Brown, H. D. & Lee, H. (2015). *Teaching by principles: An interactive approach to language pedagogy* (4th ed.). New York: Pearson.
Brown, J. D. & Hudson, T. (1998). The alternatives in language assessment. *TESOL Quarterly, 32*(4), 653-675.
Burt, M., & Kiparsky, C. (1978). Global and local mistakes. In J. Schumann & N. Stenson (Eds.), *New frontiers in second language learning*. Rowley, MA: Newbury House.
Calkins, L. (1994). *The art of teaching writing*. Portsmouth, NH: Heinemann.

Cameron, L. (1997). Organizing the world: Children's concepts and categories, and implications for the teaching of English. *ELT Journal, 48*, 28-39.

Cameron, L. & McKay, P. (2010). *Bringing creative teaching into the young learner classroom.* Oxford: Oxford University Press.

Canale, M., & Swain, M. (1980). Theoretical bases of communicative approaches to second language teaching and testing. *Applied Linguistics, 1*, 1-47.

Carroll, J. B. (1965). The contributions of psychological theory and educational research to the teaching of foreign languages. In A. Valdman (Ed.), *Trends in language teaching* (pp. 93-106). New York: McGraw-Hill.

Chen, G.-M., & Starosta, W. J. (1998). A review of the concept of intercultural awareness. *Human Communication, 2*, 27-54.

Cooper, J. (1993). *Literacy: Helping children construct meaning.* Boston, MA: Houghton Miffin.

Corder, S. P. (1967) The significance of learners' errors. *International Review of Applied Linguistics, 5*, 161-169.

Crystal, D. (1991). *A dictionary of linguistics and phonetics.* Malden, MA: Blackwell.

Crystal, D. (1997). *English as a global language.* Cambridge: Cambridge University Press.

Crystal, D. (2006). Chapter 9: English worldwide. In D. Denison & R. M. Hogg (Eds.), *A history of the English language* (pp. 420-439). Cambridge: Cambridge University Press.

Curran, C. (1972). *Counseling-learning: A whole person model for education.* New York: Grune & Stratton.

Day, R., & Bamford, J. (1998). *Extensive reading in the second language classroom.* Cambridge: Cambridge University Press.

Dörnyei, Z. (1995) On the teachability of communication strategies. *TESOL Quarterly, 29*, 55-84.

Dörnyei, Z. (2005). *The psychology of the language learner: Individual differences in second language acquisition.* Mahwah, NJ: Lawrence Erlbaum.

Dörnyei, Z. (2009). The L2 motivational self system. In Z. Dörnyei & E. Ushioda (Eds.), *Motivation, language identity and the L2 self (pp. 9-42).* Bristol, United Kingdom: Multilingual Matters.

Dörnyei, Z. & Ushioda, E. (2011). *Teaching and researching motivation* (2nd ed.). New York: Routledge.

Doughty, C. & Williams, J. (1998). *Focus on form in classroom second language acquisition.* Cambridge: Cambridge University Press.

Dulay, H. & Burt, M. (1973). Should we teach children syntax? *Language Learning, 24*, 245-258.

Ellis, N. C. (2009). The psycholinguistics of the interaction approach. In A. Mackey & C. Polio (eds), *Multiple perspectives on interaction* (pp. 11-40). New York: Routledge.

Ervin-Tripp, S. M. (1974). Is second language learning like the first. *TESOL Quarterly, 8*(2), 111-127.

Gardner, H. (1993). *Multiple intelligences: The theory in practice.* New York: Basic Books.

Gardner, R. C., & Lambert, W. E. (1972). *Attitudes and motivation in second language learning.* Rowley, MA: Newbury.

Garrison, D. R. (1992). Critical thinking and self-directed learning in adult education: An analysis of responsibility and control issues. *Adult Education Quarterly, 42*(3), 136-148.

Graddol, D. (2006). *English next* (Vol. 62). London: British Council London.

Guiora, A. Z., Acton, W. R., Erard, R., & Strickland Jr., F. W. (1980). The effects of benzodiazepine (valium) on permeability of language ego boundaries. *Language Learning, 30*(2), 351-361.

Hadley, A. O. (1993). *Teaching language in context*. Boston, MA: Heinle & Heinle.

Hahn, H.-r. (2000). *UG availability to Korean EFL learners: A longitudinal study of different age groups*. Unpublished doctoral dissertation. Seoul National University, Seoul, Korea.

Hakuta, K. (1974). Prefabricated patterns and the emergence of structure in second language acquisition. *Language Learning, 24*(2), 287-297.

Halliwell, S. (1992). *Teaching English in the primary classroom*. London: Longman.

Hancock, M. (1995). *Pronunciation games*. Cambridge: Cambridge University Press.

Hedgcock, J. S. (2005). Taking stock of research and pedagogy in L2 writing. In E. Hinkel (Ed.), *Handbook of research in second language teaching and learning* (pp. 597-614). Mahwah, NJ: Lawrence Erlbaum.

Hedge, T. (1988). *Writing*. Oxford: Oxford University Press.

Hess, N. (2001). *Teaching large multilevel classes*. Cambridge: Cambridge University Press.

Hinkel, E. (2011). What research on second language writing tells us and what it doesn't. In E. Hinkel (Ed.), *Handbook of research in second language teaching and learning (vol. 2)* (pp. 523-538). New York: Routledge.

Horwitz, E. K., Horwitz, M. B., & Cope, J. (1986). Foreign language classroom anxiety. *The Modern Language Journal, 70*(2), 125-132.

Jia, G., & Aaronson, D. (2003). A longitudinal study of Chinese children and adolescents learning English in the United States. *Applied Psycholinguistics, 24*(1), 131-161.

Johnson, J., & Newport, E. (1989). Critical period effects in second language learning: The influence of maturational state on the acquisition of English as a second language. *Cognitive Psychology, 21*, 60-99.

Kachru, B. B. (1985). The bilinguals' creativity. *Annual Review of Applied Linguistics, 6*, 20-33.

Krashen, S. D. (1981). *Second language acquisition and second language learning*. Oxford: Oxford University Press.

Krashen, S. D. (1982). *Principles and practice in second language acquisition*. Oxford: Pergamon.

Krashen, S. D. (1985). *The input hypothesis: Issues and implications*. London: Longman.

Ladefoged, P. (2001). *Vowels and consonants: An introduction to the sounds of languages*. Oxford: Blackwell.

Lado, R. (1957). *Linguistics across cultures*. Ann Arbor: University of Michigan Press.

Lamb, M. (2004). Integrative motivation in a globalizing world. *System, 32*(1), 3-19.

Larsen-Freeman, D. (2000). *Techniques and principles in language teaching*. Oxford: Oxford University Press.

Lenneberg, E. H. (1967). The biological foundations of language. *Hospital Practice, 2*(12), 59-67.

Linse, C. T. (2006). *Practical English language teaching: Young learners*. Boston, MA: McGraw Hill.

Long, M. H. (1983a). Linguistic and conversational adjustments to non-native speakers. *Studies in Second Language Acquisition, 5*(2), 177-193.

Long, M. H. (1983b). Native speaker/non-native speaker conversation and the negotiation of comprehensible input. *Applied Linguistics, 4*(2), 126-141.

Lyster, R., & Ranta, L. (1997). Corrective feedback and learner uptake: Negotiation of form in communicative classrooms. *Studies in Second Language Acquisition, 20*, 37-66.

Marsden, E., Mitchell, R., & Myles, F. (2013). *Second language learning theories.* New York: Routledge.

McMillan, J. H. (2014). *Classroom assessment: Principles and practice for effective standards-based instruction (6th ed.).* New York: Pearson.

McMillan, J. H. (2017). *Classroom assessment: Principles and practice that enhance student learning and motivation.* New York: Pearson.

Messick, S. (1989). Validity. In R. J. Linn (Ed.), *Educational measurement* (pp. 13-103). New York: Macmillan.

Nation, I. S. (2006). How large a vocabulary is needed for reading and listening? *Canadian Modern Language Review, 63*(1), 59-82.

Nation, I. S., & Newton, J. (2009). *Teaching ESL/EFL listening and speaking.* New York: Routledge.

Nunan, D. (1988). *Syllabus design.* Oxford: Oxford University Press.

OECD. (2003). *Definition and selection of competencies: Theoretical and conceptual foundations (DeSeCo): Summary of the final report.* Paris: OECD Press.

OECD. (2005). *The definition and selection of key competencies: Executive summary.* Retrieved January 2, 2019, from the world wide web: http://www.oecd.org/dataoecd/47/61/35070367.pdf

O'Grady, W., Archibald, J., Aronoff, M., & Rees-Miller, J. (2010). *Contemporary linguistics: An introduction (6th ed).* Boston, MA: Bedford/St. Martin's.

Oxford, R. L. (1990). *Language learning strategies: What every teacher should know.* New York: Newbury House.

Oxford, R. L. (2011a). Strategies for learning a second or foreign language. *Language Teaching, 44*(2), 167-180.

Oxford, R. L. (2011b). *Teaching and researching language learning strategies.* Harlow: Pearson Longman.

Pica, T., Young, R., & Doughty, C. (1987). The impact of interaction on comprehension. *TESOL Quarterly, 21*, 737-758.

Read, C. (2007). *500 activities for the primary classroom.* Oxford: Macmillan.

Richards, J. C., & Rodgers, T. S. (2014). *Approaches and methods in language teaching.* Cambridge: Cambridge university press.

Robinson, P. (Ed.) (2002). Learning conditions, aptitude complexes, and SLA: A framework for research and pedagogy. In P. Robinson (Ed.), *Individual differences and instructed language learning (pp. 113-133).* Amsterdam/Philadelphia: John Benjamins.

Schmidt, R. (1994). Deconstructing consciousness: In search of useful definitions for Applied Linguistics. *AILA Review, 11*, 11-26.

Schmidt, R. (2012). Attention, awareness, and individual differences in language learning. In W. M. Chan, K. N. Chin, S. Bhatt, & I. Walker (Eds.), *Perspectives on individual characteristics and foreign language education* (pp. 27-50). Boston, MA: De Gruyter Mouton.

Schwartz, B. D. (1990). Un-motivating the motivation for the fundamental difference hypothesis. In H. Burmeister & P. Rounds (Eds.), *Variability in second language acquisition* (pp. 667-684). Eugene: University of Oregon.

Selinker, L. (1972). Interlanguage. *International Review of Applied Linguistics in Language Teaching, 10*(1-4), 209-232.

Skehan, P. (2002). Theorising and updating aptitude. In P. Robinson (Ed.), *Individual differences and instructed language learning (pp. 69-94)*. Amsterdam/Philadelphia: John Benjamins.

Skehan, P. (2012). Language aptitude. In S. M. Gass, & A. Mackey (Eds.), *The Routledge handbook of second language acquisition* (pp. 399-413). New York: Routledge.

Spolsky, B. (1989a). Communicative competence, language proficiency, and beyond. *Applied Linguistics, 10*(2), 138-156.

Spolsky, B. (1989b) *Conditions for second language learning*. Oxford: Oxford University Press.

Swain, M. (1985). Communicative competence: Some roles of comprehensible input and comprehensible output in its development. In S. M. Gass & C. G. Madden (Eds.), *Input in second language acquisition* (pp. 235-253). Rowley, MA: Newbury House.

Truscott, J. (1998). Noticing in second language acquisition: A critical review. *Second Language Research, 14*(2), 103-135.

Underwood, M. (1989). *Teaching listening*. London: Longman.

Van Allen, R., & Allen, C. (1967). *Language experience activities*. Boston, MA: Houghton Mifflin.

Weaver. G. R. (1986). Understanding and coping with cross-cultural adjustment stress. In R. M. Paige (Ed). *Cross-cultural orientation: New conceptualizations and applications*. Lanham, MD: University Press of America.

교과서 및 지도서 목록

김혜리, 황창녕, 강영옥, 임희진, 경지숙, 김태영, 정윤희, 정수정, 신재욱, 이지현, Jordan Vinikoor. (2018a). *초등학교 3학년 영어 교과서*. 서울: YBM.

김혜리, 황창녕, 강영옥, 임희진, 경지숙, 김태영, 정윤희, 정수정, 신재욱, 이지현, Jordan Vinikoor (2018b). *초등학교 3학년 영어 지도서*. 서울: YBM.

김혜리, 황창녕, 강영옥, 임희진, 경지숙, 김태영, 정윤희, 정수정, 신재욱, 이지현, Jordan Vinikoor. (2018c). *초등학교 4학년 영어 교과서*. 서울: YBM.

김혜리, 황창녕, 강영옥, 임희진, 경지숙, 김태영, 정윤희, 정수정, 신재욱, 이지현, Jordan Vinikoor. (2018d). *초등학교 4학년 영어 지도서*. 서울: YBM.

김혜리, 황창녕, 강영옥, 임희진, 경지숙, 김태영, 정윤희, 정수정, 신재욱, 이지현, Jordan Vinikoor. (2019a). *초등학교 5학년 영어 교과서*. 서울: YBM.

김혜리, 황창녕, 강영옥, 임희진, 경지숙, 김태영, 정윤희, 정수정, 신재욱, 이지현, Jordan Vinikoor. (2019b). *초등학교 5학년 영어 지도서*. 서울: YBM.

김혜리, 황창녕, 강영옥, 임희진, 경지숙, 김태영, 정윤희, 정수정, 신재욱, 이지현, Jordan Vinikoor. (2019c). *초등학교 6학년 영어 교과서*. 서울: YBM.

김혜리, 황창녕, 강영옥, 임희진, 경지숙, 김태영, 정윤희, 정수정, 신재욱, 이지현, Jordan Vinikoor. (2019d). *초등학교 6학년 영어 지도서*. 서울: YBM.

박기화, 안경자, 홍진영, 김혜원, 임은화, 정고은, 이명희, 구혜경. (2018a). *초등학교 3학년 영어 교과서*. 서울: 동아출판.

박기화, 안경자, 홍진영, 김혜원, 임은화, 정고은, 이명희, 구혜경. (2018b). *초등학교 3학년 영어 지도서*. 서울: 동아출판.

박기화, 안경자, 홍진영, 김혜원, 임은화, 정고은, 이명희, 구혜경. (2018c). *초등학교 4학년 영어 교과서*. 서울: 동아출판.

박기화, 안경자, 홍진영, 김혜원, 임은화, 정고은, 이명희, 구혜경. (2018d). *초등학교 4학년 영어 지도서*. 서울: 동아출판.

박기화, 안경자, 홍진영, 김혜원, 임은화, 정고은, 이명희, 구혜경. (2019a). *초등학교 5학년 영어 교과서*. 서울: 동아출판.

박기화, 안경자, 홍진영, 김혜원, 임은화, 정고은, 이명희, 구혜경. (2019b). *초등학교 5학년 영어 지도서*. 서울: 동아출판.

박기화, 안경자, 홍진영, 김혜원, 임은화, 정고은, 이명희, 구혜경. (2019c). *초등학교 6학년 영어 교과서*. 서울: 동아출판.

박기화, 안경자, 홍진영, 김혜원, 임은화, 정고은, 이명희, 구혜경. (2019d). *초등학교 6학년 영어 지도서*. 서울: 동아출판.

이재근, 김진석, 나경희, 이동주, Judy Yin, 정은숙, 권민지, 김동연, 윤경진, 서미옥, 민경선, 최은수, 김소영, 정효준, 장진철, 장인숙, 김주원, 신유진, 송지아. (2018a). *초등학교 3학년 영어 교과서* 서울: 대교

이재근, 김진석, 나경희, 이동주, Judy Yin, 정은숙, 권민지, 김동연, 윤경진, 서미옥, 민경선, 최은수, 김소영, 정효준, 장진철, 장인숙, 김주원, 신유진, 송지아. (2018b). *초등학교 3학년 영어 지도서* 서울: 대교

이재근, 김진석, 나경희, 이동주, Judy Yin, 정은숙, 권민지, 김동연, 윤경진, 서미옥, 민경선, 최은수, 김소영, 정효준, 장진철, 장인숙, 김주원, 신유진, 송지아. (2018c). *초등학교 4학년 영어 교과서* 서울: 대교

이재근, 김진석, 나경희, 이동주, Judy Yin, 정은숙, 권민지, 김동연, 윤경진, 서미옥, 민경선, 최은수, 김소영, 정효준, 장진철, 장인숙, 김주원, 신유진, 송지아. (2018d). *초등학교 4학년 영어 지도서*. 서울: 대교

이재근, 김진석, 나경희, 이동주, Judy Yin, 정은숙, 권민지, 김동연, 윤경진, 서미옥, 민경선, 최은수, 김소영, 정효준, 장진철, 장인숙, 김주원, 신유진, 송지아. (2019a). *초등학교 5학년 영어 교과서*. 서울: 대교

이재근, 김진석, 나경희, 이동주, Judy Yin, 정은숙, 권민지, 김동연, 윤경진, 서미옥, 민경선, 최은수, 김소영, 정효준, 장진철, 장인숙, 김주원, 신유진, 송지아. (2019b). *초등학교 5학년 영어 지도서* 서울: 대교

이재근, 김진석, 나경희, 이동주, Judy Yin, 정은숙, 권민지, 김동연, 윤경진, 서미옥, 민경선, 최은수, 김소영, 정효준, 장진철, 장인숙, 김주원, 신유진, 송지아. (2019c). *초등학교 6학년 영어 교과서*. 서울: 대교

이재근, 김진석, 나경희, 이동주, Judy Yin, 정은숙, 권민지, 김동연, 윤경진, 서미옥, 민경선, 최은수, 김소영, 정효준, 장진철, 장인숙, 김주원, 신유진, 송지아. (2019d). *초등학교 6학년 영어 지도서* 서울: 대교

최희경, 서지연, 문은혜, 이미화, 윤지영, 박미애, 조선형, 이효진, 박경희. (2018a). *초등학교 3학년 영어 교과서*. 서울: YBM.

최희경, 서지연, 문은혜, 이미화, 윤지영, 박미애, 조선형, 이효진, 박경희. (2018b). *초등학교 3학년 영어 지도서*. 서울: YBM.

최희경, 서지연, 문은혜, 이미화, 윤지영, 박미애, 조선형, 이효진, 박경희. (2018c). *초등학교 4학년 영어 교과서*. 서울: YBM.
최희경, 서지연, 문은혜, 이미화, 윤지영, 박미애, 조선형, 이효진, 박경희. (2018d). *초등학교 4학년 영어 지도서*. 서울: YBM.
최희경, 서지연, 문은혜, 이미화, 윤지영, 박미애, 조선형, 이효진, 박경희. (2019a). *초등학교 5학년 영어 교과서*. 서울: YBM.
최희경, 서지연, 문은혜, 이미화, 윤지영, 박미애, 조선형, 이효진, 박경희. (2019b). *초등학교 5학년 영어 지도서*. 서울: YBM.
최희경, 서지연, 문은혜, 이미화, 윤지영, 박미애, 조선형, 이효진, 박경희. (2019c). *초등학교 6학년 영어 교과서*. 서울: YBM.
최희경, 서지연, 문은혜, 이미화, 윤지영, 박미애, 조선형, 이효진, 박경희. (2019d). *초등학교 6학년 영어 지도서*. 서울: YBM.
함순애, 이양순, 김현아, 박수경, 박장웅, 안소연, 은정화, 이정민, 임남희, 정신우, Heather L. Reichmuth. (2018a). *초등학교 3학년 영어 교과서*. 서울: 천재교육.
함순애, 이양순, 김현아, 박수경, 박장웅, 안소연, 은정화, 이정민, 임남희, 정신우, Heather L. Reichmuth. (2018b). *초등학교 3학년 영어 지도서*. 서울: 천재교육.
함순애, 이양순, 김현아, 박수경, 박장웅, 안소연, 은정화, 이정민, 임남희, 정신우, Heather L. Reichmuth. (2018c). *초등학교 4학년 영어 교과서*. 서울: 천재교육.
함순애, 이양순, 김현아, 박수경, 박장웅, 안소연, 은정화, 이정민, 임남희, 정신우, Heather L. Reichmuth. (2018d). *초등학교 4학년 영어 지도서*. 서울: 천재교육.
함순애, 이양순, 김현아, 박수경, 박장웅, 안소연, 은정화, 이정민, 임남희, 정신우, Heather L. Reichmuth. (2019a). *초등학교 5학년 영어 교과서*. 서울: 천재교육.
함순애, 이양순, 김현아, 박수경, 박장웅, 안소연, 은정화, 이정민, 임남희, 정신우, Heather L. Reichmuth. (2019b). *초등학교 5학년 영어 지도서*. 서울: 천재교육.
함순애, 이양순, 김현아, 박수경, 박장웅, 안소연, 은정화, 이정민, 임남희, 정신우, Heather L. Reichmuth. (2019c). *초등학교 6학년 영어 교과서*. 서울: 천재교육.
함순애, 이양순, 김현아, 박수경, 박장웅, 안소연, 은정화, 이정민, 임남희, 정신우, Heather L. Reichmuth. (2019d). *초등학교 6학년 영어 지도서*. 서울: 천재교육.

지은이

김기택 (경인교육대학교)

서울대학교 영어교육 학사
서울대학교 영어교육 석사
Univ. of Hawaii at Manoa 제2언어습득 박사
(현) 경인교육대학교 영어교육과 교수
2015 개정 영어 교과서 집필

배주경 (한국교육과정평가원)

부산대학교 영어영문학 학사
부산대학교 영어학 석사
Indiana Univ. at Bloomington 교육공학 석사
한양대학교 영어교육학 박사
(현) 한국교육과정평가원 연구위원

안경자 (서울교육대학교)

서울대학교 영어교육 학사
서울대학교 영어교육 석사
Pennsylvania State Univ. 응용언어학 박사
(현) 서울교육대학교 영어교육과 교수
2015 개정 영어 교과서 집필

임수연 (진주교육대학교)

서울교육대학교 초등교육 학사
서울교육대학교 초등영어교육 석사
영국 Univ. of Leeds 영어교육 석사
영국 Univ. of Leeds 영어교육 박사
(전) 한국교육과정평가원 부연구위원
(현) 진주교육대학교 영어교육과 교수
2015 개정 영어교육과정 개발진

한국문화사 초등영어교육 시리즈

쉽게 이해하는 초등영어 교육과정

1판1쇄 발행　2019년 3월 1일
1판2쇄 발행　2020년 2월 20일

지 은 이　김기택·배주경·안경자·임수연
펴 낸 이　김진수
펴 낸 곳　**한국문화사**
등　　록　1991년 11월 9일 제2-1276호
주　　소　서울특별시 성동구 광나루로 130 서울숲IT캐슬 1310호
전　　화　02-464-7708
팩　　스　02-499-0846
이 메 일　hkm7708@hanmail.net
홈페이지　www.hankookmunhwasa.co.kr

책값은 뒤표지에 있습니다.

잘못된 책은 구매처에서 바꾸어 드립니다.

본 책 내용의 전부 또는 일부를 재사용하려면
반드시 저작권자의 동의를 받으셔야 합니다.

ISBN 978-89-6817-741-5　93370

이 도서의 국립중앙도서관 출판예정도서목록(CIP)은 서지정보유통지원시스템
홈페이지(http://seoji.nl.go.kr)와 국가자료공동목록시스템(http://www.nl.go.kr/kolisnet)에서
이용하실 수 있습니다.(CIP제어번호: CIP2019007201)